Nur in einem Prozent unterscheiden sich die biologischen Bausteine, d. h. die DNS, von Mensch und Schimpanse. Von diesem winzigen Unterschied muß demnach alles abhängen, was den Menschen ausmacht: Familie, Staat, Religion, Computer, Aspirin und Cola light. Die ganze sogenannte Zivilisation. Was bleibt, ist die Frage nach den «tierischen» 99 Prozent und ihrem Einfluß auf unser Verhalten. Dieser Frage gehen John und Mary Gribbin in ihrem neuen, spannend geschriebenen Buch nach. Ihr Ansatz ist verblüffend einfach: Wenn wir das Verhalten von Tieren, insbesondere das unserer nächsten Verwandten, kennen, können wir auch viele unserer eigenen Verhaltensweisen besser verstehen. Vor diesem Hintergrund rollen die Autoren auf gewohnt witzige Art und Weise das breite Spektrum der Soziobiologie auf: Zuneigung und Aggression, Altruismus und Egoismus, Intelligenz und vieles mehr. John Gribbin, bekannter Sachbuchautor, hat zusammen mit seiner Frau die Entwicklung des Menschen, der Menschheit aus der Sicht der Evolutions- und der Molekularbiologie beschrieben. Von John Gribbin erschienen im Insel Verlag 1994: *Ein Universum nach Maß. Bedingungen unserer Existenz* (zus. mit Martin Rees); *Kinder der Eiszeit. Beeinflußt das Klima die Evolution des Menschen?* (zus. mit Mary Gribbin) und 1995: *Unsere Sonne. Ein rätselhafter Stern* insel taschenbuch 1761

John und Mary Gribbin

Wie wenig uns vom Affen trennt

John und Mary Gribbin
Wie wenig uns vom Affen trennt

Aus dem Englischen von
Gerald Bosch

Insel Verlag

insel taschenbuch 1761
Erste Auflage 1995
Insel Verlag Frankfurt am Main und Leipzig

Lizenzausgabe mit freundlicher Genehmigung
des Birkhäuser Verlags
Hinweise zu dieser Ausgabe am Schluß des Bandes
Vertrieb durch den Suhrkamp Taschenbuch Verlag
Umschlag nach Entwürfen von Hermann Michels
Druck: Nomos Verlagsgesellschaft, Baden-Baden
Printed in Germany

1 2 3 4 5 6 – 00 99 98 97 96 95

Durchschnittlich ist menschliches Protein
in seiner Aminosäuresequenz zu 99 Prozent
mit der seines Schimpansen-Pendants homolog …
und der Unterschied in der Nukleinsäuresequenz
zwischen menschlicher und Schimpansen-DNS
macht etwa 1,1 Prozent aus.
Mary-Claire King und A. C. Wilson
in »Science« vom 1. April 1975

Life is what happens to you,
when you are busy making other plans
John Lennon, »Beautiful Boy«

Inhalt

Teil I
Wer sind wir Menschen?

Teil II
Spielregeln des menschlichen Miteinanders

Teil III
Liebe, Lust und Kindermord: Menschliche Verhaltensweisen?

Anhang

Danksagung

Das vorliegende Buch ist eigentlich ein Familienwerk, das relativ neue und bedeutende Ideen aus einem Bereich der Wissenschaft beschreibt, der beide Autoren interessiert: nämlich die Evolution des Menschen wie auch die seiner Psychologie. Der Leser wird sicherlich feststellen, daß es genug wissenschaftlich fundierte Gründe für dieses »Joint Venture« gab, denn die Menschen waren schon immer gut darin, sich zum Arbeiten zusammenzuschließen und gemeinsam die Früchte ihres Erfolges zu genießen. Diese Erklärung entspringt jedoch nicht unbedingt dem Vergnügen, das wir beim gemeinsamen Schreiben des Buches hatten. Außerdem gibt es noch vier andere Personen, die viel weniger als wir von diesem Unternehmen profitiert, uns aber dennoch großmütig geholfen und unterstützt haben.

Zunächst gilt unser Dank Professor Edward O. Wilson von der Harvard University, der das gesamte Manuskript durchlas und uns, als wir vor unserem Computer dringend moralischen Zuspruch benötigten, antrieb und ermutigte, daß wir uns tatsächlich auf dem richtigen Weg befänden. Yoko Ono Lennon erlaubte uns freundlicherweise, einige Zeilen aus John Lennons Song »Beautiful Boy« als Motto zu verwenden. Außerdem haben uns unsere beiden prachtvollen Söhne jeweils auf ihre Weise unterstützt. Denn es ist schon schlimm genug, wenn ein Elternteil mit Leib und Seele an einem Buch schreibt, verschreiben sich jedoch beide Eltern einer solchen Aufgabe, so ist das oft nicht sehr spaßig. Jonathan organisierte den Haushalt, indem er kochte und alle mit Tee und Zuneigung bedachte, während Ben uns direkt half und einige Abschnitte in unseren Apple eingab. Beide werden hoffentlich immer noch annehmen, daß sich der ganze Aufwand gelohnt hat, wenn sie das fertige Buch sehen.

Der Anhang beruht schließlich auf einem Artikel von Jeremy Cherfas und John Gribbin, der in der Ausgabe des »New Scientist« vom 3. September 1981 erschien. Einige Variationen der Themen, die in diesem Buch entwickelt werden, hat John Gribbin bereits in der 1987 vom Sender BBC Radio Four ausgestrahlten Rundfunksendung »Being Human« vorgestellt. Einige Aspekte profitierten auch von den Diskussionen, die wir mit Michael Bright, dem Produzenten dieser Radiosendung, geführt haben.

Einführung

Mensch zu sein …

Was macht eigentlich den Menschen aus? Die meisten Menschen, denen man diese Frage stellt, verweisen auf die Dinge, die uns zu etwas Besonderem machen: Bedeutende Errungenschaften in Kunst und Wissenschaften, das ganze Drum und Dran der sogenannten Zivilisation, die uns so deutlich von allen anderen Arten unterscheidet, welche die Erde bevölkern. Der Gedanke dieser menschlichen Exklusivität und Überlegenheit ist so tief in uns verwurzelt, daß selbst Menschen, die es aufgrund ihrer Bildung eigentlich besser wissen sollten, ihm immer wieder verfallen. Vor einiger Zeit boten wir einem Freund, der bei einer naturwissenschaftlichen Zeitung arbeitet, eine Reportage über jüngste Forschungsergebnisse zum Thema menschliches Verhalten an. Bei diesem Versuch wurden die Menschen nach genau den gleichen Regeln des evolutionären Verhaltens behandelt wie Rothirsche und See-Elefanten – ein Ansatz, der aus dem Kontext heraus durchaus vertretbar ist. (Falls Sie dieser Aspekt interessiert, können Sie in Kapitel 6 mehr darüber erfahren!) Unser Freund antwortete prompt und instinktiv: »Den Artikel kann ich leider nicht verwenden, denn ich kann doch ein Tier nicht genauso wie einen Menschen behandeln.«

Wir brauchten dann einige Zeit, bis wir ihm das Ausmaß seines Trugschlusses klargemacht hatten. Daher hoffen wir (genau wie wir ihn schließlich überzeugt haben), auch Sie mit diesem Buch zu der Ansicht zu bringen, daß man tatsächlich nur dann das menschliche Verhalten tiefgreifend verstehen kann, wenn man die gleichen Gesetzmäßigkeiten anwendet, die das Verhalten anderer Tiere erfolgreich erklären.

Mensch zu sein impliziert letztendlich nichts anderes, als nach ähnlichen Verhaltensregeln wie alle übrigen Tiere der Erde zu leben. Denn die Ähnlichkeit mit anderen Arten, mit denen wir genetisch gesehen viel gemein haben, überwiegt bei weitem die Andersartigkeit ihnen gegenüber. Dieser Aspekt spiegelt sich im Titel unseres Werkes wider, auch wenn wir damit nicht alle Kollegen zufrieden stellen konnten, mit denen wir unsere Ansichten beim Schreiben des Buches diskutierten. Wie die modernsten biochemischen Techniken einwandfrei darlegen, beträgt nämlich der Unterschied zwischen menschlicher und Schimpansen-DNS, also dem Erbgut beider Arten, nur ein Prozent. Wir sind allerdings menschlich-überheblich genug, von einem »einprozentigen Vorteil« zu sprechen, der uns vom Erbgut der Schimpansen und anderer Menschenaffen trennt, obwohl uns einige etwas pedantischere Kollegen drängten, nur vom »einprozentigen Unterschied« zu reden.

Vielleicht haben diese Kollegen recht, was die *ultima ratio* betrifft. Denn wer kann objektiv behaupten, Menschen seien besser als Schimpansen? Ganz persönlich gesehen hat dieser einprozentige Unterschied in der DNS aus afrikanischen Menschenaffen menschliche Wesen gemacht, und wir Menschen sehen dies nun mal in erster Linie positiv. Dieses Buch soll Ihnen zeigen, was das Menschsein tatsächlich bedeutet und wie unser Leben ständig vom Erbe unserer tierischen Vorfahren beeinflußt und verändert wird.

Womit kann man also besser beginnen, als mit der Tatsache, daß wir zu 99 Prozent Affe und nur zu 1 Prozent Menschen sind?

Teil I

Wer sind wir Menschen?

1
Ein ungewöhnlicher afrikanischer Affe

1928 besuchte der junge amerikanische Zoologe Harold Coolidge mehrere Museen in Europa, um Material für seine Arbeit zu sammeln, aus der später eine sehr genaue Studie und Klassifizierung verschiedener Gorillaarten entstehen sollte. An einem Spätnachmittag stieß er im Musée Royale de l'Afrique Centrale (das in Tervuren, einem Vorort von Brüssel, liegt) zufällig auf einen kleinen Schädel, der in einer der vielen Sammlungskästen lag und bei flüchtigem Hinsehen offenbar von einem Schimpansenkind stammte. Zu seinem großen Erstaunen stellte Coolidge fest, daß alle Knochennähte (Fissuren) des Schädels bereits fest miteinander verwachsen waren – anders gesagt, sie ähnelten schon ganz denen eines ausgewachsenen Tieres und hatten keinen Platz mehr, noch weiterwachsen zu können. Der Schädel gehörte demnach keinem jungen Schimpansen, sondern einem ausgewachsenen Tier, das einen wesentlich kleineren Kopf besaß als jeder bisher bekannte Schimpanse. In den benachbarten Kästen entdeckte der junge Forscher vier weitere, ähnliche Schädel, deren Maße und Umfang er eifrig notierte, um sie irgendwann detailliert in einer Fachzeitung zu veröffentlichen. Mittlerweile rückte das Ende der Besuchszeit näher, und als Coolidge das Museum verließ, beschrieb er dem Museumsdirektor Henri Schoutenden seinen Fund. Anschließend widmete Coolidge sich wieder voll und ganz seinen Gorilla-Studien.

Zwei Wochen später besuchte der ältere und erfahrenere Wissenschaftler Dr. Ernst Schwarz das Museum in Tervuren, und der Direktor erwähnte beiläufig Coolidges Fund. An die folgenden Ereignisse erinnerte sich der Amerikaner noch fast 50 Jahre später: »In Sekundenschnelle griff Schwarz zu Papier und Bleistift, notierte die Maße eines kleinen Schädels, beschrieb diesen anschließend in einigen knappen Worten und bat Schoutenden, diese Kurzbeschreibung unverzüglich drucken zu lassen.«[1] Schwarz' Veröffentlichung erschien dann im April 1929, und Coolidge war so durch einen skrupellosen Kollegen um seine Lorbeeren gebracht worden. Dieser Mißerfolg spornte ihn jedoch um so stärker an, mehr über jene seltsamen Schimpansen herauszubekommen, die in einem gewaltigen Urwald lebten, der sich am Südufer des Kongos in der damaligen Kolonie Belgisch-Kongo (dem heutigen Zaire) hinzog.

Ein Prinz unter Schimpansen

Nachdem er seine Untersuchung über die Gorillas abgeschlossen hatte, richtete Coolidge sein ganzes Augenmerk auf das Thema Schimpansen. Mit der gleichen Akribie, mit der er »seine« Gorillas untersucht hatte, stellte er eine umfassende Vergleichsstudie an unterschiedlichem Museumsmaterial auf. Dabei kam er zu dem Schluß, daß es sich bei dem bis *dato* unbekannten Zwergschimpansen nicht um eine bloße Untergruppe des Schimpansen (*Pan troglodytes*), sondern um eine eigene Art (*Pan paniscus*, auch Bonobo genannt) handeln müsse. Für viele Zoologen war dies zwar eine interessante, jedoch nicht sonderlich dramatische Entdeckung. Denn in den 30er Jahren lebten in den Urwäldern des Kongo zahlreiche Arten, die noch kein Mensch kannte oder näher untersucht hatte. Was machte da schon eine Schimpansenart mehr oder weniger aus? Coolidge war jedoch überzeugt, zufällig auf einen besonderen Fund gestoßen zu sein, der nicht nur über Schimpansen, sondern auch über uns Menschen Aufschluß bot.

Witzig ist allerdings, daß Coolidge bereits einmal einem lebenden Zwergschimpansen begegnet war, ohne sich der Bedeutung dieses zufälligen Treffens bewußt gewesen zu sein. Dabei handelte es sich um den Schimpansen »Prince Chim«, der dem großen amerikanischen Primatenforscher Robert Yerkes gehörte. Dieser hatte den Affen im August 1923 einem New Yorker Händler abgekauft, der ihm berichtet hatte, der Schimpanse stamme aus irgendeiner Ecke im Osten von Belgisch-Kongo. Obgleich Chim bereits im Juli 1924 an einer Lungenentzündung starb, so daß er nur ein gutes Jahr lang wissenschaftlich untersucht werden konnte, beeindruckte er Yerkes so stark, daß dieser ihm ein eigenes Buch mit dem Titel »Almost Human«[2] (»Beinahe ein Mensch«) widmete. Schon allein dies läßt vermuten, daß »Prince Chim« wirklich ein besonderes Wesen war. In seinem Buch beschreibt Yerkes die Unterschiede zwischen Chim und normalen Schimpansen, die er (Yerkes) schon gut kannte. Seine kühne Art und aufgeweckte Intelligenz machten Chim automatisch zum Anführer aller anderen Affen; er imitierte auch gerne menschliche Verhaltensweisen (wobei er einmal auch dem jungen Studenten Harold Coolidge die Hand gab) und lernte rasch aus gemachten Erfahrungen. Gemessen an den übrigen Schimpansen, so Yerkes in seinem Buch, »war Chim offenbar ein intellektueller Wunderknabe.«

In den 20er und 30er Jahren waren die Primatenforscher nicht weniger als heute daran interessiert, die engsten rezenten (d.h. in der Gegenwart lebenden) Verwandten des modernen Menschen *Homo sapiens* herauszufinden. Schon Charles Darwin vermutete in seinem Klassiker »The Descent of Man« (»Die Abstammung des Menschen«), daß der gemeinsame Vorfahre von Mensch, Schimpanse und Gorilla wahrscheinlich in Afrika lebte, und die Wissenschaftler gingen damals davon aus, daß die Schimpansen und Gorillas tatsächlich unsere nächsten Verwandten sind. Diesen Aspekt können wir alle auch ohne wissenschaftliche Untersuchungen instinktiv wahrnehmen, und das ist mithin wohl ein Grund, warum das Schimpansengehege im Zoo so beliebt ist. Dieser gemeinsame Vorfahre von Mensch, Gorilla und Schimpanse bildet das sogenannte »missing link«, das fehlende Glied in der Evolutionskette, und seine Existenz liegt noch gar nicht solange zurück. Aber wie sah dieser »Urmenschenaffe« aus? Für Coolidge war es jedenfalls klar, daß ein besonders intelligenter Typ Schimpanse, der ungewöhnlicherweise auch noch aufrecht gehen kann, näher mit dem Menschen verwandt ist als die normalen Schimpansen. In seiner 1933 veröffentlichten, sehr detaillierten Studie stellt Coolidge den Fall so dar, daß man *Pan paniscus* als eine eigene Art auffassen muß. Darüber hinaus stellte er die Vermutung an, der Zwergschimpanse komme dem gemeinsamen Vorfahren von Mensch und Schimpanse viel näher als irgendein anderer lebender Schimpanse[3] – somit wäre er kein fehlendes, sondern ein sogar noch lebendes Verbindungsstück zu unserer eigenen Vergangenheit.

Normalerweise hätte eine derartig aufsehenerregende Behauptung nicht nur in Wissenschaftskreisen, sondern auch in der Öffentlichkeit hohe Wellen schlagen müssen. Denn offenbar ruft fast jede neue Hypothese über die Vorfahren des Menschen heftige Diskussionen mit genausoviel leidschaftlichen Befürwortern wie erbitterten Gegnern hervor. Coolidges Ideen bildeten jedoch eine Ausnahme. Sie wurden in der wissenschaftlichen Literatur veröffentlicht, als Faktum anerkannt und gerieten anschließend im großen und ganzen nahezu spurlos für ein halbes Jahrhundert in Vergessenheit. Als in den späten 70ern und frühen 80ern die Verwandtschaft zwischen Mensch und Zwergschimpanse wieder Schlagzeilen in der wissenschaftlichen Literatur machte, verdankte sie dies einer völlig neuen Methode, die Rätsel der Evolution aufzuklären. Anstatt Verwandtschaftsverhältnisse bei Tieren wie bisher nur von außen zu ermitteln, d.h. durch den Vergleich mit fossilen oder ausgestorbenen Arten bzw. aufgrund morphologischer Übereinstimmungen, begann ab den 60er Jahren eine Gruppe Wissenschaftler, die Moleküle zu untersuchen, die das Gewebe rezenter Tiere bilden.

Mit Hilfe moderner molekularbiologischer Verfahren kann man die Proteine aus der Blut- oder Gewebeprobe eines Tieres direkt mit den entsprechenden Proteinen vergleichen, die aus der Probe eines Tieres einer anderen Art stammen. Man kann sogar die DNS-Moleküle (die alle Erbinformationen tragen und daher den Schlüssel des Lebens bilden) zweier verschiedener Tierarten direkt miteinander vergleichen. Über diese Verfahren können wir die Verwandtschaftsgrade zwischen lebenden Arten direkt messen: Wenn die Proben von zwei Tieren derselben Art stammen, sind ihre DNS-Muster wohl im wesentlichen identisch, während die Proben von zwei unterschiedlichen Arten um einen entsprechenden Anteil differieren; je größer also dieser Unterschied ausfällt, desto weitläufiger müssen die Verwandtschaftsverhältnisse zwischen den beiden Arten sein. Bezogen auf die Evolutionslehre rückt daher der Zeitpunkt, wo beide Arten einen gemeinsamen Vorfahren besaßen, mit zunehmendem Unterschied zwischen den DNS-Mustern immer weiter in die Vergangenheit zurück.

Wenn man diese Methoden für Proben von Menschen und anderen Primaten anwendet, belegen sie, daß Schimpansen und Gorillas tatsächlich – wie Darwin richtig vermutete – unsere nächsten Verwandten sind. Fast könnte man schon von Vettern und Cousinen zweiten Grades sprechen, denn der Unterschied zwischen menschlichem Erbgut (d.h. menschlicher DNS) und dem genetischen Material eines beliebigen Schimpansen und Gorillas macht weniger als zwei Prozent aus. Der Bonobo (Zwergschimpanse) ist sogar noch etwas enger mit uns verwandt (obgleich natürlich beide Schimpansenarten einander verwandtschaftlich viel näher stehen als jede Art für sich zum Menschen). Verglichen mit diesem Menschenaffen sind wir, in glatten Zahlen ausgedrückt, nur ein Prozent Mensch und 99 Prozent Affe. Dies wiederum bedeutet, daß der gemeinsame Vorfahre von Mensch, Schimpanse und Gorilla vor noch gar nicht allzulanger Zeit, nämlich vor etwa fünf Millionen Jahren, über die Erde zog oder aus den Bäumen herabstieg. In den letzten Jahren rückten diese aufsehenerregenden Entdeckungen Pan paniscus daher ins Scheinwerferlicht; bevor wir jedoch die Geschichte des Zwergschimpansen auf den neuesten Stand bringen, sollten wir die neuen molekularbiologischen Untersuchungsmethoden wenigstens grob skizzieren und ihre Bedeutung für die Evolution darstellen.

Evolution, Menschen und Moleküle

Die DNS ist die Ursubstanz des Lebens. DNS ist die Abkürzung der chemischen Bezeichnung für *Desoxyribonukleinsäure*[4], die alle Erbinformationen von einer Generation zur nächsten weitergibt. Bei diesem Prozeß wird die DNS von Komponenten lebender Zellen wie eine Matrize entschlüsselt (dekodiert) und dient somit als Bauplan aller biologischer Komponenten, die ein neuer Organismus zum Wachstum und Überleben benötigt. Viele DNS-Moleküle schließen sich zu langen Ketten zusammen. Das Grundgerüst dieser Kette, das sogenannte Rückgrat, besteht aus einer sich abwechselnden, wiederholten Folge von Phosphatgruppen und Zuckermolekülen. Von der chemischen Bezeichnung dieses »Zuckerbausteins«, der Desoxyribose, leitet sich der Name der DNS ab. In einer DNS-Kette sind alle Phosphatgruppen und Zuckermoleküle miteinander identisch. Die besondere Bedeutung der DNS für alle Lebensformen liegt nun darin, daß an jedem Zucker eines von vier bestimmten ringförmigen Molekülen sitzt und frei vom »Rückgrat« absteht. Diese Moleküle werden als Basen bezeichnet, und in der DNS gibt es vier verschiedene: Adenin (A), Cytosin (C), Guanin (G) und Thymin (T). Diese aneinandergereihten Basen bilden die genetischen Information, d.h. die eigentliche »Botschaft«.[5]

Alles weitere (Dekodierung, Umsetzung, etc.) ergibt sich aus dem Aufbau der DNS. Ausschlaggebend ist jedoch die Basensequenz in der Kette. In analoger Weise ist die »Botschaft« dieses Buches in eine Buchstabensequenz kodiert. Es ist also unerheblich, auf welcher Art Papier das Buch gedruckt ist oder welche Farbe die Buchstaben besitzen – ja, bei unserem ersten Manuskript wurden die Buchstaben überhaupt nicht zu Papier gebracht, sondern erschienen auf dem Bildschirm unseres Computers. Später wurden diese Buchstaben (bzw. ihre analogen Zeichen und Symbole) mehrfach elektronisch verarbeitet, bis sie auf der Seite standen, die Sie gerade lesen. Die eigentliche »Botschaft« ist jedoch gleich geblieben. Deshalb können wir die

Zuckermoleküle und Phosphatgruppen für unsere Zwecke getrost vernachlässigen und die DNS einfach als eine Letternkette ansehen, die aus einem vier Buchstaben umfassenden genetischen Alphabet besteht, zum Beispiel AGCCATGTCATT ... – und die äußerst lang werden kann. Würde man beispielsweise die DNS aus einer einzigen menschlichen Körperzelle herausnehmen und sie hintereinander zu einem langen Faden anordnen, so besäße dieser eine Länge von 175 Zentimetern, obgleich jedes Molekül für sich weniger als ein Millionstel eines Zentimeters dick ist. Und würde man die gesamte DNS eines menschlichen Organismus entwirren und ebenfalls Ende an Ende legen, so wäre dieser Faden 10 bis 20 Milliarden Kilometer lang. Trotzdem würde der ganze DNS-Faden, der ausreicht, um von der Erde zur Sonne zu reichen, nur knapp ein halbes Gramm wiegen. Die Art und Weise, wie die DNS in eine Zelle hineinpaßt, ist schon *per se* ein Meisterwerk der Verpackung, jedoch können wir auf diesen Aspekt leider nur kurz eingehen. In einer Zelle bildet die DNS nicht etwa ein einziges durchgängiges Molekül, sondern mehrere fädige Strukturen, die sogenannten Chromosomen. In einem Chromosom ist die DNS stark um sich verdreht und aufgewickelt, so daß verdickte kurze Stränge entstehen. Alle menschlichen Zellen enthalten 46 Chromosomen; würde man also ein »durchschnittliches« komprimiertes Chromosom entwirren und ausbreiten, ergäbe sich hierfür eine Länge von 3,8 Zentimetern.[6] Dieses »Durchschnittschromosom« besteht außerdem aus 100 Millionen Zuckermolekülen, an denen jeweils eine der vier Basen haftet – und da die Basen immer paarweise angeordnet sind (siehe unten), ergibt sich pro Chromosom eine Botschaft aus 50 Millionen genetischen »Buchstaben«. Insgesamt enthalten die 46 menschlichen Chromosomen etwa 2,5 Milliarden Basenpaare; in gedruckten Buchstaben (ausgehend von einer gleichen Buchstabengröße wie der im vorliegenden Buch) ergäbe die äquivalente Botschaft knapp 1,4 Millionen Seiten. Trotz der wenigen Buchstaben des genetischen Alphabets (verglichen mit den 30 Buchstaben im Deutschen - inklusive Umlaute und »ß«)

läßt sich hier offenbar eine beachtliche Menge an Informationen speichern. Aufgrund der besonderen Struktur der DNS kann die gesamte Erbinformation einerseits zuverlässig kopiert und an neue Zellen oder Nachkommen weitergegeben werden; andererseits ist es auch möglich, Teile des genetischen Codes bei Bedarf abzulesen und die darin enthaltene Information für lebensnotwendige Prozesse zu verwenden.

Betrachten wir zunächst einmal die Zellteilung. Bisher haben wir unter der DNS einen einfachen langgestreckten »Molekülstrang« verstanden, jedoch kommt sie normalerweise in Form eines paarig angeordneten Doppelstrangs vor, der umeinander zu einer sogenannten Doppelhelix verdrillt ist. Dabei sind die Basen des einen Strangs durch chemische Bindungen mit denjenigen des anderen Strangs verbunden, und zwar immer auf ganz charakteristische Weise: Adenin paart sich mit Thymin und Cytosin mit Guanin. Das Ganze erinnert stark an ein Spiegelbild, da sich jedes G und jedes T der einen Seite quasi in einem C bzw. A des anderen Strangs wiederfindet. Wenn sich die Doppelhelix nun entknäuelt, können die Einzelstränge auseinandergehen und ihr jeweiliges Pendant wieder aufbauen. Dies geschieht mit Hilfe bestimmter Enzyme, welche die frei umherschwebenden Bausteine der DNS-Kette aus dem flüssigen Zellinnern herausfischen und zum jeweiligen Gegenstrang zusammenfügen.

Und genau das passiert bei jeder Teilung einer lebenden Zelle in zwei neue Tochterzellen, also bei jedem Wachstumsvorgang.[7] Zuerst entknäuelt sich der DNS-Doppelstrang, und die beiden Einzelstränge wandern nach unterschiedlichen Seiten auseinander. Wie oben beschrieben, bauen sich beide Hälften ihren jeweiligen Komplementärstrang wieder zusammen. Anschließend teilt sich die Zelle, und es entstehen zwei Tochterzellen, die jeweils eine exakte Kopie der ursprünglichen DNS enthalten.

Wie wirkt nun aber die DNS als genetische Matrize? Notwendigerweise fällt dieser Vorgang jetzt etwas diffiziler aus als das reine Kopieren der DNS. Jedes Chromosom enthält zwar Anweisungen, die aus gut 50 Millionen Buchstaben bestehen, aber das sind wesentlich mehr Informationen, als eine einzige Zelle vermutlich jemals gleichzeitig benötigen wird. In jedem Chromosom gibt es jedoch einzelne DNS-Abschnitte, sogenannte DNS-Untereinheiten, mit eigenen Start- und Stopsequenzen, die jeweils einen bestimmten biochemischen Prozeß kodieren. Diese Abschnitte sind die Gene, und der zwischen Start- und Stopsequenz eines Gens liegende Code gibt vor, wie ein bestimmtes Protein hergestellt wird. Proteine stellen einerseits die meisten Bausteine des Körpers, können andererseits aber auch als Enzyme (sozusagen als »Arbeiterproteine«) bestimmte Vorgänge im Organismus steuern und durchführen. Hämoglobin, um nur ein Beispiel zu nennen, ist dasjenige Protein, das den Transport des Sauerstoffs im Blut durchführt. Wenn ein Gen »eingeschaltet« ist, dann ist der entsprechende DNS-Abschnitt in der Doppelhelix eines Chromosoms entknäuelt, und die Informationen werden von speziellen Enzymen gelesen, die das »genetische Kochrezept« vorübergehend auf eine sogenannte Boten-RNS (m-RNS)[8] übertragen. Diese m-RNS wird schließlich dazu verwendet, das entsprechende Protein zusammenzusetzen. Anschließend wird die RNS wieder abgebaut, und ihre Bausteine werden im »Recycling« dazu genommen, andere DNS-Bereiche zu lesen. Diese Vorgänge spielen sich zu jeder Minute in allen menschlichen Zellen ab und sorgen dafür, daß alles seinen rechten Weg geht. Darüber hinaus spielen die DNS und ihre »Helfershelfer« noch eine weitere bedeutende Rolle, die bis heute noch nicht vollständig aufgeklärt ist – die wir jedoch ansatzweise weiter unten erläutern wollen.

Wie kam es eigentlich, daß der menschliche Körper typische Formen und Funktionen angenommen hat? Begonnen hat alles mit einer einzigen Eizelle mit mütterlichem Erbgut, in die ein Spermium mit den väterlichen Chromosomen eingedrungen ist. Wie schon erwähnt, sind die 46 menschlichen Chromosomen in Wirklichkeit 23 Chromosomenpaare, so als ob in jedem Paar alle Informationen vorsichtshalber doppelt vorhanden sein sollten. Nehmen wir beispielsweise einmal an, daß in einem bestimmten

DNS-Abschnitt eines Chromosoms das Gen für die Augenfarbe lokalisiert ist.[9] Im Bereich des einen Chromosoms sitzen die Informationen für blaue Augen, an der entsprechenden Stelle (Gen) des sogenannten homologen Chromosoms sitzt dann z. B. eine andere Information (der Fachmann spricht von Allel) für die Ausbildung brauner Augen. Dieser Mensch wird braune Augen haben, weil die Gene für braune Augen gegenüber den Genen für blaue Augen dominant sind. Das eine Allel ist anscheinend vergeudet. Wenn jedoch der Körper, der diese Chromosomen enthält, Keimzellen (Gameten) wie Eizellen oder Spermien bildet, werden die vorhandenen Chromosomenpaare auf recht komplizierte Weise (während der Meiose) aufgetrennt, wobei auch Fragmente der einzelnen DNS-Stränge ausgetauscht (rekombiniert) werden. Auf diese Weise erhält jede Keimzelle 23 Chromosomen, d.h. einen haploiden Chromosomensatz. Wenn dann zwei Gameten miteinander verschmelzen, bilden sich wieder 23 neue Chromosomenpaare, die einander ergänzen. Zwar stammt nun der eine Chromosomensatz von der Mutter und der andere vom Vater, aber jedes Einzelchromosom repräsentiert eine völlig neue Genmischung, da es ja während der Meiose im elterlichen Organismus und vor der Verschmelzung der Gameten neu zusammengestellt wurde. Wenn also das obige »Blau-Augen-Allel« (um noch einen einfachen hypothetischen Fall zu nehmen) sich vorher vielleicht neben einem Allel für blonde Haare befand, könnte es nun neben einem Allel für rote Haare sitzen. Und während es früher von einem dominaten Gen für braune Augen unterdrückt wurde, kann es jetzt vielleicht im Chromosom des Partners auf ein anderes Gen (genauer gesagt Allel) für blaue Augen stoßen. Folglich könnten sich beide Gene voll entfalten, und das Baby hätte dann blaue Augen. Erst durch diese Vererbung von Erbmaterial zweier verschiedener Partner sowie durch die freie Rekombination der Gene (also all jener Vorgänge, bei denen Gene getrennt und neu zusammengesetzt werden) wird die enorme individuelle Vielfalt der Menschen (und aller anderen Lebewesen mit sexueller Vermehrung) ermöglicht. Abgesehen von eineiigen Zwillingen oder Drillingen, die durch die Teilung einer bereits befruchteten Eizelle (mit dem kompletten diploiden Chromosomensatz) entstehen, gibt und gab es auf der Welt keine zwei Menschen mit identischem DNS-Muster.

Wie aber entsteht nun aus einer einzigen winzigen, befruchteten Eizelle ein voll funktionstüchtiger, ausgewachsener Mensch bzw. die ausgewachsene Form irgendeiner Art, sei es Tier oder Pflanze? Diese Frage stellt eines der größten ungelösten Probleme in der heutigen Biologie dar. Man kann zwar leicht über Grundlagen und allgemeine Trends sprechen und grobe Hypothesen aufstellen, welche Prozesse wohl in der einzelnen Zelle während der Individualentwicklung ablaufen müßten, jedoch sind wir immer noch weit davon entfernt, die Umsetzung dieser Grundlagen in die Praxis im einzelnen nachzuvollziehen. Dessen ungeachtet, helfen sie uns jedoch, im Wesentlichen zu verstehen, warum wir uns von den Schimpansen unterscheiden, obwohl ihre und unsere DNS zu 99 Prozent identisch sind. Ganz eindeutig werden, während sich ein kompliziert gebauter Körper aus einer einzigen Zelle entwickelt, jeweils unterschiedliche Chromosomenbereiche in bestimmten Wachstumsphasen und verschiedenen Zellen aktiviert und genutzt. Irgendetwas, das wir nicht kennen, »sagt« beispielsweise einer bestimmten Zellgruppe, daß aus ihr die Leber entstehen soll. In diesen Zellen werden nun nur diejenigen DNS-Abschnitte angeschaltet, in denen die Bau- und Funktionspläne für Leberzellen kodiert sind – alle übrigen Informationen, wie blaue Augen oder rote Haare, die auf den 46 Chromosomen dieser Zelle gespeichert sind, werden überhaupt nicht beachtet, denn sie ist nur auf das Ziel »Leberzelle« gepolt. Im Wesentlichen braucht die Zelle also nur ein paar Seiten der mehrbändigen »Encyclopedia Humana« zu lesen, die in der gesamten DNS enthalten ist. Aber woher weiß die Leberzelle, welche Seiten sie lesen muß und welche überflüssig sind? Dieses große, bisher ungelöste Rätsel stellt der modernen Molekularbiologie ein gewaltiges und aufregendes Forschungsgebiet bereit. Möglicherweise könnte die Antwort auf diese Frage auch andere Probleme lösen und beispielsweise für die Krebsvorbeugung verwendet werden.

Diese Fähigkeit beschränkt sich aber nicht nur auf Leberzellen. An einer anderen Körperstelle wird einem Zellhaufen befohlen, ein Bein zu werden. Die Zellen wachsen und dehnen sich zu einem embryonalen Glied aus, das ganz nach Plan mit Muskeln, Blutgefäßen, Sehnen und Knochen ausgestattet wird. Auch nach der Geburt wächst das Bein weiter, bis der Organismus ausgewachsen ist. Dann stoppt das Wachstum, vermutlich infolge einer weiteren Anweisung, die in der DNS vorherbestimmt wurde. Sie können sich beliebige andere Beispiele ausdenken. Für uns ist momentan jedoch nur relevant, daß sich in der Zelle Mechanismen befinden müssen, die darüber entscheiden, welche DNS-Abschnitte wann aktiviert werden. Da diese Anweisung aber nur durch die DNS-Matrize selbst erteilt werden kann, muß es Gene geben, die die Aktivität anderer Gene an- und abschalten, sie mal beschleunigen und mal verlangsamen. Mit anderen Worten, sie steuern diese Gene und regulieren somit generell das Wachstum und die Entwicklung des Körpers. Da jede lebende Zelle den kompletten DNS-Satz enthält, sind diese »Steuergene« auch in jeder Zelle enthalten und können dort die Genaktivität verändern. Und hier haben wir den Schlüssel für die Unterschiede zwischen Menschen und Menschenaffen.

Vielleicht sollten wir wieder ein klärendes Beispiel nennen. Nehmen wir einmal an, Sie backen einen Kuchen nach folgendem Rezept: »Man nehme 250 Gramm Mehl und 50 Gramm Butter«. Sie können dieselben Worte nehmen und folgendermaßen neu anordnen: »Man nehme 250 Gramm Butter und 50 Gramm Mehl«. Der Kuchen, nach dem zweiten Rezept gebacken, wird allerdings anders ausfallen (und schwerer im Magen liegen) als der nach dem Originalrezept zubereitete. Oder nehmen wir beispielsweise folgende Anweisung: »Fügen Sie einen Viertel Liter Wasser hinzu und lassen dann alles 20 Minuten köcheln.«. Das Ergebnis fiele ebenfalls etwas anders aus, wenn man »alles 20

Minuten köcheln lassen und erst dann einen Viertel Liter Wasser hinzufügen« würde. Auch hier wurde nur die Anordnung der Wörter leicht vertauscht, die ansonsten identisch sind. Der DNS-Bereich, der einem menschlichen Organismus befiehlt, ein Bein zu bilden, kann ebenfalls mit dem Bereich im Chromosom eines Schimpansen identisch sein, in dem der analoge Befehl kodiert ist. Wenn die beiden Gene während der Entwicklung jedoch zu verschiedenen Zeiten und unterschiedlich lange angeschaltet werden, können beide Beine völlig anders gebildet werden. Winzige Abweichungen in den »Steuergenen« können gewaltige phänotypische Unterschiede – sprich Unterschiede im Körper als dem Endprodukt der Entwicklung – hervorrufen.

Auch hier wollen wir nicht den Eindruck erwecken, daß in der DNS eines Menschen oder Schimpansen so eine spezielle Anweisung existierte bzw. daß es in der DNS beider Arten zwei äquivalente identische Anweisungen gebe. Vielmehr glauben wir, daß in beiden DNS-Typen Anweisungen wie diese vorhanden sein müssen, die prinzipiell auf die gleiche Weise funktionieren.

Nun wird uns endlich die Bedeutung jener molekularbiologischen Forschungsergebnisse klar, daß nämlich das menschliche Genmaterial zu 99 Prozent mit dem der Schimpansen und Gorillas identisch ist. Auf molekularer Ebene werden aber nicht nur DNS-Typen verglichen, um die genetischen Unterschiede zwischen zwei Arten zu bestimmen, sondern auch verschiedene Proteine. Das Ergebnis fällt dabei häufig im großen und ganzen ähnlich aus. Sämtliche Proteine im menschlichen (oder einem anderen lebenden) Organismus setzten sich aus ca. 20 biochemischen Grundbausteinen zusammen, den Aminosäuren, die wiederum zu sogenannten Peptidketten verbunden sind. In einem Hämoglobin-Molekül sind diese Peptidketten beispielsweise so gefaltet und gedreht, daß eine Struktur entsteht, die sich für den Transport von Sauerstoff eignet. Die Anordnung der Aminosäuren innerhalb der Peptidkette eines Proteins ergibt sich aus der DNS-Information, die für die Bildung (Synthese) dieses Proteins zuständig ist. Die ganze Transkription einer DNS-Sequenz (zum

Beispiel AGA CGT GTT CAA usw.) beinhaltet also letzten Endes, daß die Information aus einer Basenpaar-Kette in eine Peptidkette übersetzt wird. Das Hämoglobin kann theoretisch auch dann voll funktionieren, wenn ein oder zwei Aminosäuren in dieser Sequenz durch andere ersetzt wurden – natürlich vorausgesetzt, daß sich die Sauerstoff-Bindungsstelle nicht verändert. Wenn man daher die Proteine verschiedener Arten untersucht, werden genau diese minimalen Unterschiede gefunden. Schimpansen- oder Gorilla-Hämoglobin ähnelt dem menschlichen Blutfarbstoff in hohem Maße, es gibt jedoch winzige, unbedeutende Unterschiede in der Peptidkette, die durch ausgetauschte Aminosäuren bedingt sind. Logischerweise spiegeln diese wiederum geringfügige Veränderungen in der Basensequenz der Doppelhelix wider, die genau jenes Protein kodieren.

Das gilt natürlich auch für alle anderen Proteine. Selbstverständlich kann man nicht die komplette Basensequenz der gesamten DNS eines menschlichen Chromosoms (sprich alle 50 Millionen Buchstaben) kartieren und mit dem entsprechenden Schimpansen-Chromosom vergleichen. Doch hier hilft uns eine bestimmte biochemische Technik, die sogenannte Hybridisierungsmethode: Sämtliche DNS-Doppelstränge in einer Probe des menschlichen Genoms können in mehreren Säuberungsschritten getrennt und mit den entsprechenden gereinigten DNS-Strängen aus Zellen von Schimpansen, Gorillas oder anderen Arten gemischt werden. Die isolierten Stränge versuchen nun natürlich, sich wieder zu paaren; jedoch wird eine Doppelhelix, die aus einem menschlichen DNS-Strang und beispielsweise dem entsprechenden Strang eines Schimpansen entstanden ist, nicht so stark zusammenhalten wie die normalen Doppelhelices beider Arten. Die Schwachstellen tauchen überall dort auf, wo die Basen des einen Strangs keine passenden Gegenstücke (sprich A mit T und C mit G) auf dem anderen finden. Die Stärke der Bindungskräfte zwischen diesen hybridisierten DNS-Strängen können wir nun messen, und auf diese Weise erhalten wir konkrete Zahlen, wieviele schwache Bindungsstellen vorhanden sind. Wir wissen zwar nicht genau, *welche* Basen in beiden Strängen unterschiedlich sind, wir können jedoch ziemlich genau bestimmen, *wieviele* Basen anders sind. Über diese Hybridisierungstechnik wurde der »genetische Abstand« von 1,2 Prozent zwischen Mensch und Schimpanse ermittelt. Mit anderen Worten, bei zehn Millionen Basen eines durchschnittlichen menschlichen Chromosoms sind nur 120 000 anders als im entsprechenden Schimpansen-Chromosom. (Um nun hundertprozentig genau zu sein, müssen wir noch zwei Tatsachen erwähnen: Zunächst haben Schimpansen 48 Chromosomen [oder 24 Chromosomenpaare] statt 46 [bzw. 23] wie beim Menschen, wobei allerdings molekulare Untersuchungen ergaben, daß ein bestimmtes menschliches Chromosomenpaar zwei Paaren des Schimpansen homolog wäre, wenn diese miteinander verbunden wären. Außerdem betreffen diese Unterschiede nur diejenige DNS, die Proteine kodiert. In den Chromosomen gibt es massenhaft DNS, die offenbar keine nützlichen Informationen enthält; dieser faszinierende Aspekt wird jedoch in einem der folgenden Kapitel behandelt werden. Im Augenblick interessiert uns lediglich, daß sich nur ein Prozent der Gene, die für die Proteinsynthese im menschlichen Körper zuständig sind, von den entsprechenden Genen beim Schimpansen unterscheidet.) Diese minimalen Unterschiede sorgen u.a. dafür, daß die Proteine, die aus der DNS-Matrize des Schimpansen »gebildet« werden, den äquivalenten Proteinen, deren Code im menschlichen Genom verankert ist, zwar sehr ähnlich, jedoch nicht ganz mit ihnen identisch sind. Und wenn in den 46 Chromosomen einige der unterschiedlichen Basen ausgerechnet auf denjenigen Bereichen liegen, die »Steuerproteine« kodieren (und somit indirekt Wachstum und Entwicklung steuern), leuchtet es ein, daß im einen Fall ein kleinwüchsiger, behaarter Menschen*affe*, im anderen ein großer, aufrecht gehender und haarloser *Menschen*affe entsteht.

Dennoch bleibt die Frage offen, wie diese Unterschiede zustande kommen.

Grundlagen der Selektion

Unterschiede in der DNS verschiedener Arten oder Unterschiede in der DNS verschiedener Vertreter derselben Art sind die Grundlagen der natürlichen Selektion. Organismen (genetisch ausgedrückt, Phänotypen), die optimal an ihre Umwelt angepaßt (adaptiert) sind, werden gedeihen und Kopien ihres »bewährten« Erbguts an ihre zahlreichen Nachkommen weitergeben. Weniger gut adaptierte Phänotypen haben entsprechend auch eine geringere Nachkommenschaft, so daß die besser angepaßten Gene nach mehreren Generationen überwiegen. Die Evolution setzt zweierlei voraus: Zum einen müssen die bestadaptierten Organismen tatsächlich herausgefiltert (selektiert) werden und sich auch vermehren können, wobei sie die erfolgreichen Gene weitergeben können, zum zweiten muß auch eine gewisse Vielfalt vorhanden sein, damit überhaupt eine Selektion erfolgen kann. Diese Vielfalt oder genetische Variabilität ergibt sich aus Veränderungen in der DNS lebendiger Zellen – mit anderen Worten, den Ergebnissen von nicht ganz fehlerfreien Kopiervorgängen.

In diesem Buch wollen wir nun keine Rede über die großen Fragen der Evolution halten, wie beispielsweise den Ursprung des Lebens, den Ursprung der größeren Tiergruppen (wie etwa den Wirbeltieren) oder gar über das Thema, warum Menschen und Fische verschieden sind. Uns interessiert nur, wie und was heute auf der Erde geschieht, und welche modernen Ideen und Theorien der Evolution und Genetik geeignet sind, um die Gegenwart von uns Menschen zu erklären. Tatsächlich wird momentan in Fachkreisen lebhaft diskutiert, wie große Evolutionsschritte verlaufen, und ob diese Veränderungen langfristig oder rasch und sprunghaft erfolgen (ein solcher rascher Sprung beträgt, evolutionär gesehen, immerhin ein paar Millionen Jahre). Die geringfügigen Unterschiede in der DNS, die Menschen und andere Menschenaffen von einander trennen, werden hiervon nicht berührt. Denn hierbei handelt es sich eindeutig um mehrere kleine Anpassungen, die lediglich während der »normalen« Kopiervorgänge der DNS eingetreten sind, wobei natürlich ab und zu auch genetisches Material falsch kopiert wurde.

Bekanntlich ist ja nichts perfekt, warum also ein Kopiervorgang? Denn obgleich die zellulären Mechanismen, die dieses Kopieren bewerkstelligen, ziemlich gut arbeiten, können auch hier gelegentlich Mängel auftreten. Ziemlich irrelevant sind dabei meist diejenigen Fehler, die sich bei normalen Zellteilungsvorgängen im Rahmen des körperlichen Wachstums ergeben, da sich dies nicht auf zukünftige Generationen auswirkt. Eindeutig kritisch wird es erst bei den Zellteilungen der Keimzellen, bei denen das Erbgut neu »gemischt« (rekombiniert) wird und die das Genom der Nachkommen bestimmen. Hier kann ein Fehler bewirken, daß völlig neue Allele entstehen – quasi als Variationen, die es zuvor nicht gab. Diese neuen Allele werden möglicherweise gegen das restliche Genom antreten müssen, wenn das Chromosom, auf das sie gelangen werden, im neuen Organismus exprimiert wird (d.h. seine Wirkung entfalten kann).

Solche Kopierfehler können auf mehrere Weisen entstehen. Die erste Möglichkeit ist ein punktueller Fehler, wenn ein genetischer »Buchstabe« vertauscht wird – in einem DNS-Stück sitzt dann beispielsweise die Base Thymin an derjenigen Stelle, wo eigentlich ein Guanin sein soll. Im Prinzip ist dies eine recht banale und langweilige Mutation. Interessantere Mutationen (d.h. genetische Veränderungen) treten eher während der Rekombination auf, wenn ganze Chromosomen zerteilt und zerstückelt werden. So kann es passieren, daß eine DNS-Sequenz zwar richtig kopiert, aber dann verkehrt herum in den neuen Strang eingebaut wird. Weiterhin kann bei einer sogenannten Deletion ein Fragment des Chromosoms abgeschnitten werden, so daß das Tochterchromosom an der Schnittstelle zusammenwächst. In so einem Fall kann das »übriggebliebene« DNS-Stück zu einem neuen selbständigen Chromosom werden. Neue Chromosomen können auch entstehen, wenn Teile des alten Strangs zweimal kopiert werden. Solche »Unfälle« führen schließlich zu

Veränderungen, wie sie wohl auch einem unserer Chromosomen passiert sind: Zwei vermutlich ursprünglich getrennte Chromosomen wurden versehentlich miteinander verbunden. (Außer diesen beiden »fusionierten« Chromosomen gibt es noch sechs Inversionen, die den gesamten Unterschied zwischen menschlichen und Schimpansenchromosomen ausmachen – weitere Unterschiede kann man ohne Hybridierungstechniken nicht erkennen.) Während des Rekombinationsvorgangs kann und wird einem Chromosom sicherlich alles nur Denkbare zustoßen. Das Genom ist offenbar viel flexibler, als man beim ersten Hinsehen vermuten würde. Jedoch wirken sich alle diese Mutationen kaum auf den Organismus aus, in dem sie stattgefunden haben. Denn zum einen trifft ein »entartetes« Allel meistens auf ein normales Allel (der sogenannte Wildtyp, der in der Regel dominant ist), das vom anderen Geschlechtspartner stammt, so daß sich mutierte Allele nicht durchsetzen können. Und zum anderen haben auch winzige, kaum merkbare Veränderungen in der Aminosäure-Sequenz keine dramatischen Folgen für den Organismus: Daß nun im Hämoglobin des Gorillas eine von zehn Aminosäuren anders ausfällt als im menschlichen Blutfarbstoff, sollte eigentlich die Sauerstoff-Bindungskapazität des Gorillahämoglobins nicht merklich beeinträchtigen. Nur gelegentlich kommt es vor, daß die Erbinformation eines neuen Chromosoms Proteine entstehen läßt, die den jeweiligen Organismus effizienter machen. Dieser wird sich besser durchsetzen und seinen neuen Genotyp (also das modifizierte Genom) an seine Nachkommen weitergeben; auch die werden sich wiederum besser bewähren, und auf diese Weise wird das neue Gen in den folgenden Generationen immer wieder im sogenannten »Gen-Pool« dieser Art auftauchen.

Warum haben nun die drei Menschenaffenfamilien (sprich Mensch, Schimpanse und Gorilla) vor etwa fünf Millionen Jahren verschiedene Pfade der Evolution eingeschlagen? Diese Artenbildung ergab sich mit ziemlicher Sicherheit, als sich die gemeinsamen Vorfahren in bestimmte Gruppen spalteten, die wiederum infolge räumlicher Trennung oder unterschiedlicher Lebensweisen entstanden. Besonders deutlich wird dies an einer Gruppe Lebewesen, die isoliert auf einer Insel wohnt, beispielsweise an einer Gruppe Sperlingsvögel auf den Galapagos-Inseln, die sich trotz enger Verwandschaft in Gestalt und Verhalten deutlich unterscheiden. Charles Darwin, nach dem diese Tiere auch Darwin-Finken genannt werden, entdeckte diese Merkmalsunterschiede und verwandte sie als Grundlage für seine Evolutionstheorie. Das Leben konnte aber auch dann neue Formen annehmen, wenn einschneidende Veränderungen, wie etwa ein Klimawechsel, auftraten: Beispielsweise konnte ein ausgedehntes tropisches Urwaldgebiet trockener werden, so daß die Bäume zurückgingen und sich offene Grasebenen ausbreiteten. In diesem Lebensraum boten sich den baumbewohnenden Affenarten letzten Endes nur zwei Überlebensmöglichkeiten: Einzeltiere oder Kleinfamilien, die tief im Waldinneren lebten, konnten sich am besten behaupten, wenn sie weiterhin die Bäume bewohnten und sich von Blättern ernährten, während ihre Verwandten am Waldrand sich wohl notgedrungen auf eine andere Kost umstellen mußten. Da der Evolutionsdruck auf beide Gruppen unterschiedlich ausfiel, kam es folglich zu einer Verzweigung ihrer Entwicklung.

Wie rasch ging dieser Prozeß nun vonstatten? Heute können die Molekularbiologen die entwicklungsgeschichtlichen Veränderungen mit Hilfe einer »Evolutionsuhr« – einer Art Kalender – messen und in die richtigen (zeitlichen) Zusammenhänge rücken. Bestimmte eng verwandte, rezente Arten, wie beispielsweise Pferd und Zebra, haben zweifelsfrei einen gemeinsamen Vorfahren (CA, von englisch *common ancestor*). Wenn dieser CA eindeutig als Fossil vorliegt, so kann man ziemlich genau bestimmen, zu welchem Zeitpunkt beide Formen erstmalig auseinandergegangen sind. Die Molekularbiologen können, gewappnet mit dieser Information, nun weiterhin DNS und Proteine der heutigen Nachkommen dieser Fossilien studieren und miteinander vergleichen. Ursprünglich waren alle Nukleinsäuren bzw.

alle Proteine des gemeinsamen Vorfahren gleich. Während nun die beiden »neuen« Arten entstanden, begannen ihre jeweiligen inneren »molekularen Uhren« unterschiedlich schnell zu ticken – und zwar bei allen Mutationen, die schließlich zu zwei heute eigenständigen Arten führten. So können wir bei einer molekularen Untersuchung direkt im Labor messen, wieviele Veränderungen ein bestimmtes Protein (bzw. die gesamte DNS) innerhalb welcher Zeit durchmachte. In den 60er und 70er Jahren fand man heraus, daß zwar jede untersuchte Proteinart (wie zum Beispiel Hämoglobin) ihre individuelle Veränderungsrate besitzt, das gleiche Protein sich überraschenderweise aber auch mit nahezu gleicher Frequenz in der Generationenfolge vieler unterschiedlicher Arten verändert.

Für dieses Phänomen gibt es keinen besonderen Grund, jedoch ist es offenbar ein Faktum, wie zahlreiche Untersuchungen an rezenten Arten (u.a. auch beim Menschen) ergaben. Die Anzahl der Unterschiede im Hämoglobin zweier verschiedener Arten gibt grob den ungefähren Zeitpunkt wieder, an dem sich beide trennten (d.h., aus einem CA hervorgingen). Ein ähnliches Datum, nur in einem anderen zeitlichen Maßstab, erhalten wir bei der Untersuchung am Cytochrom-C, einem weiteren Protein, das im Zellstoffwechsel eine wichtige Rolle spielt, und auch bei den meisten anderen Proteinen können wir den »Tag des Abschieds« aus vergleichbaren molekularen Kalendern ablesen. Damit Sie eine Vorstellung von den Dimensionen erhalten, sollten Sie wissen, daß sich ein Prozent der Peptidkette von Cytochrom-C etwa alle 20 Millionen Jahre verändert, während entsprechende Veränderungen (ein Prozent) beim Hämoglobin bereits alle sechs Millionen Jahre auftreten – oder anders ausgedrückt, eine Aminosäure wird alle 3,5 Millionen Jahre gegen eine andere ausgetauscht.

Bei nahe verwandten Arten, wie etwa Mensch und Schimpanse, kann man das Datum auch aus der DNS bestimmen. Zwar liefern die einzelnen molekularen Uhren nur grobe Eckdaten, wenn sie jedoch im wesentlichen das Gleiche aussagen, so können die Molekularbiologen davon ausgehen, daß sie auf eine entwicklungsgeschichtliche Grundwahrheit gestoßen sind. Die genannten Techniken besagen nun letztlich nichts anderes, als daß vor etwa fünf Millionen Jahren eine Dreiteilung in Mensch, Schimpanse und Gorilla stattgefunden hat; insbesondere legen die DNS-Hybridisierungstechniken nahe, daß über einen kurzen Zeitraum Mensch und Schimpanse einen gemeinsamen Vorfahren besaßen, *nachdem* die Gorillalinie abgespalten war.

Die Entdeckung der molekularen Uhr stellt einen der großen Durchbrüche zum Verständnis der Evolution seit Darwin dar, und da diese Methode so neu und aufregend ist, haben wir sie etwas genauer beschrieben – obgleich sie strenggenommen nicht für unser Hauptthema von Bedeutung ist. Schließlich wollen wir uns nicht mit den großen Evolutionsströmungen und dem Ursprung der Arten auseinandersetzen, sondern mit der Art und Weise, wie sich heutige Tiere (insbesondere wir Menschen) verhalten. Die Verhaltensmuster sind bei Tieren eindeutig durch den DNS-Code in ihren Genen vorgegeben. Deshalb sollten wir davon ausgehen, daß auch das menschliche Verhalten – zumindest teilweise – ebenfalls von unserem genetischen Erbgut determiniert wird. Allerdings haben wir erwartet, daß sich unser Genom von dem der »niederen Kreaturen« gewaltig unterscheidet, so daß es sich dann nicht gelohnt hätte, diese Lebewesen zu studieren, um Erkenntnisse für unser eigenes Verhalten zu gewinnen. Jedoch weit gefehlt: Ob Sie nun die zeitlichen Daten der molekularen Uhr, wonach *Pan paniscus* und *Homo sapiens* vor vier bis fünf Millionen Jahren einen gemeinsamen Vorfahren hatten, akzeptieren oder nicht (oder prinzipiell auch die gesamte Evolutionstheorie in Frage stellen), eine Tatsache ist und bleibt, daß das menschliche Genmaterial zu 99 Prozent mit dem des Zwergschimpansen identisch ist. Ausgehend von diesem Faktum, läßt sich daher unser Menschsein zweifellos am besten verstehen, wenn wir uns klarmachen, was es letztlich bedeutet, ein Tier zu sein. Schließlich ist unser Genmaterial ja mit dem einiger anderer Arten nahezu identisch. Wenn wir deshalb verstanden haben, wie die Gene das Verhalten anderer Tiere vorherbestimmen, dann werden wir nicht nur 99 Prozent unseres ererbten Verhaltens begreifen lernen, sondern auch unsere einprozentige Besonderheit identifizieren können. Bevor wir jedoch diese »Reise zum Mittelpunkt des Menschen« beginnen, wollen wir noch einmal einen Blick auf den Zwergschimpansen werfen, dem letzten – und uns Mensch am nächsten stehenden – noch lebenden Nachfahren jenes CA vor fünf Millionen Jahren. Erst im Dezember 1984 kommentierte der Wissenschaftsjournalist Roger Lewin in *Science*[10], »das Ergebnis von DNS-Untersuchungen, bei denen herauskam, daß, nachdem die Gorillas bereits abgespalten waren, Mensch und Schimpanse eine kurze Zeitlang einen gemeinsamen Vorfahren besaßen, sei völlig unerwartet gekommen.« Vielleicht wäre er über diesen molekularbiologischen Befund nicht so überrascht gewesen, wenn er das Buch gelesen hätte, das Adrienne Zihlman zusammen mit einigen Kollegen 1978 erstmalig veröffentlichte. In diesem Werk werden nämlich sowohl die molekularbiologischen als auch die physiognomischen Aspekte einer solchen Verwandtschaft diskutiert.

Das lebende Bindeglied

Das auffälligste Merkmal, das den Menschen von seinen nächsten Verwandten unterscheidet, ist wohl sein aufrechter Gang. Eine solche Verlagerung, sich statt auf vier nun auf zwei Beinen fortzubewegen, ist am ehesten bei kleinen Tieren mit leichtem Körperbau möglich. Eine »vierbeinige Persönlichkeit« mit diesen physikalischen Voraussetzungen ist natürlich auch der Schimpanse. Allein aus diesem Grund hatte Vincent Sarich von der University of California 1968 einen Schimpansen als »Modelltier« ausgewählt, der beliebig eingesetzt werden konnte, um das Erscheinungsbild der unmittelbaren Vorläufer von *Homo sapiens* zu rekonstruieren. Sarich hat als einer der ersten Forscher die Technik der molekularen Uhr entwickelt (und arbeitet auch heute noch an diesem Thema). Damals arbeitete er an Untersuchungen, in denen er zeigen konnte, daß Menschen und Schimpansen tatsächlich erst vor fünf Millionen Jahren aus einem gemeinsamen Vorfahren entstanden waren. Adrienne Zihlman schloß sich den Pionierleistungen Sarichs an, mit dem sie in den 70er Jahren zusammengearbeitet hatte, und stieß dabei auf Coolidges Arbeit über *Pan paniscus* aus dem Jahre 1933. Frau Zihlmann untersuchte anschließend Körperbau und Skelett des Zwergschimpansen und verglich sie mit der Anatomie von Mensch und Großschimpansen (*Pan troglodytes*). 1978 schließlich wurden die Resultate ihrer Forschung in der Zeitschrift *Nature* veröffentlicht, und zwar unter dem wohl passendsten Titel: »Zwergschimpansen als denkbarer Prototyp eines gemeinsamen Vorfahren von Mensch, Schimpanse und Gorilla.«[11]

Der Artikel machte in der Wissenschaft allerdings kaum Furore, da man 1978 unter Paläoanthropologen die molekulare Uhr noch nicht ganz ernst nahm. Aber kurz nachdem diese Arbeit erschienen war, veröffentlichten Donald Johanson und Tim White einen Artikel, in dem sie ihren kürzlich entdeckten Fund einer bislang unbekannten fossilen Hominidenart beschrieben; diese (es handelte sich um ein weibliches Skelett) war vor etwa drei Millionen Jahren durch Ostafrika gezogen und wird heute in weiten Kreisen als unsere unmittelbare Ahnmutter angesehen. Die Geschichte dieses Fossils, das Lucy getauft wurde, schilderten Johanson und Maitland Edey in ihrem bekannten gleichnamigen Buch. Zihlman und ihre Mitarbeiter hatten behauptet, der unmittelbare Vorläufer der heutigen Menschen habe wahrscheinlich wie ein Zwergschimpanse ausgesehen – und nun waren Fossilien aufgetaucht, die genau diesem Vorfahren zugeschrieben wurden. Hier drängt sich die Frage auf, in welcher Hinsicht diese Fossilien einen Vergleich mit den Knochen eines rezenten *Pan paniscus* aushalten. Frau Zihlman zeichnete eine mittlerweile sehr berühmte Rekonstruktion, in der eine Hälfte von Lucys Knochengerüst neben die entsprechende eines Zwergschimpansenskeletts – beide im selben Maßstab gezeichnet – gestellt wurde, so daß ein einziger zusammengesetzter Körper entstand. Das Ergebnis war so verblüffend, daß wir beschlossen, es als Abbildung zu verwenden, und auch die logische Folgerung, die Zihlman und Jerry Lowenstein 1980 auf einem Symposium vortrugen, war unvermeidlich: »Vor etwa 3,5 Millionen Jahren waren die ersten bekannten Hominiden (entwicklungsgeschichtlich gesehen) möglicherweise nur einen Schritt von einem kleinen Menschenaffen wie *Pan paniscus* entfernt.«[12] (Im übrigen ist, verglichen mit *Pan troglodytes*, nur der Schädel des Zwergschimpansen klein, denn das restliche Skelett ist etwa gleich groß. Beim nächsten Zoobesuch kann Ihnen daher auch jeder normale Schimpanse einen Eindruck über die Größe, nicht jedoch über die Knochenfeinstruktur bei *Pan paniscus* und Lucy vermitteln.)

Seitdem sich die Daten in den 80er Jahren gehäuft hatten und nun auch traditionelle Paläontologen von der Aussagekraft der molekularen Uhr überzeugt waren, hat sich der Fall des Zwergschimpansen noch erhärtet. 1982 wurde in Atlanta (US-Bundesstaat Georgia) ein Symposium über *Pan paniscus* zu Ehren Harold Coolidges abgehalten. Die Vorträge wurden 1984 in Buchform herausgebracht[13], und offenbar genau zum rechten Zeitpunkt, da der Zwergschimpanse, der nun zu einem beliebten Forschungsobjekt für Anthropologen und Entwicklungsbiologen geworden war, beinahe auszusterben droht.

Lange Zeit wurden sämtliche Beobachtungen über das Verhalten von Zwergschimpansen an etwa einem Dutzend Tiere gemacht, die wie »Prince Chim« in Gefangenschaft gehalten wurden. Zu Beginn der 80er Jahre verbrachte Randall Susman von der State Univeristy New York zusammen mit einem kleinen Forscherteam 18 Monate in der freien Wildbahn, um *Pan paniscus* im Wald von Lomako (im heutigen Zaire) zu studieren, wo sich der letzte natürliche Lebensraum des Zwergschimpansen befindet. Ähnliche Studien wurden auch von japanischen Primatenforschern durchgeführt. Zu den auffälligsten Eigenarten, die der Zwergschimpanse mit dem Menschen gemein hat, gehört die ausgedehnte Empfängnisbereitschaft

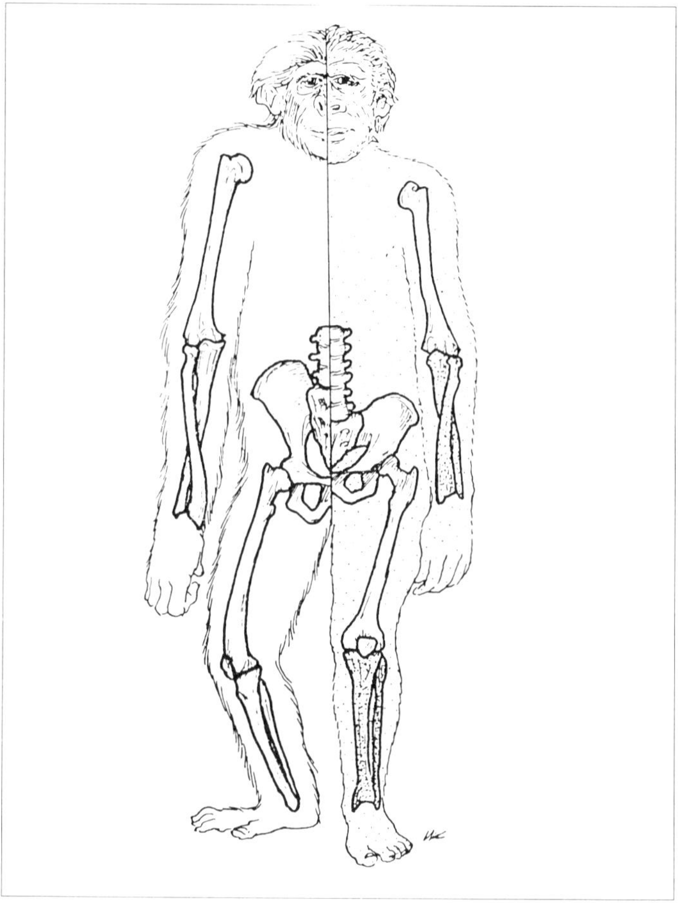

Ein Vergleich zwischen *Pan paniscus* und einer Rekonstruktion von *Australopithecus*, unter Verwendung von Datenmaterial aus Hadar und Sterkfontein. Beachten Sie, daß der gesamte Körper und die unteren Gliedmaßen (Schien- und Wadenbeine, Unterarme) beider Tiere gleich lang sind; auffällig sind auch die vergleichsweise verkürzten Oberschenkel und Oberarme bei *Australopithecus* sowie die Unterschiede im Bau von Becken und Füßen, die sich aus dessen bipeder Gangart ergeben (nach Adrienne Zihlmann, University of California, Santa Cruz).

beim Weibchen, ohne daß es eindeutige Anzeichen einer Paarungszeit oder einer kurzlebigen, regelmäßig wiederkehrenden Phase der Sexualität gibt; außerdem kommt es gelegentlich vor, daß sich die Tiere in der sogenannten »Missionarsstellung«, also mit einander zugekehrten Köpfen, paaren. In der Sozialstruktur der Zwergschimpansen spielen gemischte Gruppen, die aus Männchen und Weibchen bestehen, eine größere Rolle als die reinen Männerbanden, die für *Pan troglodytes* charakteristisch sind. Selbstverständlich kann *Pan paniscus* auch viel besser und leichter aufrecht gehen als sein Cousin, der Großschimpanse.

Die Untersuchungen an Zwergschimpansen, die in Gefangenschaft gehalten werden, dauern an. Unter diesen scheint der junge Schimpanse Kanzi der moderne Nachfolger von »Prince Chim« zu sein, der im Yerkes-Primatenforschungszentrum von Atlanta (das zu Ehren des damaligen berühmten Besitzers von »Prince Chim« benannt wurde) von E. S. Savage-Rumbaugh untersucht wird. In ihrer Publikation anläßlich des Symposiums von 1982 beschreibt sie, wie Kanzi häufig Gesten mit bestimmten Lauten (Vokalisation) kombiniert, wobei er auf Gegenstände deutet, die er seinem Lehrer unbedingt zeigen will. So etwas bringt kein *Pan troglodytes* fertig. Außerdem ergreift er seine Lehrmeister bei den Händen, um sie an Orte zu führen, wohin er gehen will – dieses Verhalten wurde ihm niemals beigebracht und auch noch bei keinem anderen normalen Schimpansen beobachtet. Insgesamt ähnelt das Verhalten von Zwergschimpansen und auch die Art, wie sie auf das Training reagieren und sich mit anderen Personen über Symbole verständigen, eher dem Verhalten menschlicher Kleinkinder als den Verhaltensweisen normaler Schimpansen, die entsprechend gut trainiert wurden. »Jeder, der mit beiden Arten in unserem Labor gearbeitet hat,« meint Frau Savage-Rumbaugh, »ist immer wieder aufs Neue überrascht, wie beachtlich ihr Kommunikationsverhalten und ihr Verständnis ist, komplexe soziale Situationen zu begreifen, die völlig anders als bei *Pan troglodytes* ablaufen.«[14]

Der Gedanke, daß der Zwergschimpanse unser nächster lebender Verwandter ist (weswegen er auch noch manche archaischen Züge unseres ehemaligen gemeinsamen Vorfahren aufweisen kann) und daher quasi ein lebendes Bindeglied zu Lucy – und somit der menschlichen Vergangenheit – bildet, ist einfach überwältigend, oder um es mit Roger Lewins Worten auszudrücken: »*Homo sapiens* ist wirklich nur ein etwas ungewöhnlicher afrikanischer Menschenaffe.«[15] Deshalb können wir fürwahr eine Menge über unsere Vergangenheit – und somit auch über uns selbst – lernen, wenn wir *Pan paniscus* in seinem natürlichen Lebensraum studieren. Zum Leidwesen des Zwergschimpansen besitzt der Mensch jedoch die unrühmliche Eigenschaft und Neigung, die ihn unter den übrigen Primaten auszeichnet, andere Arten vom Erdboden zu vertilgen. Die Urwälder in der Region Lomako werden gefällt, um Platz für Kaffeeplantagen zu schaffen, und die relativ kleine Anzahl Zwergschimpansen wird von den Einheimischen gejagt, zum einen wegen ihres Fleisches (das als Delikatesse geschätzt wird), zum andern wegen ihrer Knochen, die für die Ausübung gewisser religiöser Handlungen benötigt werden. Außerdem fängt man sie, um sie an Zoogeschäfte, zoologische Gärten und – widersinnigerweise – Primatenforschungszentren wie dem in Atlanta zu verkaufen. Ein lebendiger Zwergschimpanse erbringt auf dem Schwarzmarkt das Vier- bis Fünffache dessen, was ein Arbeiter monatlich auf einer Kaffeeplantage verdient.

Mittlerweile bemüht man sich, der einheimischen Bevölkerung den tatsächlichen Wert von *Pan paniscus* klarzumachen, wie Kabongo Ka Mubalamata vom Institut de la Récherche Sciéntifique im zairischen Bakawu auf dem Symposium in Atlanta erläuterte.[16] Außerdem drängt das Forschungszentrum auf Schutzmaßnahmen, wie der Errichtung eines Reservats für Zwergschimpansen, und steigert seine Bemühungen gegen Wilderer und Schwarzmarkt. Vielleicht sind diese Bemühungen zu gering oder kommen zu spät; zudem besteht die Gefahr, daß der Zwergschimpanse ausgerechnet in dem Moment ausstirbt, in dem man ihn als nächsten Verwandten des Menschen erkennt, und dies wäre ein trauriges Spiegelbild der menschlichen Natur. Im restlichen Buch wollen wir uns jedoch generell mit der Natur des Menschen befassen, und vor allem mit dem Aspekt, wie wir unseren winzigen einprozentigen Vorsprung ausnutzen können, um unsere manchmal unpassende genetische Programmierung auszutricksen.

2
Der menschliche Marathon – Wesentliches über *Homo sapiens*

Welche physischen Unterschiede bestehen zwischen uns Menschen und unseren haarigen Vettern? Abgesehen von unserem sogenannten »zivilisierten« Verhalten ist wohl im Vergleich zu anderen Säugetieren eine der auffälligsten Eigenschaften von Homo sapiens, daß seine Nachkommen bei der Geburt besonders hilflos und ungeschützt sind und die wohl längste Individualentwicklung aller Tiere durchmachen. Im Vergleich zu Gorilla- oder Schimpansenbabys ist unsere Kindheit an beiden Enden verlängert. Menschenbabys kommen früh und im unfertigen Zustand auf die Welt – wenn unsere körperliche Entwicklung im gleichen Verhältnis zwischen Schwangerschaftsdauer und Körpergröße bei der Geburt wie bei den übrigen Primaten stünde, dann müßten Frauen mindestens ein Jahr statt nur neun Monate schwanger sein. Und selbst wenn die Schwangerschaft länger wäre, würde die Phase der Hilflosigkeit bei Kleinkindern immer noch länger dauern als bei Schimpansen und Gorillas.

Dies alles könnte jedoch mit einer anderen Eigenschaft des Menschen zusammenhängen. Denn so wie es einen Bezug zwischen Körpergröße und Dauer der Schwangerschaft gibt, besteht auch eine Beziehung zwischen Körpergröße und Lebensdauer – eine Tatsache, die auch auf andere Primaten zutrifft. Demnach müßte die durchschnittliche menschliche Lebensspanne bei 30 Jahren liegen; tatsächlich jedoch haben sehr viele Menschen in den heutigen westlichen Zivilisationen eine biblische Lebenserwartung von 70 Jahren und mehr – Unfälle natürlich ausgeschlossen. Während beispielsweise die menschliche Schwangerschaft 266 Tage beträgt (etwa ein Prozent unseres durchschnittlich siebzigjährigen Lebens), tragen Gorillaweibchen vergleichsweise nur

257 Tage, das sind etwa 3,5 Prozent ihrer Lebenserwartung von 20 Jahren. Wenn wir nun sogar die Zahlen bei Tieren betrachten, die von *Homo sapiens* verwandtschaftlich weiter entfernt sind, stellen wir fest, daß Löwinnen nur 108 Tage trächtig sind (das sind 2,5 Prozent ihrer Lebenserwartung), während Elefantenkühe eine Rekordtragzeit von 624 Tagen (also fast zwei Jahre) aufweisen, die knapp fünf Prozent ihrer Lebenserwartung ausmacht.

Verglichen mit unserer nächsten Verwandtschaft zieht sich nicht nur unsere Kindheit, sondern auch unser ganzes Leben in die Länge. Was also die Gesamtdauer dieser Phasen angeht, so ist das menschliche Leben – gemessen an der Lebensdauer der übrigen Primaten – ein einziger Marathon, und wir selbst sind für unser Leben eher als Ausdauersportler denn als Sprinter geschaffen worden. Dieser Vergleich ist wahrscheinlich sogar passender, als es zunächst den Anschein haben mag, denn viele der lebensverlängernden Anpassungen haben den Menschen buchstäblich zu einem Langstreckenläufer gemacht. Doch darüber zu einem späteren Zeitpunkt mehr.

Zu den Hauptcharakteristika von *Homo sapiens* zählen eine lange Individualentwicklung sowie die Befähigung, neue Techniken und Fähigkeiten zu erlernen – eine Eigenschaft, die dem Menschen bis ins hohe Alter erhalten bleibt. Um nun zu verstehen, wie sich das menschliche Verhalten im einzelnen entwickelt, müssen wir unser genetisches Erbe begreifen, das wir mit unseren nächsten Verwandten gemein haben; bevor wir jedoch diesem Gedanken nachgehen können, sollten wir schlauerweise diesen langen Entwicklungsprozeß – von der Empfängnis bis zum Erwachsenwerden – detaillierter untersuchen. Die hierfür erforderlichen genetischen Grundlagen wurden ja ansatzweise schon im ersten Kapitel erwähnt.

Die genetischen Grundlagen

Da wir uns mit der Entwicklung und den Fähigkeiten einer einzigen Art aus Millionen anderer Arten auf diesem Planeten befassen wollen, sollten wir notwendigerweise erläutern, was wir unter einer »Art« (wissenschaftlich Spezies) verstehen. Eine Spezies wird auf verschiedene Weisen definiert, jedoch soll für unsere Zwecke das Kriterium genügen, daß es sich um eine Tiergruppe handelt, deren Mitglieder sich untereinander paaren und fortpflanzungsfähigen Nachwuchs bekommen können. So können sich beispielsweise Rüden und Hündinnen paaren und Welpen bekommen, die wiederum zu Rüden und Hündinnen aufwachsen; desgleichen schließen sich Männer und Frauen zusammen, um gemeinsam Kinder zu bekommen, die wiederum erwachsen werden und eigene Nachkommen zeugen. Demnach gehören Rüden und Hündinnen zu einer Art (nämlich *Canis familiaris*, die natürlich in den verschiedensten Rassen vorkommt), während Männer und Frauen Mitglieder einer anderen Art (nämlich *Homo sapiens*) sind. Jedoch paaren sich Hunde z. B. nie mit – sagen wir – Kanarienvögeln, da beide unterschiedlichen Arten angehören. Diese Artunterschiede können sehr fein sein, da beispielsweise ein Eselhengst und eine Pferdestute zwar lebensfähige Fohlen, die sogenannten Maultiere,[1] bekommen können, jedoch das Maultier selbst nicht fortpflanzungsfähig ist. Pferd (*Equus equus*) und Esel (*Equus asinus*) sind also zwei verschiedene, wenn auch nahverwandte Arten, die beide der gleichen Gattung (*Equus*) angehören. Prinzipiell kann jeder gesunde erwachsene Mann mit jeder gesunden erwachsenen Frau im gebärfähigen Alter gesunde, fortpflanzungsfähige Kinder zeugen, und daher gehören alle Menschen auf diesem Planten, unabhängig von Größe, Gestalt oder Hautfarbe, zur selben Art, nämlich *Homo sapiens*.

Selbstverständlich bestehen zwischen den einzelnen Mitgliedern einer bestimmten Art (somit auch bei der Spezies Mensch) eine Vielzahl unterschiedlicher Merkmale. Einzelne Personen vererben bestimmte Aspekte ihrer Individualität (seien es Körpergröße, Haarfarbe, die Länge des Zeigefingers, usw.) an ihre Kinder. Im Tierreich hängt der Erfolg eines Individuums, insbesondere die Fähigkeiten, lange leben zu können, sich zu paaren und möglichst viele Nachkommen zu bekommen, häufig davon ab, wie gut sich das betreffende Tier seiner Umwelt anpaßt. Wenn ein bestimmtes Merkmal (genetisch ausgedrückt, sein Phänotyp) dem Tier behilflich ist, genug Nahrung zu finden und so lange zu leben, bis sich das Tier fortgepflanzt hat, dann stehen die Chancen nicht schlecht, daß jenes Merkmal an die nächste Generation weitergegeben wird. Dies sind die drei Hauptaspekte des Darwinschen Evolutionsgedankens: die genetische Variabilität (d.h., die unterschiedliche Ausprägung einzelner Individuen), die Vererbung bestimmter charakteristischer Merkmale von den Eltern auf die Nachkommen, und die Auswahl (Selektion) erfolgreicher Merkmale infolge unterschiedlicher Umwelteinflüsse (Selektionsdruck). Als Darwin vom »Überleben des Stärkeren« sprach, meinte er sicherlich nicht die größten und besonders athletisch gebauten Lebewesen[2], sondern – und das haben wir dem Leser klarzumachen versucht – diejenigen Einzeltiere, die am besten in ihre ökologischen Nischen passen: Mit anderen Worten, die ihre Futterquellen optimal nutzen, mit den Unannehmlichkeiten des Lebens (Raubtiere, schlechtes Wetter) am besten fertig werden und einen geeigneten Partner zur Paarung finden. Ein kompliziertes Puzzlespiel, das möglichst rasch und glatt aufgeht, ist wohl eine geeignetere Metapher im Sinne Darwins als das Bild vom siegreichen olympischen Zehnkämpfer.

Erst vor relativ kurzer Zeit (wenn wir in den zeitlichen Dimensionen der Evolution denken) hat die Menschheit begonnen, die Umwelt ihren Bedürfnissen anzupassen, anstatt sich im Rahmen der natürlichen Selektion den gegebenen Umweltzwängen zu unterwerfen. In der Geschichte vom Leben auf der Erde bedeutete dies den Anfang einer neuen Epoche, die erst vor einigen zehntausend Jahren damit begann, daß unsere Vorfahren lernten, Werkzeuge zu verwenden und Feuer zu machen. Bisher wirken sich diese relativ neuen Fähigkeiten nicht merklich und verändernd auf unser Genmaterial aus; allerdings ist es dem Menschen immerhin gelungen, sich auf dem ganzen Erdball breitzumachen und seine Bevölkerungszahl insgesamt dramatisch anschnellen zu lassen.

Wie wir bereits wissen, wird unser Erbgut in Form von 23 Chromosomenpaaren von Generation zu Generation weitergegeben, wobei ein Chromosomensatz von der Mutter und einer vom Vater stammt. Die in jedem Chromosom verankerten Gene kommen daher immer paarweise vor, und da jedes Gen meist entweder dominant oder rezessiv ist – sich also in seiner Ausprägung durchsetzt (dominant) oder nicht (rezessiv) –, bestimmt meist nur jeweils ein Gen eines Genpaars den entsprechenden Phänotyp. Um die Angelegenheit noch komplizierter zu machen, werden die meisten äußeren Merkmale eines so komplizierten Körpers wie dem unseren nicht von einem einzigen Gen festgelegt, sondern durch die Kombination mehrerer Gene, die einander wechselseitig beeinflussen. Ein bekanntes Beispiel ist die Körpergröße. Wenn ein Kind wächst, wird es nicht automatisch so groß (oder so klein) wie seine Eltern. Dies kommt teilweise daher, daß Gene letzten Endes nur eine Möglichkeit darstellen; denn wie groß ein erwachsener Mensch tatsächlich wird, hängt auch von bestimmten Umweltfakoren ab – beispielsweise, wieviel Nahrung ein Kind erhält. Diese Parameter wirken mit dem »Gen-Paket« zusammen, das ein Kind von seinen Eltern geerbt hat. Mehr über dieses Thema jedoch später, denn wir wollen nicht die Dummheit begehen zu behaupten, nur das Erbgut allein bestimme die Physis eines Menschen. Der Einfachheit halber wollen wir zunächst über die reinen genetischen Voraussetzungen sprechen und erst dann über mögliche Wechselwirkungen der Gene mit ihrer Umwelt. Schließlich ist die Genetik *per se* schon kompliziert genug, werden doch viele Charakterzüge durch die Wechselbeziehungen mehrerer unterschiedlicher Gene geprägt.

Dieser Einfluß von zwei oder mehr Genen auf einen Phänotyp wird als *Polygenie* bezeichnet. Aus diesem Grunde läßt es sich auch unmöglich exakt vorhersagen, wie ein neugeborenes Baby als Kind bzw. als Erwachsener aussehen wird, wenn man lediglich vom Aussehen seiner Eltern ausgeht. Wenn die Mutter blaue Augen besitzt, der Vater jedoch braunäugig ist, wird das Kind nicht zwangsläufig ein Auge in jeder Farbe haben, sondern entweder braune oder blaue, ja vielleicht sogar grüne Augen – je nachdem, wie sich die entsprechenden rezessiven oder dominanten Gene in den Chromosomen neu kombinieren. Wenn Mutti groß ist und Papi von kleinem Wuchs, bestehen gute Chancen, daß die Körpergröße des Sprößlings irgendwo dazwischen liegt; genauso ist es aber möglich, daß das Kind beide um mehrere Köpfe überragen oder um vieles kleiner als seine Eltern sein wird, da selbst ohne irgendwelche zusätzlichen Umwelteinflüsse die Polygenie dazu beitragen kann, neue Merkmalskombinationen zu bilden. Natürlich können wir auch feststellen, daß »der Junge ganz die Nase vom Vater« oder ein Mädchen »Großvaters Augen« hat – also auch innerhalb der eigenen Familie stellen wir fest, daß bestimmte Züge und Eigenschaften vererbt werden. Allerdings kann eine werdende Mutter niemals von vorneherein bestimmen, ob ihre Sprößlinge »ihre eigene Nase« oder »Großmutters Haare« besitzen werden. Bestimmte Kontrollgene steuern unsere Entwicklung, von der Befruchtung bis zur körperlichen Reife, und sie garantieren, daß wir uns alle zu Exemplaren des *Homo sapiens* und nicht etwa zu Pferden oder Schweinen entwickeln. Innerhalb dieser breit angelegten Definition einer »Spezies« bleibt uns allerdings noch ein ziemlich großzügig bemessener genetischer Spielraum.

Von der Befruchtung bis zur Geburt

Der einzelne Mensch ist ein Lebewesen, dessen äußerliche Erscheinung (Phänotyp) wir mit unseren Sinnen wahrnehmen – mit anderen Worten, wir haben es mit der »fleischgewordenen« Umsetzung einer Genkombination zu tun, die als Einheit operiert. Dieser einzigartige Genotyp bestimmt letztlich die Individualität jedes neu entstehenden Lebens; und er bildet sich wiederum im Augenblick der Befruchtung, wenn eine einzelne Samenzelle (Spermium), die einen Chromosomensatz vom Vater mitbringt, in eine Eizelle, welche die Hälfte des mütterlichen Erbguts trägt, eingedrungen ist. Nun setzt ein äußerst komplizierter Prozeß ein, an dessen Ende der fertige Mensch steht[3]: Sofort nach dem Eindringen des Spermiums verändert sich die Oberfläche der Eizelle, so daß sie für andere Spermien unpassierbar wird, derweil der Kern der Samenzelle mit seiner »Chromosomenfracht« ins Innere der Zelle wandert, um dort mit dem mütterlichen Zellkern zu verschmelzen. Die befruchtete Eizelle wird jetzt als Zygote bezeichnet; sie enthält zwei vollständige Chromosomensätze (23 Paare), mißt aber nur etwa das Zehntel eines Millimeters[4].

Etwa anderthalb Tage nach der Befruchtung (genauer gesagt, ca. 30 Stunden danach) teilt sich die Zygote in zwei Tochterzellen; nach wiederum 60 Stunden furchen sich diese beiden, so daß insgesamt vier Zellen entstehen, und nach weiteren zweieinhalb Tagen erfolgt wieder eine synchrone Zellteilung, so daß nun ein sogenanntes Achtzellen-Stadium vorliegt. Während dieser Zeit ist der kleine »Zellball« den Eileiter in Richtung Gebärmutter (Uterus) hinabgewandert. Am sechsten Tag kommt er dort an und bildet nun eine »Hohlkugel« aus mehreren Hundert Zellen, die man auch als Keimblase oder Blastozyste bezeichnet. Ab diesem Zeitpunkt setzt die sogenannte Zelldifferenzierung ein: Die einzelnen Zellgruppen entwickeln sich – je nach zukünftiger Aufgabe – mit unterschiedlicher Geschwindigkeit und in verschiedenen Formen. Während die Blastozyste in die Uterusschleimhaut eindringt und sich dort einnistet, verwachsen ihre äußeren Zellschichten über Zotten mit der Gebärmutterschleimhaut und bilden den sogenannten Mutterkuchen. Dieser wird auch als Plazenta bezeichnet und versorgt den Embryo mit Nährstoffen aus dem mütterlichen Blut. Auch die vom Embryo ausgeschiedenen Schlacken gelangen über die Nabelschnur in die Plazenta und werden dort vom mütterlichen Blut abtransportiert. Der eigentliche Embryo ist aus einem länglichen Zellgebilde im Inneren der Blastozyste entstanden. Wenn die Implantation (also das Einnisten der Zygote in der Uterusschleimhaut) abgeschlossen ist (d.h. ab der zweiten Woche nach erfolgter Befruchtung), wird der Keim als Embryo bezeichnet. Nach insgesamt acht Wochen (bzw. zwei Monaten) wird er Fetus genannt. Während er wächst und sich entwickelt, wird der Embryo bzw. Fetus von einem Hohlraum umgeben, der späteren Amnionhöhle, die mit Flüssigkeit (Fruchtwasser) gefüllt ist und ihn trägt und schützt.

Abgesehen von der Amnionhöhle ist die Blastozyste überwiegend leer. Tatsächlich haben wir es mit einem entwicklungsgeschichtlichen Relikt aus jenen Tagen zu tun, als unsere Vorfahren noch Eier mit Dotter legten, der den wachsenden Embryo ernähren sollte. Die Blastozyste »umhüllt« demnach einen nicht mehr vorhandenen Dottersack, der im Laufe der Evolution verloren ging. Dieser Aspekt wirft ein interessantes Licht auf den Verlauf von Evolutionsvorgängen. Wenn also ein bestehendes Muster infolge von genetischen Veränderungen (Mutationen) verbessert wird, müssen ihre Nutznießer – sprich die neuen Individuen – weiterhin die Altlasten ihres Erbguts mit sich herumtragen. Demnach könnte also die Evolution (die folgende etwas übertriebene Vermenschlichung sei uns gestattet) sich vor die Stirn schlagen, ausrufen »Natürlich, daß mir das nicht eher eingefallen ist – ein Tier, das lebendige Junge zur Welt bringt, ist wesentlich erfolgreicher als eines, das nur Eier legt!« und noch einmal von vorne beginnen und einen vollendeten Säuger erschaffen. Statt dessen entstehen Säugetiere durch minimale Veränderungen der »Blaupause«, die als Vorlage für eierlegende Reptilien dient. Allerdings gibt es einige Bedenken, insbesondere von Seiten Richard Dawkins', den Ausdruck »Blaupause« für den Informationsfluß des genetischen Codes von einer Generation zur nächsten zu verwenden. Dawkins behauptet zu Recht, die Informationen würden eher nach Kochbuchmanier weitergegeben (»Man nehme die und die Zutaten, vermische alles gut, lasse es unter Rühren kochen«) als im Sinne einer technischen Blaupause, die bis ins letzte Detail vorgibt, wie das Endprodukt aussehen wird. Denn auch das Umfeld (also auch Kochvorgang und Küchenausstattung, um bei unserer Metapher zu bleiben) spielt bei der Entwicklung eines Organismus eine wichtige Rolle. Wir sehen zwar, was Dawkins meint, wollen jedoch weiterhin von »Blaupause« im generellen Sinne eines »Plans oder Entwurfs« sprechen, der »Auswirkungen auf die Zukunft seiner Umwelt« hat. Vielleicht mag es für ein dotterreiches Ei, das über die plazentare Ernährung bereits Bescheid »weiß«, nur ein kleiner Lernschritt gewesen sein, den in Vorzeiten benötigten Dotter über Bord zu werfen; andererseits hätte es weitaus größere Konsequenzen für die Entwicklung eines menschlichen Embryos gehabt, wenn sich jeder Keim erst auf mühsame Weise seines ehemaligen Dottersacks hätte entledigen müssen. Auf alle Fälle wird der Hohlraum recht bald von der Amnionhöhle und dem darin wachsenden Embryo verdrängt, und er schrumpft fast genauso schnell, als ob er tatsächlich Dotter zur Ernährung des Fetus enthalten hätte.

Jeder Zellhaufen, aus dem einmal ein neuer Mensch werden wird, beginnt als flacher Keimschild (oder Keimscheibe). Nach der ersten Entwicklungswoche differenziert sich die Scheibe in zunächst zwei, später drei Keimblätter. Aus den Zellen der einen Schicht, dem sogenannten Ektoderm, entstehen später einmal Nervensystem und Haut samt Haaren und Nägeln, während aus den Zellschichten des gegenüberliegenden Entoderms die inneren Organe wie Magen, Darm, Leber, Lunge usw. entstehen. Zwischen beiden Keimblättern liegt eine weitere Zellschicht, das Mesoderm, das später einmal in Muskulatur, Skelett und Blutgefäße auswachsen wird. Dieses Entwicklungsschema verläuft in der beschriebenen Weise haargenau bei allen Wirbeltieren (und noch einigen anderen Tiergruppen) ab, wobei es es sich offenbar um ein Merkmal handelt, das von einem gemeinsamen Vorfahren dieser Tiere aus weit zurückliegenden Zeiten stammt. Und bereits die ersten Phasen dieses Entwicklungsprozesses werden genauestens von Kontrollgenen überwacht, damit aus dem Keim auch ganz bestimmt ein voll fortpflanzungsfähiges Wesen wird.

Nach zwei Wochen nimmt der amorphe Zellhaufen allmählich deutlichere Konturen an. Als ersten Schritt auf dem Weg zur Menschwerdung bildet sich auf der Oberseite des Keimschilds eine Rinne, die bald zu einem Schlauch zusammenwächst. Der Vorderteil dieses sogenannten Neuralrohrs verdickt sich, wird größer und wächst schließlich zum späteren Gehirn aus, während der Rest das zukünftige Rückenmark bildet. Ab der dritten Woche werden die inneren Organe (zum Beispiel der Darm) angelegt, die im wesentlichen bis zum Ende des zweiten Monats entwickelt sind. Zu diesem Zeitpunkt entsteht auch ein Herzschlauch, der sich zügig in eine vierkammerige Herzpumpe umwandelt und alsbald zu pulsieren beginnt – täglich über 100'000 Mal, und das ein ganzes Menschenleben lang. Mittlerweile entstehen am Embryo Knospen, aus denen später Arme und Beine werden, und auch die Anlagen der Augen und Ohren, der Nase und des Mundes sind bereits rudimentär vorhanden. Am Ende des ersten Monats ist der »Keimling« gerade einmal einen Zentimeter lang, und seine Mutter weiß vermutlich noch überhaupt nicht, daß sie ein Kind erwartet.

Wenn sie sich dann irgendwann ihrer Schwangerschaft sicher ist, also vermutlich spätestens im vierten Monat, dann hat der Fetus bereits die wichtigsten grundlegenden Phasen hinter sich gebracht. Von nun an konzentriert er sich auf sein Wachstum und dabei entwickeln sich seine einzelnen Körperabschnitte, damit er sie bei der Geburt sofort einsetzen kann: Das Skelett ist bereits vollständig mit Armen, Händen und Fingern, mit Beinen, Füßen und Zehen ausgebildet, desgleichen sind alle inneren Organe vorhanden, während der Kopf mit seinen Anlagen für Augen, Ohren usw. im Verhältnis zum Restkörper etwas zu groß geraten scheint. Insgesamt also schon ein kompletter Mensch *en miniature*, der nach zwei Monaten mit 2,5 Zentimetern gerade mal ein Gramm, also soviel wie eine Kopfschmerztablette wiegt.

Kurz bevor der Embryo zum Fetus wird, nimmt ein weiterer Körperabschnitt beachtliche Ausmaße an: der embryonale Schwanz, dessen Rudiment als sogenanntes Steißbein bei der

Geburt erhalten bleibt. Auch hierbei handelt es sich um ein Relikt unserer stammesgeschichtlichen Vorfahren. Ein ähnliches Phänomen stellen schlitzförmige Öffnungen im Halsbereich des Embryos dar. Dies sind die sogenannten Kiemenspalten, die normalerweise bei Knorpelfischen (Haien) vorkommen; sie werden jedoch zu einem späteren Zeitpunkt in andere Bereiche von Hals und Gesicht integriert.[5] Während der ersten drei Monate durchläuft auch die embryonale Niere einen dreiphasigen Entwicklungsprozeß. Der erste Typ, die sogenannte Vorniere, erinnert an das Organ, das wir bei sehr primitiven Fischen (Neunaugen und Aalen) finden; dieser Vorläufer wird durch eine zweite Nierenform, die Urniere, ersetzt, die komplizierter gebaut ist und dem Ausscheidungsorgan von Echten Fischen und Amphibien entspricht. Aber auch diese Niere ist nicht endgültig, denn erst die dritte Form ist die endgültige, paarig angelegte Niere. Diese und andere körperliche Eigenarten während der Entwicklung des Embryos bzw. Fetus (der sogenannten Ontogenese) machen deutlich, daß die Evolution nicht in der Lage ist, althergebrachte, überholte Baupläne einfach über den Haufen zu werfen.[6] Da sich ein Großteil unserer Chromosomen (vielleicht sogar die Mehrzahl) niemals im Phänotyp niederschlägt, geht man davon aus, daß viele DNS-Bereiche »Schrott-Code« oder einfach nur entwicklungsgeschichtlichen Ballast darstellen. Möglicherweise enthalten manche DNS-Abschnitte sogar sehr urtümliche Gene, die für unsere Vorfahren vor langer Zeit noch von Bedeutung waren – wichtige Gene, die Aufbau und Funktion von Schwänzen, Kiemen und primitiven Nieren steuerten. Die Evolution bewirkte nun nicht etwa, daß die alten Gene herausgeschnitten und durch neue ersetzt wurden, sondern ließ effizientere (d.h. effizienter in Bezug auf Durchsetzungsvermögen und Vermehrung eines bestimmten Phänotyps) Formen entstehen, die das alte Genom außer Gefecht setzten. Auch wenn man Haeckels Satz von der Wiederholung der Evolution während jeder Ontogenese nicht wortwörtlich nehmen sollte, so stimmt ist es doch, daß manche bizarr anmutenden Sackgassen der menschlichen Embryonalentwicklung an unsere eigene phylogenetische (sprich stammesgeschichtliche) Vergangenheit erinnern.

Alle diese »urtümlichen« Eigenschaften verschwinden, während sich der Embryo in einen Fetus umwandelt. In 94 Prozent aller Fälle verschwindet das rudimentäre Schwänzchen vor der Geburt, und selbst bei den verbleibenden sechs Prozent bleibt dieses verlängerte Steißbein in der Gesäßmuskulatur verborgen und kann nur auf dem Röntgenbild erkannt werden. Nach elf Wochen beginnt der Fetus, sich mit Armen und Beinen zu bewegen, und bildet die ersten Geschlechtsmerkmale aus. Während sich die Geschlechtsorgane entwickeln, scheiden sie im männlichen Fetus das Sexualhormon Androgen aus, das die ungestörte Ausbildung von Hoden, Penis usw. gewährleistet. Weibliche Feten benötigen keine zusätzliche Hormongabe von Östrogen (dem Pendant zu Androgen), da sie über Plazenta und Nabelschnur ausreichend mit weiblichen Hormonen versorgt werden, die aus dem Blut der Mutter stammen. In dieser Phase werden auch die Milchzähne angelegt, und der Fetus kann bereits Schluck- und Saugbewegungen ausführen sowie Grimassen schneiden. Gegen Ende des dritten Monats mißt der Fetus, dessen Beine angezogen sind, bereits vom Scheitel bis zum Gesäß stolze zehn Zentimeter.

Während des vierten und fünften Monats fängt der Fetus an, sich auszustrecken. Die immer noch wachsenden inneren Organe wandern nun allmählich an ihre endgültige Position. In der 17. bis 22. Woche spürt die Mutter die ersten Bewegungen des Fetus, und mittlerweile hat dieser auch schon eine Länge von fast 25 Zentimetern erreicht, sieht jedoch insgesamt etwas zu lang und zu dünn aus. Die ersten Fettschichten bilden sich gerade, und die Lungen sind noch nicht vollständig ausdifferenziert; doch selbst wenn ein sieben Monate alter Fetus vorzeitig geboren werden sollte, haben solche »Frühchen« heute mit Hilfe moderner medizinischer Geräte (Brutkästen, Beatmungsmaschinen) eine Überlebenschance.

Während der drei letzten Schwangerschaftsmonate wird der Fetus perfektioniert: Er legt Fettpolster an, wodurch er während der beiden letzten Monate sein Gewicht verdoppelt, und nimmt täglich fast 30 Gramm zu. Bei der Geburt wiegt ein Neugeborenes drei bis vier Kilogramm, allerdings gibt es große Schwankungen. Die Lungen sind nun voll funktionstüchtig, und das Nervensystem hat so wichtige Funktionen wie Atmung, Herzschlag, Schlucken und Saugen jetzt vollauf unter Kontrolle. Im Durchschnitt wird ein Baby 266 Tage nach der Befruchtung geboren, obgleich in Wirklichkeit nur drei Viertel aller menschlichen Geburten mit einer vierzehntägigen Abweichung am ausgezählten Datum stattfinden. Unsere Neugeborenen können zwar atmen, sehen, hören, schlucken, schreien und mit den winzigen Gliedmaßen strampeln, sie bleiben jedoch hilflose Geschöpfe, deren Kopf im Verhältnis zu dem eines Erwachsenen viel zu groß ist. Dieser große Kopf und das Gehirn in seinem Innern sind die Hauptgründe, warum Menschenbabys so früh geboren werden.

Peter Pan oder das Problem, erwachsen zu werden

Viele Biologielehrer klappen an dieser Stelle ihr Lehrbuch energisch zu und bemerken mit abfälliger Geste, »die Gene hätten ja wohl bei der Geburt eines Babys das Gros der Arbeit bereits geleistet«.[7] Auf etwas drastische Weise wird hier die wichtige Botschaft verkündet, daß die für die Ontogenese verantwortlichen Gene eine andere Rolle spielen als diejenigen, die für den täglichen Gebrauch zuständig sind. Solche »Alltagsgene« erhalten beispielsweise den Hämoglobinspiegel im Blut aufrecht oder produzieren in Magen und Dünndarm die richtigen Verdauungsenzyme. Denn allein durch diesen Entwicklungsprozeß kommt ein Menschenbaby zustande, und nicht etwa ein Schimpanse oder ein Vertreter irgendeiner anderen Tierart. Die DNS wird öfter als die »Blaupause« für einen Phänotyp hingestellt; mit Bezug auf diese Metapher vereinen die Gene, die für die Ontogenese verantwortlich sind, die Funktionen als Blaupause des »Körpergebäudes«, planender Architekt und ausführende Bauarbeiter. Obgleich unser Körper auch noch nach der Geburt vielen Entwicklungsvorgängen unterworfen ist, können wir die Gene, die alle Funktionen im erwachsenen Organismus aufrechterhalten, analog als Hausmeister, Putzkolonnen und Wartungspersonal bezeichnen, die das »Biologische Hochhaus« unterhalten, nachdem es aufgebaut ist. Wenn diese Gene nicht mehr arbeiten, stirbt der Körper; doch ohne jene Gene, die die embryonale Entwicklung kontrollieren, wäre überhaupt kein Körper zustandegekommen.

Die entscheidenden Unterschiede, die rein zahlenmäßig nur einen Prozentpunkt Unterschied zwischen Mensch und Schimpansen ausmachen, sind mit größter Wahrscheinlichkeit in den Kontrollgenen für die embryonale Entwicklung verankert. Wie wir schon am Beispiel des minimalen Unterschieds zwischen den Hämoglobinen bei Mensch und Gorilla gesehen haben, kommen bei Mensch, Schimpanse und Gorilla oft grundsätzlich ähnliche Endprodukte (sprich ein nahezu identischer Phänotyp) heraus. Zweifellos ist auch unser großes Gehirn bei diesen Unterschieden zwischen Mensch und Affe von besonderer Bedeutung. Da die Evolution jene Körpereigenschaft (d.h. ein großes Hirn) mit einer verkürzten Schwangerschaft verknüpft hat, wird außerdem veranschaulicht, daß sich selbst winzige Änderungen während der Ontogenese gewaltig auf den Phänotyp auswirken können.

Generell nimmt die Größe eines Gehirns – relativ gesehen – bei größeren Tieren zu, da es ja mehr Aufgaben zu bewältigen hat. Der Mensch ist ein relativ großes Säugetier, und unter den übrigen Primaten werden wir längenmäßig nur noch von den Gorillas überragt. Demnach müßten wir ein schweres Gehirn besitzen, das jedoch um etwa 100 Gramm leichter als ein Gorillahirn sein sollte. Tatsächlich wiegt ein durchschnittliches Menschenhirn aber 1300 Gramm, also gut doppelt soviel wie das eines Gorillas. Interessanterweise wird die These, Schimpansen seien unsere nächsten Verwandten, noch dadurch unterstützt, daß sie trotz ihrer vergleichsweise geringen Körpergröße ein etwa gleich schweres Gehirn (etwa 600 Gramm) wie die Gorillas besitzen. Über die entwicklungsgeschichtlichen Vorteile unseres schwergewichtigen Großhirns brauchen wir nicht lange nachzudenken, denn dieses Organ verschaffte uns Intelligenz, Werkzeuge, Sprache, Philosophie, Kunst und Wissenschaften. Offenbar bewirkt – unter dem geeigneten Selektionsdruck – ein in Relation zum restlichen Körper überproportional großes Gehirn, daß ein Organismus erfolgreicher ist, weil er sich seiner Umwelt optimaler anpassen kann. Doch sofort stellt sich unserer »vermenschlichten« Evolution (die wir uns in diesem Falle als einen Kesselflicker vorstellen, der seine biologischen Töpfe mit dem Material flicken muß, das gerade zufällig in seiner Umwelt herumliegt) ein neues Problem: Schädel und Gehirn eines Fetus können im Mutterleib nur bis zu einer bestimmten kritischen Größe wachsen, ab der die Mutter Gefahr läuft, bei der Geburt zu sterben – oder alternativ der Fetus noch nicht lebensfähig ist. Der Geburtsvorgang ist für Frauen schon *per se* anstrengend genug; wenn sie darüber hinaus ihre Kinder weitere drei Monate oder länger austragen müßten, bis sie den Geburtszustand von anderen Primatenjungen besäßen, wäre eine natürliche Geburt schlichtweg unmöglich.

Folglich scheint eine verkürzte menschliche Schwangerschaft in direktem Zusammenhang mit der evolutionsbedingten beachtlichen Vergrößerung unseres Gehirns zu stehen. Bei der Geburt macht seine Größe etwa ein Viertel des erwachsenen Gehirns aus. Daher dauert auch die Verknöcherung des Schädels länger, damit das Gehirn genug Platz zum Wachsen hat. (Die große Fontanelle im Schädeldach schließt sich beispielsweise erst nach ein bis anderthalb Jahren.) Anders bei unserer Verwandtschaft, den Affen: Während beispielsweise das Gehirn eines neugeborenen Rhesusaffen schon zwei Drittel seiner Endgröße hat, erlangen junge Schimpansen und Gorillas nach einem Jahr ein Gehirn, das 70 Prozent des ausgewachsenen Organs wiegt. Ein Menschenkind braucht für das gleiche Ergebnis ganze zwei Jahre, so daß ein Mensch vergleichsweise ein volles Jahr zu früh geboren wird! Allerdings macht jener charakteristische Zug der menschlichen Entwicklung bei und nach der Geburt (nämlich das Wachstum des Gehirns) anscheinend nur einen Aspekt jenes Prozesses aus, warum Menschen nicht genauso wie andere Affen aufwachsen – oder vielleicht sollten wir besser sagen, warum sie so erfolgreich in ihren Kinderschuhen stecken bleiben.

Erwachsene Menschen haben viel mit Affenkindern gemein: Unser großes Gehirn befindet sich in einem hochgewölbten Schädel mit flachem Gesicht, das starke Ähnlichkeit mit dem eines Schimpansen- oder Gorillababys aufweist – oder, mit etwas Phantasie, auch mit neugeborenen Kätzchen oder Welpen. Im Verlauf ihrer Entwicklung bildet der Schädel bei all diesen Tieren die typische Adultform (d.h. die erwachsene Gestalt) aus, indem sich der Kopf verlängert und in den meisten Fällen eine deutliche Schnauze entsteht. Nicht so beim Menschen. Das menschliche Gliedmaßen-Rumpf-Verhältnis wie auch die Relation vom Kopf zum Restkörper ähneln eher den Dimensionen eines ganz jungen Schimpansen bzw. sogar eines Schimpansenfetus als denen eines Adulten. Desgleichen haben wir mit einem Schimpansenbaby auch die auffällig geringe Körperbehaarung gemeinsam, die Desmond Morris zu seinem Schlagwort vom »Nackten Affen« verleitete. In vieler Hinsicht scheint die menschliche Entwicklung verzögert, so daß wir – mal abgesehen von der körperlichen Größe – insgesamt eher wie Affenkinder denn wie ausgewachsene Affen sind. Wie Peter Pan erhalten wir nie unsere adulte (Affen-) Gestalt, obgleich der ein oder andere Mensch mit zunehmendem Alter sichtbar erwachsen wird, da seine Körperbehaarung im Laufe seines Lebens stärker wird.

In der Evolution ist dieses Verhaltensmuster nicht unbedingt außergewöhnlich, so daß manchmal bei diesem Zustand der »Ewigen Jugend« von Neotenie[8] gesprochen wird. Im Prinzip handelt es sich nur um eine winzige Veränderung (Mutation) der Kontrollgene, die die Ontogenese steuern, und solche Mutationen können leicht einmal auftreten. Im Laufe der Phylogenie ist es daher immer wieder vorgekommen, daß eine Art zu einer neotenen Form wurde, indem sie nicht sämtliche Entwicklungsstadien ihrer Vorfahren durchlief, sondern einen eigenen separaten Weg einschlug. Das klassische Beispiel für Neotenie (wenn wir von unserer eigenen Entwicklung mal absehen) finden wir beim Axolotl (*Ambystoma mexicana*), der zu den Schwanzlurchen oder Urodelen zählt – also ein Verwandter der amphibischen Frösche und Salamander ist. Ein Axolotl erinnert an eine riesige Kaulquappe, die jedoch vier Gliedmaßen besitzt, dauernd im Wasser lebt und sich dort auch fortpflanzen kann. Eine normale Kaulquappe kann sich natürlich erst vermehren, wenn sie die Metamorphose (d.h. die Umwandlung einer im Wasser lebenden Larve, der Kaulquappe, in ein ausgewachsenes Amphibium, wie Frosch oder Kröte) durchlaufen hat. Erstaunlicherweise kann auch ein Axolotl gelegentlich in die Metamorphose geraten, zu einem adulten Salamander auswachsen und sich dann wie ein ganz normaler Salamander fortpflanzen. Somit wäre der »normale« Axolotl eine neotene Salamanderart, also ein noch nicht ausgereiftes Larvenstadium, das gelernt hat, in diesem Zustand zu leben und sich zu vermehren, ohne sich weiter zu entwickeln. Die Neotenie bewirkt im Fall des Axolotls, daß bestimmte Gene abgeschaltet werden, die für die Metamorphose verantwortlich sind.[9] Zweifellos hat es sehr oft solche neotenen Mutationen gegeben, aber da der neue Phänotyp wahrscheinlich nicht so gut wie seine Eltern bzw. »normalen« Geschwister an seine Umwelt adaptiert war, ist er fast augenblicklich wieder verschwunden.

Beim Menschen ist diese neotene Entwicklung nicht so aufsehenerregend wie beim Axolotl, da wir uns während unseres ganzen Lebens schlichtweg etwas langsam entwickeln. Wir werden viel zu früh und »unfertig« geboren, brauchen unwahrscheinlich lange, um erwachsen zu werden, und leben zudem auch noch länger, als wir eigentlich sollten. Der Mensch ist fürwahr ein Affe im grünen Peter-Pan-Kostüm, ein lebender Beweis, welche Tricks die Evolution aus ihrem Hut zaubert – und alles nur, weil ein winziger Bruchteil unserer Erbsubstanz (nämlich ein Prozent der DNS), der für die menschliche Entwicklung zuständig ist, plötzlich anders gearbeitet hat. Die Gründe für diesen abrupten Wechsel stehen allerdings auf einem anderen Blatt. Denn wie sah wohl der Selektionsdruck aus, der die Vergrößerung unseres Gehirns und all die anderen Eigenarten eines »neotenen Affen« auslöste und auf diese Weise unseren ostafrikanischen Vorfahren vor knapp fünf Millionen Jahren einen enormen Evolutionsvorteil bot? Hundertprozentig können wir die Frage, warum die Evolution der menschlichen Intelligenz plötzlich so wichtig wurde, wohl niemals beantworten, obwohl es hierfür zwei Theorien gibt, die man durchaus erwähnen sollte. Bevor wir jedoch darauf eingehen, wollen wir mit unserer Geschichte über die langsame Entwicklung des Menschen fortfahren, die in der Wiege beginnt (und nicht unbedingt bis zur Bahre geschildert werden soll).

Vom Baby bis zum Backfisch

Ganz unvoreingenommen kann man ein neugeborenes menschliches Baby nicht unbedingt als schön bezeichnen: Infolge der Geburt ist sein Kopf oft leicht deformiert, seine Ohren sind flach an den Schädel gepreßt worden, und obendrein ist es noch von Kopf bis Fuß mit Blutspritzern und einem weißen, käsigen Belag beschmiert. Während andere Tierjunge teilweise dicht behaart auf die Welt kommen, sind viele Babys bei ihrer Geburt völlig kahl – ein Zustand, der Gott sei Dank nicht sehr lange anhält. Trotzdem wenden sich alle Menschen voller Zuneigung diesen verrunzelten, häßlichen Würmchen zu und unternehmen alles Menschenmögliche, damit ihre Kinder leben, aufwachsen und irgendwann selbständig werden. Dieses Verhalten ist natürlich ein Teil unseres genetischen, von der Evolution diktierten Programms. Wenn ein Mensch den Anblick neugeborener Kinder ekelerregend findet, sie verstößt und sterben läßt, wird er kaum eigene Nachkommen (und potentielle Träger seines Erbguts) haben, während Gene mit ausgeprägtem Mutterinstinkt höchstwahrscheinlich an die nächste Generation weitergegeben werden. Instinktive Verhaltensweisen werden also genauso wie körperliche Eigenschaften im Verlauf der Evolution durch natürliche Zwänge geprägt – eine hinreichende Erklärung, wie die Urinstinkte zustande kamen, mit denen ein neugeborenes Baby automatisch versorgt wird.

Die Hilflosigkeit menschlicher Neugeborener wird besonders im Vergleich mit anderen Säugetierkindern deutlich. Ein neugeborener Rhesusaffe kann sich bereits einige Minuten nach der Geburt am Fell der Mutter festkrallen und einigermaßen laufen, und auch Kälber können unmittelbar nach der Geburt staksig aufstehen und sofort den Euter der Mutter finden. Sogar frisch geworfene Kätzchen, die nackt und blind zur Welt kommen, sind nach einigen Wochen ziemlich selbständig, während ein Kleinkind Jahre braucht, bis es ohne die Hilfe seiner Eltern oder anderer Erwachsener zurechtkommt.

Die Urinstinkte eines Neugeborenen sind mit dem Überlebenswillen gekoppelt; daher muß es sich so verhalten, daß es von seinen Eltern oder anderen Erwachsenen gefüttert und beschützt wird. Das Neugeborene kann saugen, schreien, hören, fremde Gegenstände erkennen und danach greifen. Dank der Evolution zieht sein Schreien die Mutter magisch an, da sie es – jedenfalls meistens – buchstäblich nicht erträgt, ihr Kind allein zu lassen. Sehr bald lernt das Kleine auch, gewinnend zu lächeln, worauf wir entsprechend unserer evolutionären Konditionierung mit Liebe und Zuneigung reagieren. Ein bestimmter Reflex veranlaßt den Säugling, sein Köpfchen bei Berührung auf die Wange genau auf diese Seite zu drehen. Dies ist wahrscheinlich ein Vorteil, wenn es hungrig nach einer Brustwarze sucht, um seinen Hunger zu stillen; allerdings kann dieser Reflex auch zu Komplikationen führen: wenn nämlich eine unerfahrene Mutter mit sanftem Wangendruck versucht, den Säugling zum Trinken an ihrer Brust zu bewegen, und dabei versehentlich auf die falsche Wange drückt.

Die Wechselwirkung zwischen Eltern und Neugeborenem ist tatsächlich bemerkenswert und soll daher später detaillierter beschrieben werden. Zunächst wollen wir jedoch weiter auf die individuelle Entwicklung des Menschen eingehen.

Während seiner drei ersten Lebensmonate entwickelt sich der Säugling aus einem dünnen, hilflosen Wurm mit einem überdimensional großen Kopf in ein Wesen, das schon deutlich menschlicher ausieht und insbesondere einen ganz beachtlichen »Babyspeck« bekommen hat. Das Kind ist sehr rege und nimmt alles wahr, was in seiner Umgebung vorgeht; es kann seinen Kopf aufrecht halten und über alle Backen strahlen, wenn es einen anderen Menschen bemerkt. Aus einem wehrlosen Fetus, der viel zu früh aus dem Mutterleib herausgeworfen wurde, wird allmählich ein menschliches Individuum mit eigener Persönlichkeit. Im Laufe des folgenden Jahres wird sich sein Körper gewaltig verändern: Zuerst wird das Kind auf die Seite rollen und krabbeln können, dann wird es sich – an ein Stuhlbein oder eine Schrankkante gestützt – allein aufrichten, später ohne Hilfe stehen und schließlich sogar allein laufen können. In all diesen Phasen der frühen Kindheit ist die Spanne, innerhalb der ein Kind eine bestimmte Sache lernt, recht groß; so können einige Kinder schon mit sieben Monaten laufen, wenn sie sich an einem Möbelstück festhalten, während andere dies erst im Alter von 13 Monaten machen. Jedoch durchlaufen alle Kinder irgendwann diese Phasen, und zwar in der genannten Reihenfolge, da diese Bestandteil unseres Genoms sind.

Die Gestalt des Neugeborenen verändert sich ebenfalls. Während der Kopf im Mutterleib wesentlich schneller als der restliche Körper gewachsen ist, so daß er bei der Geburt noch etwa ein Viertel der gesamten Körperlänge ausmachte, verändert sich diese Kopf-Rumpf-Relation im Laufe des Wachstums nach der Geburt: Bei einem Erwachsenen macht der Kopf nur noch ein Achtel der Körperlänge aus, weil dieser im Verhältnis zu Rumpf und Gliedmaßen langsamer gewachsen ist. Daher sieht ein zweijähriges Kind wesentlich »ausgewachsener« aus als ein Neugeborenes. Die zunehmenden Fähigkeiten wie aufrecht Stehen und Gehen verdeutlichen, daß bestimmte Vorgänge im Körperinneren, insbesondere solche, die mit der Weiterentwicklung von Gehirn und Nervensystem gekoppelt sind, ebenfalls zunehmend »erwachsener« werden. Solche rein physikalischen Veränderungen, ob nun an Körper oder Nervensystem, sind selbstverständlich keine Eigenschaften, die einen Menschen ausmachen. Schließlich kann jedes gesunde Tier gehen, Nahrung suchen und einen Ehepartner finden. Die dem Menschen nah verwandten Schimpansen besitzen diese Fähigkeiten sogar schon in einem viel jüngeren Alter, und sie sind in vielen Dingen – beispielsweise beim Klettern – auch wesentlich geschickter als wir. Versuchen wir also, unsere etwas rückständige körperliche Entwicklung möglichst zu vertuschen, und konzentrieren wir uns lieber auf die spezielle Eigenschaft, die wir unserem genetisch bedingten »einprozentigen Vorsprung« vor unseren Affenvettern verdanken: die Entwicklung unseres Verstandes.

Unsere geistigen Fähigkeiten sind eng mit dem Größenwachstum und Entwicklungszustand des Gehirns verbunden. Während die Gehirnmasse eines Neugeborenen noch knapp ein Viertel der Masse des erwachsenen Gehirns ausmacht, erreicht diese nach drei Monaten schon 40 Prozent und nach dem sechsten Lebensmonat bereits die Hälfte und liegt dann kurz nach dem zweiten Lebensjahr des Kindes bei 75 Prozent des adulten Zustandes. Im Gehirn entwickeln sich während der gesamten Zeit die Neurone (Nervenzellen) – das sind die Kabel und Schalter des biologischen Computers. Die Neurone werden größer und dicker, und vor allem nimmt die Anzahl der Nervenverbindungen, die ein kompliziertes Netzwerk bilden, zu. Dabei bilden sich die verschiedenen Hirnregionen zu jeweils unterschiedlichen Zeiten und mit variierender Geschwindigkeit aus. So entwickelt sich beispielsweise das Zentrum, das die Bewegung von Armen und Beinen koordiniert, besonders intensiv in der Phase zwischen den ersten drei bis zwölf Lebensmonaten. Diese Vorgänge verlaufen übrigens bei allen Kindern nach demselben Grundschema, dem genetischen Bauplan. Die Kontrollgene haben demnach alles voll im Griff. An dieser Stelle stoßen wir allerdings auf das knifflige Problem, zu welchen Anteilen der genetische Plan und die Umwelt das heranwachsende Kind beeinflussen. Zunächst gehen wir davon aus, daß das Kind gut ernährt und versorgt wird, denn ein vom Hungertod bedrohter Säugling wird sich sicherlich nicht »normal« entwickeln. Im folgenden soll also von weniger greifbaren, aber durchaus existierenden Einflüssen die Rede sein.

Dieses Thema ist unter dem Schlagwort »Genetischer Determinismus versus Milieu« bekannt und wird sehr heftig diskutiert. So behaupten (bzw. behaupteten) einige Wissenschaftler, daß die Ontogenese durch die Gene vorherbestimmt werde und nur unwesentlich von sozialen Faktoren (Fürsorge, Ernährung) abhinge. Andere Forscher, die sogenannten Milieu-Theoretiker, beharren auf ihrer These, daß die Natur (sprich das Erbgut) lediglich für die Physiologie (das heißt, den Stoffwechsel des Körpers) verantwortlich sei und der Mensch in seiner Entwicklung hauptsächlich durch sein Milieu (seine Umwelt) geprägt werde, da ihn diese dazu bringe, bestimmte Eigenarten anzunehmen, die ein Leben lang für ihn von Bedeutung seien. Wie so häufig bei derartig hitzigen Disputen – nicht nur bei wissenschaftlichen – sind diese extremen Standpunkte nicht haltbar. Die Wahrheit liegt also irgendwo zwischen beiden Thesen, und daher lautet die überwiegende Lehrmeinung, daß die individuelle Entwicklung eines neuen Menschen sowohl genetisch als auch von der Umwelt, in der das Kleinkind aufwächst, determiniert wird. Zwar diskutiert man in Fachkreisen immer noch über den jeweiligen Anteil beider Parameter unter wechselnden Bedingungen, jedoch soll uns dies nicht weiter interessieren. Für die Zukunft wollen wir aber beherzigen, daß der genetische wie der soziale Einfluß als Dualität, sprich gleichberechtigt, nebeneinander existieren. Denn leider beruhen sehr viele Mißverständnisse, wenn die Biologen von der genetischen Programmierung des Verhaltens sprechen, wohl teilweise darauf, daß einige Mitmenschen nicht verstehen (wollen!), daß die Wechselbeziehung zwischen beiden Einflüssen das eigentlich Relevante ist. Der einprozentige Unterschied besteht bereits ab der Geburt (besser gesagt, ab der Befruchtung), aber nur als »Angebot« an Entwicklungsmöglichkeiten; ob und wie dieses Angebot tatsächlich ausgeschöpft wird, hängt wesentlich von der Erziehung des Kindes ab.

Dies soll an einem sehr treffenden Beispiel veranschaulicht werden, das gerne von Verhaltensforschern, Psychologen und Humanbiologen verwendet wird. Gegen Ende der 50er Jahre besuchte der amerikanische Psychologe Wayne Dennis mehrere Waisenhäuser im damaligen Persien. In einigen dieser Häuser war so wenig Personal vorhanden, daß die Kinder zwar mit dem Notwendigsten versorgt (d.h. gefüttert und gewaschen) wurden, jedoch darüber hinaus keine Zuwendung erhielten, wie dies in einer normalen Familie der Fall gewesen wäre. Die völlig überforderten Pflegekräfte behandelten die Kleinkinder wie leblose Gegenstände und nahmen so gut wie keinen zwischenmenschlichen Kontakt zu ihnen auf. Die Säuglinge verbrachten praktisch ihr gesamtes erstes Lebensjahr in isolierten Bettchen, deren Seiten zum Schutz vor Zugluft verhangen waren, so daß die Kinder kaum äußere, visuelle Reize erhielten. Beim Füttern wurden sie nicht auf den Schoß genommen, sondern aus einem Fläschchen ernährt, das am Bettgestell festgemacht war, und sie wurden auch nur jeden zweiten Tag zum Waschen oder Baden aus dem Bett genommen.

Dennis stellte fest,daß diese Kinder in ihrer Entwicklung stark zurückgeblieben waren: Über die Hälfte konnte im Alter von über einem Jahr noch nicht ohne Hilfe aufrecht sitzen, was bei Kleinkindern unter normalen Verhältnissen im Alter von neun Monaten der Fall ist. Während »normale« Kleinkinder spätestens nach zwei Jahren allein laufen können, waren über 80 Prozent der dreijährigen Waisenkinder hierzu noch nicht in der Lage. Darüber hinaus gab es noch andere Anzeichen einer verzögerten Entwicklung. Offenbar hatten sich bei diesen Kindern Gehirn und Nervensystem (die für die motorischen Bewegungen ausschlaggebend sind) infolge des eintönigen Lebens wesentlich langsamer und uneffizienter entwickelt.

Dennis versuchte nun zusammen mit einem Kollegen herauszufinden, ob man den zurückgebliebenen Zustand dieser Kinder durch ein erhöhtes Reizangebot ausgleichen könne. Dazu notierte er den jeweiligen Entwicklungszustand bei 30 einjährigen Waisenkindern eines persischen Heims und teilte sie anschließend in zwei gleich große Gruppen auf. Die eine Gruppe blieb in der gewohnten Umgebung des Waisenhauses, die anderen 15 Kinder wurden jeden Tag für eine Stunde aus ihrem Bett genommen und in einen Krabbelraum gesetzt, in dem sie mit Spielzeug spielen durften. Bereits nach einem Monat waren die motorischen Fähigkeiten der zweiten Gruppe deutlich besser entwikkelt als die der ersten.

Hier haben wir ein trauriges Beispiel, wie stimulierende Umweltreize das grundsätzliche, genetisch fixierte Programm ergänzen und kombinieren, so daß letztlich eine vollständige menschliche Persönlichkeit entsteht. In vielen Akten und Patientenkarteien werden Kinder erwähnt, die einfach mit dem Wachstum aufhörten, weil sie von ihren Eltern zu wenig Zuneigung erhielten – beispielsweise wenn ein Elternteil den anderen verließ und das Kind vernachlässigt wurde, oder wenn die familiären Umstände unglücklich waren. Wiederholt mußten die Ärzte feststellen, daß diesen Kinder abgesehen von ihrer körperlichen Unterentwicklung nichts fehlte; und genauso oft bemerkten Ärzte und Psychologen mit Erstaunen, daß ein Kind nach einer drastischen Veränderung in seiner Umwelt (wie beispielsweise nach Adoption durch liebende Adoptiveltern) plötzlich einen Wachstumsschub erfuhr und seine Altersgenossen spielend einholte. Für die Entwicklung eines Kindes gelten demnach besonders zwei Aspekte: Zunächst einmal durchlaufen alle Kinder die gleiche Entwicklung in derselben Reihenfolge, jedoch mit unterschiedlicher Geschwindigkeit, und daher ist der Zeitraum, in dem das geistige und körperliche Wachstum eines Kindes als normal zu bezeichnen ist, sehr weit gesteckt. Zum zweiten können alle Entwicklungsprozesse, je nach Umwelt des Kindes, beschleunigt oder verzögert werden. Mit diesem Wissen im Hinterkopf können wir uns nun dem berühmten Schweizer Forscher Jean Piaget zuwenden, der die Grundlagen dafür erarbeitete, wie die kognitive Entwicklung beim Kind verläuft.

Piaget lebte von 1896 bis 1980 und hat die moderne Entwicklungspsychologie wohl am nachhaltigsten beeinflußt (obgleich er eigentlich Biologie studierte und keinerlei Abschluß in Psychologie besaß). Anhand der Beobachtungen, die Piaget an seinen eigenen Kindern während ihres Heranwachsens machte, stellte er die These auf, daß die kindliche Entwicklung der kognitiven Fähigkeiten in vier elementaren Phasen abläuft. Diese hat man später noch in feinere Unterstufen gegliedert, was hier jedoch nicht weiter von Belang ist. Wichtig ist allein der Grundgedanke, daß sich die Fähigkeit eines Kindes, seine Umwelt zu verstehen und deuten zu können, in deutlich voneinander getrennten Stufen entwickelt. Das Kind wechselt erst dann von einer Phase in die nächste, wenn die entsprechenden Grundmechanismen in seinem Gehirn ausgereift sind, so daß das Kind mit der neuen Situation und ihren Anforderungen fertig wird. In der ersten, sensomotorischen Phase, die von der Geburt bis zum Ende des zweiten Lebensjahres reicht, existiert ein Gegenstand für das Kind nur dann, wenn es mit diesem direkt in Berührung kommt. Wenn beispielsweise eine Rassel auf den Boden fällt, hört sie für den Verstand des Kleinkinds praktisch auf zu existieren. Auch eine Person ist nur dann Bestandteil des kindlichen Umfeldes, wenn der Säugling diese sehen, hören, berühren oder anderweitig mit ihr kommunizieren kann. »Aus den Augen« bedeutet also tatsächlich »aus dem Sinn«. Im Alter von zwei Jahren – auch bei dieser Zeitangabe gibt es starke individuelle Schwankungen – tritt ein relativ rascher Wechsel in die nächste Phase ein, in dem sich die kindliche Wahrnehmung drastisch verändert. Die Piagetschen Phasen sind insgesamt durch einen abrupten Übergang gekennzeichnet. In der zweiten, präoperationalen Phase, die ungefähr bis zum siebten Lebensjahr andauert, lernt das Kind, seine Sprache zu gebrauchen und außerdem zu begreifen, daß Gegenstände auch dann existent sind, wenn man sie nicht sehen kann. Beispielsweise wird ein Zwei- oder Dreijähriger, wenn ein Ball aus seinem Sichtfeld hinter einen Sessel gerollt ist, hinter dem Möbelstück nach seinem Spielzeug suchen. Jedoch ist die Umwelt für den präoperationalen Verstand immer noch zweitrangig, da das Kind hauptsächlich ichbezogen denkt. Die Welt dreht sich um das Kind, und daher ist es ihm in dieser Phase unmöglich, die Dinge objekiv, also vom Standpunkt anderer Personen aus zu betrachten: Wenn Kinder z. B. gebeten werden, eine Situation aus einer bestimmten Sichtweise zu malen, werden sie das Bild unvermeidlich so wiedergeben, wie sie es mit eigenen Augen wahrnehmen. Manche Kinder lernen beispielsweise in dieser Phase auch, daß sich lebendige Gegenstände bewegen, weswegen sie prompt entscheiden, daß alle Gegenstände, die sich bewegen (also auch eine Wolke oder ein Auto), Lebewesen sind.

Der Beginn der nächsten Phase ist ebenfalls abrupt und eindeutig – wir können auch hier nur grob abschätzen, daß dies im Alter von sieben Jahren geschieht. Auch hier gibt es individuelle Schwankungen. Bei jedem einzelnen Kind setzt diese sogenannte konkret operationale Phase jedoch mit einer deutlichen Veränderung ein. Nun beginnt das Kind, logische Gedanken im Sinne eines Erwachsenen zu verwenden, da es lernt, mit abstrakten Größen, wie Zahlen und Masse umzugehen, die Standpunkte anderer Menschen zu verstehen und auch die volle Bedeutung relativer Größen zu begreifen – wie zum Beispiel: A ist größer als B, jedoch kleiner als C. Daher ist C größer als B, usw. Dies bedeutet nicht etwa automatisch, daß die Kinder in der präoperationalen Phase begriffsstutzig sind. Die Autoren erinnern sich noch an eine Situation, als ihr Ältester in dieser Phase war und die Familie eine Psychologiestudentin besuchte, die gerade intensiv mit einer Arbeit über Entwicklungspsychologie beschäftigt war. Zufällig standen nach einer Feier am Vorabend noch mehrere Flaschen auf dem Tisch. Die Gastgeberin wollte nun eifrig ihre frisch erworbenen Kenntnisse der Piagetschen Theorie ausprobieren und baute daher mehrere Flaschen vor dem Jungen auf, darunter zwei Viertelliterflaschen und eine Halbliterflasche. »Wenn ich nun diese beiden kleinen Flaschen und die große Flasche hier mit Wasser voll mache«, fragte sie ihn, »ist dann mehr Wasser in der großen Flasche oder aber zusammen in den beiden kleinen?« Ohne zu Zögern griff der Kleine an ihr vorbei nach einer Literflasche, die im Hintergrund stand. »Die hier«, meinte er. Der Sohn der Autoren hatte zwar keine Ahnung über den relativen Nutzen von zwei kleineren gegenüber einer großen Flasche, konnte jedoch ganz eindeutig die größte Flasche auf dem Tisch erkennen.

Mit etwa 12 Jahren tritt das Kind dann in die formal operationale Phase ein, in der es seine kindlichen Ansichten allmählich ablegt und beginnt, wie ein Erwachsener zu denken. Nun kann es abstrakter Argumentation und Logik folgen und entwickelt die Fähigkeit, ein Problem systematisch von allen Seiten zu beleuchten und dabei alle unerwünschten oder falschen Aspekte zu vernachläsigen, bis es zur gewünschten Antwort gelangt. Erst in diesem Stadium kann ein junger Mensch mit hypothetischen Problemen umgehen und über Eventualitäten nachdenken. Daher werden erst während der formal operationalen Phase Begriffe wie Mathematik, Literatur, Naturwissenschaften und Künste Bestandteile des menschlichen Lebens.

Natürlich ist auch die Erziehung ein bedeutender Faktor in allen menschlichen Kulturen. Wie erfolgreich sie allerdings sein kann, hängt jeweils vom erreichten Entwicklungsstand des Kindes ab, und dieser wiederum orientiert sich an den Richtlinien, die ihm das Erbgut vorgibt. Daher sollten Sie niemandem Glauben schenken, der behauptet, Kultur habe nichts mit Genetik zu tun. Deshalb ist es auch kein Zufall, daß alle pädagogischen Systeme, in der hochzivilisierten Welt wie auch in den vorindustriellen Gesellschaften, exakt auf diesen Entwicklungsphasen aufbauen. Da man einer Gruppe Siebenjähriger nicht die Quantentheorie oder den Kategorischen Imperativ erklären kann, versucht man es gar nicht erst. Schon lange vor Piaget zeigte die Erfahrung vieler Generationen von Pädagogen, was sich vernünftigerweise in der Erziehung der Kinder realisieren läßt. Piaget selbst lieferte die hierarchischen Gesetzmäßigkeiten, wie die einzelnen Lernphasen ineinandergreifen und dabei auf die gewonnenen Erkenntnisse der vorherigen Stufe zurückgreifen. Aber auch hier sind die geistigen Entwicklungsphasen von der körperlichen Reife des Gehirns abhängig – oder werden sogar durch diese programmiert. Solange die »Vernetzung« des Gehirns nicht abgeschlossen ist, kann auch ein konkret operationales Verhalten nicht funktionieren.

Da die Sprache eine sehr wichtige Komponente des Menschseins ist, soll sie später im Detail behandelt werden. An dieser Stellen soll jedoch der amerikanische Sprachwissenschaftler Noam Chomsky zu Wort kommen, der das Verständnis, wie Kinder sprechen lernen, um eine revolutionäre Idee bereicherte: Nach seiner Auffassung ist das menschliche Gehirn aufgrund seiner Struktur für Sprachen vorprogrammiert, und ferner behauptet er, daß Menschen eine bestimmte angeborene Veranlagung für einige grundsätzliche sprachliche Grammatikregeln besitzen. Die menschliche Fähigkeit, andere Sprachen lernen zu können, ist vorprogrammiert, jedoch hängt die tatsächliche Sprache, die ein Mensch lernt (seine Muttersprache), sei es nun Deutsch, Englisch oder Chinesisch, vom jeweiligen Umfeld ab, in dem er aufwächst. In einigen zwar seltenen, aber dennoch vorgekommenen Fällen, wo Menschen allein in der Wildnis aufwuchsen oder in isolierter, stummer Gefangenschaft gehalten wurden, stellte sich heraus, daß diese Lernfähigkeit für Sprachen nur während einer bestimmten Zeitspanne erhalten bleibt. Wenn ein Kind bis spätestens zum Ende der präoperationalen Phase keine richtigen Anreize erhalten hat, sprechen zu lernen (womit eigentlich nur die Gelegenheit gemeint ist, andere Menschen sprechen zu hören), wird es niemals den normalen Gebrauch der Sprache lernen. Sobald es aber irgendeine Sprache gelernt hat, kann das Kind zu einer späteren Zeit auch andere Sprachen lernen. Singvögel vermögen dies beispielsweise nicht. Sie sind zwar offenbar so programmiert, bevorzugt den Gesang anderer Artgenossen zu lernen; sie können aber, wenn man die Jungvögel von den adulten (erwachsenen) Artgenossen isoliert, dahingehend konditioniert werden, andere Strophen zu singen – sogar solche, die keiner ihrer Vorfahren jemals gesungen hat. Wenn sich dieses neue Verhaltensmuster erst einmal festgesetzt hat, können die ausgewachsenen Vögel selbst dann keine neuen Lieder lernen, wenn ihnen ihre eigenen Artgenossen »traditionelle« Strophen vorträllern.

Hier haben wir wiederum ein anschauliches Beispiel über die Verknüpfung von Natur und Umweltprägung, das die wohl bedeutendste Fähigkeit des Menschen heraushebt: Wir können neue Kniffe und Schliche lernen. Ein neugeborerenes Kalb, das zwar innerhalb von Minuten aufstehen und am Euter der Mutter saugen kann, steckt andererseits völlig im Korsett seiner genetischen Programmierung, so daß es diese Fähigkeit niemals erlangen wird. Ein Mensch ist wiederum nicht konditioniert, eine bestimmte Rolle zu erfüllen, sondern soll lediglich in der Lage sein, Rollen lernen zu können. Und dies ist eine menschliche Besonderheit. Das Spiel ist im Leben vieler Jungtiere von besonderer Bedeutung, weil sie spielerisch ihren Körper testen oder ihre Kräfte messen, damit sie später Beutetiere fangen oder Raubtiere abwehren können. Für den Menschen hat das Rollenspiel jedoch eine besondere, ernstere Bedeutung: Denn wir übernehmen nicht nur in der Kindheit, sondern unser ganzes Leben lang neue Rollen – zu Hause, im Beruf oder in unserer Träumen. Dies alles ist ein Teil unserer einzigartigen Fähigkeit, nicht nur eine bestimmte ökologische Nische auszufüllen, sondern alle Chancen zu nutzen, die sich bieten. Und dieser Entwicklungsprozeß setzt spätestens an der Schwelle zum Erwachsenwerden ein, also mit Beginn der Pubertät.

Der nackte Affe

Heranwachsende durchlaufen eine Phase dramatischer Veränderungen, und zwar sowohl an ihrem Körper als auch in ihren kognitiven Fähigkeiten. Die körperlichen Veränderungen beginnen mit der Pubertät, die hormonell durch den Hypothalamus, einem Bereich des Zwischenhirns, ausgelöst wird. Nun wird aus einem »geschlechtslosen« Kinderkörper im Verlauf weniger Jahre der unverkennbar erwachsene sprich fortpflanzungsfähige Mensch. Dieses Wachstum und auch das Gros der geistigen Entwicklungen halten auch dann noch einige Jahre an, wenn die eigentliche Pubertät strenggenommen bereits abgeschlossen ist. Bei Mädchen kann die Pubertät bereits mit acht, spätestens mit 17 Jahren einsetzen (was in modernen Gesellschaften eher selten vorkommt); Jungen kommen meist später als Mädchen in diese Phase, aber es kann auch vorkommen, daß ein Junge seine Pubertät abgeschlossen hat, wenn sie bei einem gleichaltrigen Mädchen gerade erst beginnt. Das oft umstrittene Ende des Heranwachsens liegt bei 18 Jahren – ein Alter, ab dem der einzelne in vielen westlichen Staaten vor dem Gesetz als volljährig betrachtet wird und auch entsprechende Rechte und Pflichten erhält (wie beispielsweise das Wahlrecht). Interessanterweise liegt »das Recht, sich vermehren zu dürfen« (also das gesetzlich erlaubte Heiratsalter) in manchen Ländern niedriger, nämlich bei 16 Jahren, evtl. sogar noch niedriger.

In der Pubertät wächst der Jugendliche mit ähnlich rasender Geschwindigkeit wie in seinen ersten Lebenstagen. Im Durchschnitt liegt das Alter mit »Spitzenwachstum« in Europa und Nordamerika für Mädchen bei 12 und für Jungen bei 14 Jahren. Generell liegt die durchschnittliche Spitzenwachstumsrate für Jungen bei neun Zentimetern pro Jahr, während die gleiche Rate für Mädchen jährlich 7,5 Zentimeter beträgt. Daher werden die meisten Jungen größer als ihre Altersgenossinnen. Diese körperliche und sexuelle Entwicklung ist wohl den meisten von uns bekannt und vertraut, und da der Platz dieses Buches nicht ausreicht, alle diese Veränderungen im Detail zu schildern, wollen wir auch nicht weiter darauf eingehen, sondern lieber über die einschneidenden geistigen Veränderungen während dieser Zeit sprechen.

Laut Piaget betrifft die wichtigste Veränderung in der kognitiven Entwicklung die Fähigkeit, daß der Jugendliche erstmalig abstrakt denken kann. Erst in der letzten Phase der Adoleszenz (im Alter von 17 bis 20 Jahren) werden dem Mensch Begriffe wie Gerechtigkeit bewußt, und in dieser Zeit lernt er auch zum ersten Mal, abstrakte Logik zu verwenden, wie sie beispielsweise in den Naturwissenschaften gang und gäbe ist. Der Jugendliche, dem die gewaltige Veränderung seines Körpers bewußt wird, ist daher innerlich aufgewühlt und beginnt, sein Selbstbild zu verändern. Dieser innere Aufruhr und die resultierenden Veränderungen bewirken außerdem, daß sich gleichzeitig ein zum Teil bizarr anmutendes, jedoch tiefer gehendes Logikverständnis – qualitativ wie quantitativ – herauskristallisiert, dessen Besonderheit nur von Psychologen und sehr guten Pädagogen richtig verstanden wird. Der Heranwachsende beginnt, neue Rollen auszuprobieren, seien es nun ein neuer Haarschnitt oder andere Kleidung, ein plötzlicher Fankult für Sportler oder Rockstars oder eine Phase, in der die Teenager radikalen Sekten oder politischen Ideen verfallen. Insgesamt handelt es sich um Maßnahmen, ihre Neuerwerbungen (Körper und Logikverständnis) auszutesten und auszureizen. Gelegentlich mögen die Ergebnisse in den Augen eines Erwachsenen naiv erscheinen, jedoch lernt der Teenager aus seinen Erfahrungen – eine weitere wichtige Eigenart des Menschen.

Unvermeidlich wird die zunehmende Bedeutung der Geschlechter. In den ersten Jahren der Adoleszenz spielen Jungen und Mädchen in getrennten, geschlechtspezifischen Gruppen. Später beginnen sich dann einzelne Gruppen des jeweils anderen Geschlechts zusammenzuschließen, und aus diesen Wechselbeziehungen entstehen neue, gemischte Cliquen. Schließlich bilden sich nach und nach einzelne Pärchen innerhalb dieser Jugendgruppen, die sich dann allmählich auflösen, so daß schließlich als einzige sexuelle Beziehung nur noch die reine Zweierbeziehung, Junge-Mädchen (oder später Mann-Frau), übrig bleibt.

Als Endergebnis dieses Entwicklungsprozesses haben wir einen sexuell ausgereiften, körperlich erwachsenen »nackten Affen«, der mit einem sehr großen Hirn, einer beachtlichen Logik und einer Fähigkeit zu kompliziertem verbalen Informations- und Ideenaustausch versehen ist, und dieses Wesen stellt alle anderen Bewohner der Erde in den Schatten. Eine 18 Jahre dauernde langsame Wachstums- und Entwicklungsphase prägt die längste Kindheit aller bekannten Arten; allerdings haben diese Achtzehnjährigen den menschlichen Marathon gerade erst begonnen. Doch wie sehen die Umwelteinflüsse aus, die diesen langsamen Entwicklungsprozeß entwicklungsgeschichtlich so erfolgreich werden ließen?

Vom menschlichen Wesen …

Der Prozeß der Neotenie, also der Verlangsamung der Entwicklung[10], erklärt lediglich, wie unsere Art zu einem nackten Affen mit großem Hirn wurde, nicht aber, warum dieser Evolutionssprung unserer Vorfahren so viel Erfolg hatte. Offenbar hat es viel mit der Entwicklung unseres Gehirns zu tun. Anhand der Fossilfunde können wir erkennen, innerhalb welcher kurzen Zeitspanne das Gehirn seit der Frühzeit der Menschheit an Größe zugelegt hat. Wir wissen zwar weder um den Selektionsdruck, der diese Intelligenzzunahme förderte, noch kennen wir die hypothetischen Gründe, warum wir nackt sind – vielleicht als Folge unserer neotenen Entwicklung, die wiederum zu großen Hirnen führt, vielleicht stellte die Unbehaartheit aber auch einen Selektionsvorteil *per se* dar. Allerdings gibt es zwei einleuchtende, wenn auch provozierende Theorien, die wir wenigstens beiläufig in diesem Buch erwähnen wollen, das sich ja eigentlich nur mit der menschlichen Natur und nicht mit dem Rätsel der Menschwerdung beschäftigen soll.

Die durchgängige Vergrößerung des menschlichen Gehirns während der vergangenen vier Millionen Jahre (also vom Urmenschen bis heute) ist sehr beeindruckend. Zum damaligen

Zeitpunkt besaßen die verschiedenen Formen des Frühmenschen, die über Afrika verstreut waren, ein Gehirn mit einem Volumen von etwa 400 Kubikzentimetern – etwa von der Größe eines heutigen Schimpansenhirns. Vor knapp drei Millionen Jahren lebten unsere mutmaßlichen Vorfahren, die Australopithecinen. Aus *Australopithecus afarensis*, dessen Gehirn nur wenig größer war als das der eben genannten Frühmenschen, entstanden sehr wahrscheinlich sowohl die Gattung *Homo* als auch zwei weitere Australopithecinen, *Australopithecus africanus* sowie *Australopithecus robustus*, der von etwas kräftigerer Statur war und ein Hirnvolumen von knapp 500 Kubikzentimetern aufwies. Zwar diskutieren die Experten immer noch über die genauen Verwandtschaftsverhältnisse zwischen allen drei Arten (die persönliche Version der Autoren findet der Leser im Anhang am Ende dieses Buches), fest steht jedoch, daß vor gut zwei Millionen Jahren gleichzeitig mit den Australopithecinen eine dritte Art mit noch größerem Gehirn lebte. Speziell das beachtliche Hirnvolumen von knapp 700 Kubikzentimetern brachte die Wissenschaft dazu, dieses Wesen als den ersten Vertreter der Gattung *Homo* zu bezeichnen: *Homo habilis*.

Während der nächsten zwei Millionen Jahre sollte im Verlauf der Evolution das Gehirn der Hominiden immer größer werden: frühe Formen von *Homo erectus* (vor 1,6 Millionen Jahren) weisen Hirnvolumina von 900 Kubikzentimetern auf, bei späten *Homo erectus*-Vertretern (vor 500'000 Jahren) finden wir 1100 Kubikzentimeter, bei dem uns nahe verwandten Neandertaler (*Homo sapiens neanderthalensis*, der vor 32'000 bis 45'000 Jahren ausstarb) sogar 1500 Kubikzentimeter, und der Durchschnittswert des modernen *Homo sapiens sapiens* liegt bei 1400 Kubikzentimetern. Lange Zeit waren Studenten, die sich mit Evolution befaßten, von dieser steten Vergrößerung des Hirnvolumens fasziniert, die sie als den alles entscheidenden Auslöser der menschlichen Wesensart ansahen. Allerdings übersahen sie in ihrer Euphorie die einfache Spielregel der Evolution, daß ein größer werdender Körper automatisch ein größeres Koordinationszentrum (= Gehirn) benötigt. So besaß *Australopithecus afarensis* beispielsweise nicht nur ein Gehirn, das größenmäßig dem eines Schimpansen entsprach, sondern war auch nicht viel größer als dieser Menschenaffe. Ein typischer *Homo habilis* war nicht größer als 1,5 Meter und wog weniger als 45 Kilogramm; sein Körper war zwar von leichterer Statur als der eines Schimpansen, dafür war sein Gehirn aber doppelt so groß. Demnach hatte sich das Gehirn in seiner Größe weiterentwickelt; wenn aber dieser Faktor allein ausschlaggebend war, wieso wurde dann der Neandertaler mit seinem Riesenhirn von uns verdrängt? Die Fragestellung erhält noch eine weitere interessante Note, wenn man die gewaltige Spanne betrachtet, innerhalb der die Größe eines »normalen« menschlichen Hirns schwankt. Das Gehirn Jonathan Swifts mit beachtlichen 2000 Kubikzentimetern ist daher genauso erstaunlich wie Anatole Frances Denkorgan, das nur 1000 Kubikzentimeter aufweist. Menschen, die an Mikrozephalie leiden (also nur ein sehr kleines Hirn besitzen), haben Hirnvolumina von vielleicht nur 600 Kubikzentimetern und somit nur 100 Kubikzentimeter mehr als ein Gorillahirn. Dennoch sind sie trotz ihrer geringen Intelligenz echte Menschen, da sie im Gegensatz zum Gorilla in der Lage sind, die menschliche Sprache zu erlernen.

Bei modernen Untersuchungen der Evolution des Gehirns werden zwei eng verwandte Vorgehensweisen eingesetzt: Zum einen versucht man, sofern dies möglich ist, die Hirnrelation im Verhältnis zum Körper zu bestimmen. Die zweite Methode beruht auf der Arbeit Ralph Holloways von der Columbia University in New York und bestimmt die Qualität des Hirns eines ausgegrabenen fossilen Schädels.

Holloways Technik beruht auf Abdrücken, die von Schädeln und erhalten gebliebenen Schädelfragmenten gemacht wurden. Im lebenden Tier paßt sich der Schädel den Hirnfurchungen exakt an, so daß man, wenn die Innenseite des Schädels als natürliche Abgußform verwendet wird, einen Abdruck des Gehirns erstellen kann, der dessen ungefähren Konturen im ehemals lebendigen Zustand wiedergibt. Diese Hirnumrisse mögen zwar schwach sein, jeder Fachmann wird sie jedoch erkennen können. Die Ergebnisse, die mit dieser Methode in den 70er Jahren erzielt wurden, waren erstaunlich, und um diese Sensationen besser verstehen zu können, wollen wir kurz etwas über den Aufbau des menschlichen Gehirns erzählen.

Das Gehirn teilt sich in zwei etwa gleich große Hälften, die linke und die rechte Hemisphäre. Jede Hälfte besteht wiederum aus vier Hirnlappen (Loben), denen spezielle Aufgaben zugeordnet sind. Der Frontallappen (Stirnlappen) kontrolliert beispielsweise die Bewegung und ist Sitz der Emotionen, während im Occipitallappen (Hinterhauptlappen) das Sehzentrum liegt. An der Seite liegen der Temporallappen (Schläfenlappen), der für das Gedächtnis von Bedeutung ist, sowie seitlich oben der Parietallappen (Scheitellappen), der für die Weitergabe der Informationen zwischen Großhirn und Sinnesorganen zuständig ist. Um die Bedeutung der Hollowayschen Ergebnisse zu verstehen, muß man wissen, daß beim Menschen Parietallappen und Temporallappen wesentlich größer sind – und daher den überwiegenden Teil der Hemisphären einnehmen – als bei Menschenaffen, bei denen diese Hirnbereiche kleiner ausfallen. Und genau diese typisch menschlichen Merkmale (d.h. große Scheitel- und Schläfenlappen) fand Holloway bei den kleinen Gehirnen der frühen Hominiden, die vor knapp drei Millionen Jahren gelebt haben. Was also den Hirntyp anbelangt, so war *Homo habilis* sicherlich bereits ein Mensch, und möglicherweise traf dies auch auf die Australopithecinen zu.[11]

Doch nun kommt der zweite, neue Aspekt: Heinz Stephan erstellte zusammen mit seinen Kollegen vom Frankfurter Max-Planck-Institut für Hirnforschung eine umfassenden Studie, in der er Größe und Gewicht verschiedener Hirnbereiche von rezenten (d.h. heute noch vorkommenden) Tieren bestimmte und sie mit dem jeweiligen Körpergewicht verglich. Mit Hilfe der gesammelten Daten erstellte das Team einen »Zuwachs-Index«, der Hirngröße und Körpergewicht bei eng verwandten Arten korreliert. Für einen durchschnittlichen modernen *Homo sapiens* beträgt der Indexwert 28,8 (da dieser Wert die breiten Schwankungen der Gehirngröße nicht berücksichtigt, sind abweichende Werte zwischen 19 und 53 ebenfalls »normal«). Der entsprechende Wert für einen Schimpansen beträgt 12,0. Mit diesem von Stephan und seinen Mitarbeitern aufgestellten System wurden auch die Vergleichswerte für unsere Vorfahren ermittelt: Demnach hat man für *Australopithecus* bei einem geschätzten Gewicht von 18 Kilogramm einen Wert von 21,4 berechnet, was sich schon in der Höhe der Werte für moderne Menschen bewegt, und für *Homo erectus* wurde der Index mit 26,6 angegeben. Holloway schließt daraus, daß »das menschliche Gehirn schon lange vor dem Erscheinen von *Homo erectus* entstanden ist«. Außerdem meint er weiter, daß »*Australopithecus* sowie mindestens ein weiterer afrikanischer Primat, der in der Zeit zwischen drei bis einer Millionen Jahren v. Chr. lebte, ein Gehirn besaßen, das im wesentlichen menschlich zu nennen war ... was die anschließende absolute Schädelvergrößerung anbelangte, so war offenbar der Hauptfaktor, wenn auch nicht alleinbestimmend, daß mit zunehmender Körpergröße der Hominiden auch ihre Hirngröße proportional anstieg.«

Demnach war die bedeutendste Eigenschaft des Menschen bereits vor drei Millionen Jahren ausgeprägt, also recht bald nach dem »Stichtag« (vor 4,5 Millionen Jahren), den die Molekularbiologen als Datum der Trennung von Mensch und Schimpanse angeben. Diese zufällige Übereinstimmung der Beweise deutet auf ein oder mehrere wichtige Ereignisse hin, die unsere Vorfahren vor gut vier bis fünf Millionen Jahren veranlaßten, Menschen zu werden. Der Verlauf der Entwicklung, als deren Ergebnis das unverkennbar menschliche Gehirn entstand, ist mit den vielschichtigen menschlichen Verhaltensweisen und sozialen Wechselwirkungen verbunden. Die ältesten Spuren der ersten Werkzeuge und die Anfänge der menschlichen Gesellschaft – in Form von Lagerstätten – tauchten vor etwa drei Millionen Jahren auf. Wenn wir also nach dem Selektionsdruck für die Menschwerdung suchen wollen, müssen wir nach drastischen Umweltveränderungen Ausschau halten, die vor etwa vier bis fünf Millionen Jahren stattfanden. Dieser Selektionsdruck begünstigte Gruppen mit ausgeprägterem, komplexem Sozialverhalten, deren Mitglieder in der Lage waren zusammenzuarbeiten, und die zudem komplexe Sachverhalte aus ihrem Umfeld mit den Sinnesorganen aufnehmen und diese Informationen rasch und gezielt an ihre Artgenossen weitergeben konnten. Sobald sich eine derartige vielschichtige soziale Struktur gebildet hat, kommt es natürlich mit zunehmender Intelligenz zu Rückkopplungen an das Gehirn, so daß diese für die Gruppe positiven Eigenschaften weiter entwickelt werden. Auf ähnliche Weise würde ein Gehirn, das darauf abgestimmt ist, flexibles Handeln und die Aufnahme neuer Ideen zu fördern, sowohl zur Bildung einer Gesellschaft von Werkzeugmachern führen, aber auch durch die wachsende Praxis dieser Gesellschaft noch deutlicher als bisher zu einem typisch menschlichen Organ werden. Wir können sogar jene damaligen Umwelteinflüsse erkennen, welche die Vorläufer der menschlichen Linie formten. Allerdings ist das fossile Material zu spärlich, als daß die Fachleute ein übereinstimmendes, detailliertes Bild jener ersten Stunde der Menschheit entwerfen könnten.

Marathonläufer oder Langstreckenschwimmerin?

Wie einige Kritiker des Ausdrucks »nackter Affe« betonen, sind wir in Wahrheit überhaupt nicht unbehaart, unsere Haare sind höchstens sehr fein und zu kurz geraten. Dieser Punkt stellt jedoch unseres Erachtens einen inneren Widerspruch dar, weil gerade das Fehlen eines langhaarigen, dichten Fells eine typisch menschliche Eigenschaft ist. Jedenfalls entstand während des Prozesses der Menschwerdung irgendwie aus einem Affen, der in den Bäumen umherkletterte, ein Wesen, das aufrecht durch die Savannen schritt. Im Prinzip ist man als »Baumklettermaxe« schon ganz gut für den aufrechten Gang gerüstet – zumindest, wenn man sich so wie unsere Vorfahren durch die Baumkronen bewegte. Auf ihren Wanderungen schwangen sie unter den Zweigen durch, wobei sie immer eine Hand vor die andere setzten. Auch ihr Körperbau war im Lauf der Evolution auf diese Bewegungsart abgestimmt worden: ein eher aufrecht gehaltener Rumpf, ein flexibles Schultergelenk, eine veränderte Anordnung von Kopf und Hals am Vorderende des Körpers und anderes mehr. Diese Adaptationen an das Schwinghangeln (auch als brachiatorische Fortbewegung bezeichnet) sowie ihre hypothetischen Vorteile für eine bipede (d.h. aufrecht auf zwei Beinen) Lebensweise werden in »The Monkey Puzzle«[12] erläutert.

Durch das Leben in den Bäumen wurden auch die Sinne unserer Vorfahren schärfer, so daß Informationsverarbeitung und Intelligenz (wenn man diese damals schon so bezeichnen konnte) ganz oben auf der Liste der Selektionsvorteile standen. Ein Affe, der durch das Blätterdach klettert, muß exakt abschätzen können, ob ein bestimmter Zweig noch sein Gewicht aushalten wird oder wie weit ein Ast entfernt ist, zu dem er hinüberspringen oder -hangeln will. Deshalb muß er dreidimensional sehen können, und auch das Farbsehen bietet den weiteren Vorteil, daß man die richtigen Früchte in dem grünen Gewirr aus Blättern, Zweigen und Beeren erkennen kann. Nachdem sie sich an diese Lebensweise gewöhnt hatten, schien es für unsere erfolgreichen Baumbewohner eher unwahrscheinlich, dieses bequeme Leben aufzugeben. Aber offensichtlich wurden sie von ihrem Paradies im Stich gelassen.

Vor gut fünf Millionen Jahren fand eine tiefgreifende globale Klimaveränderung statt. Da sich die Landmassen infolge der Kontinentaldrift verschoben hatten, wurden die warmen Meeresströmungen davon abgehalten, polwärts zu fließen. Daher begannen die Pole zuzufrieren, so daß die Erde in eine längere Eiszeit übertrat. Diese Kältephase kennzeichnete sich durch mehrere Eiszeitmaxima, denen jeweils wärmere Phasen, die sogenannten Zwischeneiszeiten (Interglaziale) folgten.[13] Weil infolge dieser Klimaveränderung ein Großteil des Wassers im Polareis zurückgehalten wurde und zudem bestimmte Veränderungen in der Atmosphäre eine Dürreperiode begünstigten, trocknete der Lebensraum unserer Vorfahren (die damalige ostafrikanische Region) aus. Die Wälder gingen zurück, und statt dessen breiteten sich Grasland und offene Ebenen aus.

Die erfolgreichsten Baumaffen hätten aber auch unter diesen schlechten äußeren Umständen noch genug Lebensraum im Inneren der schwindenden Wäldern gefunden, während ihre weniger glücklichen Verwandten aus den Waldrandgebieten auf die Ebenen hätten hinausziehen müssen, um dort entweder ein neues Leben anzufangen oder unterzugehen. Sicherlich sind damals viele zugrunde gegangen, jedoch sind wir Menschen die Nachkommen jener »Überlebenskünstler«, die sich nach und nach den neuen Umständen erfolgreich anpaßten.

Neben den bereits erwähnten Fähigkeiten (nämlich Intelligenz, Anpassungsvermögen und gegenseitiger Informationsaustausch) lernten unsere Vorfahren auch, gemeinsam loszuziehen und Aasreste der Beutetiere zu »organisieren«, die von den Großkatzen geschlagen und zurückgelassen worden waren. David Carrier von der University of Michigan glaubt, daß die Hominiden ab diesem Zeitpunkt nach und nach ihr Haarkleid verloren, da diese »Nacktheit« nun einen Evolutionsvorteil bot: Obgleich wir Menschen im Gegensatz zu den meisten anderen Tieren ziemlich langsam sind (selbst bei Spitzentempo rennen wir gerade mal so schnell wie ein aufgeschrecktes Huhn), können wir dennoch stundenlang im Dauertrab »daherjoggen«. Dies liegt zum Teil daran, daß wir so gut wie gar nicht »heißlaufen«, weil wir (a) sehr stark schwitzen und infolge der entstehenden Verdunstungskälte abkühlen und (b) kein dichtes Fell besitzen. Die meisten Säugetiere kühlen sich durch starkes Hecheln ab, wodurch die Körperwärme jedoch nicht sehr effektiv gesenkt wird. Außerdem können sie nur für sehr kurze Zeit sprinten, als Nebeneffekt steigt jedoch oft die Körpertemperatur stark an, so daß sie recht bald eine Verschnaufpause einlegen müssen, um abzukühlen. Carrier meint nun, die Reduzierung des Haarkleids und die vermehrte Schweißbildung seien parallel zu der Fähigkeit entstanden, stundenlang bei gleichmäßigem Tempo zu laufen. Auf diese Weise konnten die frühen Hominiden Großtiere jagen und erlegen, weil sie schlichtweg den längeren Atem hatten. Diese Theorie hat ihre Reize, zumal sie die ungewöhnliche, aber charakteristische Eigenschaft des Menschen erklären würde, weite Strecken bei niedrigem Tempo laufen zu können – eine Eigenheit, die sich bei genauerem Nachdenken nur schwer mit irgendeinem Selektionsprinzip in Einklang bringen läßt. Diese »Marathon-Hypothese« besitzt aber auch in anderer Hinsicht ihre Schwachstellen: Ein solcher Langstreckenläufer riskiert nämlich, auf seiner Joggingtour über die glühendheiße Savanne innerlich auszutrocknen, da seine körpereigenen Wasserreserven sehr gering sind.

Und jetzt gelangen wir zu einer weiteren, besonders verführerischen Hypothese für die Gründe unserer Nacktheit; diese Idee besagt nämlich, daß unsere Vorfahren eine längere Phase ihrer Evolution als halb im Wasser lebende Wesen verbracht haben, durch seichte Seen wateten und zur Nahrung nach Fischen und Muscheln tauchten.

Diese Idee hat ursprünglich Sir Alister Hardy im Jahre 1960 veröffentlicht[14], wurde dann aber 1972 von Elaine Morgan in ihrem populären Buch »The Descent of Woman« aufgegriffen und auch in ihrem Folgewerk »The Aquatic Ape«, das 1982 erschien, weiterverarbeitet und vervollständigt. Zu den Argumenten für diese These gehören beispielsweise die nachgewiesene Fähigkeit des Menschen zu tauchen (was beispielsweise Rinder, Löwen oder Ratten nicht können), die Glätte und Haarlosigkeit unseres stromlinienförmigen Körpers, die Verteilung des Unterhautfettgewebes (die an die Transchichten der Delphine erinnert, in dieser Art und Weise jedoch bei keinem anderen Primaten vorkommt) sowie das Schwitzen, was wiederum an unsere Langsteckenläufer-These erinnert. Frau Morgan meint allerdings, Schwitzen stelle eine sehr unökonomische Methode dar, um die Körpertemperatur zu regulieren, da nicht nur sehr viel Wasser, sondern auch wichtige Salze aus dem Körper geschwemmt werden. Daher verbindet sie das Schwitzen mit unserer Fähigkeit, salzhaltige Tränen zu weinen; dies stelle eine Adaptation an das Leben im Meer dar, da auf diese Weise überschüssiges Salz, das andernfalls im Körper akkumulieren würde, aus dem Organismus entfernt werde.[15] Selbstverständlich erklärt diese Lebensweise auch, warum wir so wenig Wasser in unserm Körper speichern können – warum sollte dies auch erforderlich sein, wenn man sich während einer bestimmten Evolutionsspanne permanent im oder am Wasser aufgehalten hat.

Einige der von Hardy und Morgan angesprochenen Aspekte sollten durchaus genauer betrachtet werden, und offenbar wird die Hypothese vom »Wasser-Affen« heute ernsthafter genommen, als es zunächst den Anschein hatte. Selbst in renommierten wissenschaftlichen Blättern erscheint sporadisch der ein oder andere Artikel, der sich mit den Konsequenzen dieser Theorie auseinandersetzt. Beim Schreiben des vorliegenden Buches[16] sind die Autoren auf zwei Beispiele gestoßen, nämlich auf eine holländische Arbeit sowie eine recht interessante Veröffentlichung von Massaud Mukthar und John Patrick: Diese stellten fest, daß eine Testperson den Atem für 66 Sekunden anhalten konnte, wenn sie ihr Gesicht in eine Schüssel mit kaltem Wasser tauchte, während sie es mit trockenem Gesicht nur 57 Sekunden aushielt.[17] Im August 1987 meinte Michael Crawford vom Nuffield-Laboratorium für Vergleichende Medizin auf einer Sitzung der British Association for the Advancement of Science sogar, das menschliche Gehirn habe sich zu seiner heutigen Größe entwickelt, weil die Urmenschen viel Fisch gegessen hätten, die wiederum reich an mehrfach ungesättigten Fetten sind, welche zum Aufbau eines großen Gehirns erforderlich waren. Diese Behauptung deckt sich natürlich hervorragend mit der »Wasser-Affen-Theorie«; persönlich schätzen die Autoren Crawfords Gedanken sogar ganz besonders, denn wenn man alles, was es an Theorien zum Thema Humanisation gibt, als Ammenmärchen auffaßt, so schießt diese Geschichte sicherlich den Vogel ab. Sie hat auch gleich zwei elementare Schwachstellen: Zunächst wäre da der zeitliche Ablauf: Sämtliche molekularbiologischen Ergebnisse, endocranialen Abdrücke und prähistorisch nachweisbare Umweltveränderungen weisen daraufhin, daß die Geburtsstunde der Menschheit vor 4,5 Millionen Jahren geschlagen hat, und sich unsere Vorfahren bereits vor gut drei Millionen Jahren fest für ein Leben in den afrikanischen Savannen eingerichtet hatten. Hatten sie daher überhaupt genug Zeit, eine rein aquatische Lebensform zu entwickeln (also dauernd im Wasser zu leben – was ja angesichts der zunehmenden Dürre und dem Rückgang der Wälder sicherlich nicht die schlechteste Alternative gewesen wäre), um dann alles wieder aufzugeben und auf dem Festland von vorne anzufangen? Genaues wissen wir nicht, doch sollten die Paläontologen und Anthropologen, die sich ernsthaft mit dieser Hypothese beschäftigen, nach denkbaren Wegen aus diesem Dilemma suchen. Elaine Morgan hat weder die molekularbiologischen Befunde noch die Schädelausgüsse voll berücksichtigt, und auch ihre zeitlichen Angaben zur Entstehung der Menschenlinie stimmen nicht. Der zweite springende Punkt ist die Überlegung, warum unsere mutmaßlich im Wasser so erfolgreichen Vorfahren überhaupt diese Lebensweise wieder aufgegeben haben. Zur damaligen Zeit gab es keine globalen Umweltveränderungen, die den »Wasseraffen« zum Verlassen seines nassen Lebensraum hätten zwingen können, obgleich man weiß, daß der seewärts gelegene Teil des Ostafrikanischen Grabensystems im Zeitraum 6,7 Millionen bis 5 Millionen Jahre v.Chr. überflutet wurde und anschließend wieder trockenfiel. Die zufällige zeitliche Übereinstimmung dieses geologischen Ereignisses mit den anderen Daten, die wir vorgebracht haben, ist sicherlich sehr auffällig, und man könnte unserer Meinung nach noch einiges aus diesem Aspekt machen. Nach diesem Szenario wären die Australopithecinen die ersten »nackten Affen« mit menschenähnlichem Gehirn gewesen, die von der einsetzenden Dürre aus ihrem Feuchtbiotop in die ostafrikanische Ebenen gedrängt wurden. Allerdings hatte Hardy ursprünglich selbst behauptet, die »Wasseraffen« hätten mindestens 20 Millionen Jahre halbaquatisch leben müssen, damit es zu einer Evolution gekommen wäre, wie er und Morgan sie beschrieben haben. Leider gibt es jedoch keinerlei Fossilien oder andere Hinweise, die diese Behauptung in irgendeiner Weise stützen könnten.

Diese Geschichte wurde also bis zum Ende von Amateuren – wenn auch sehr talentierten – ausgereizt: Elaine Morgan ist eine sehr begabte Schriftstellerin, die geologischen Daten stammen (was kaum verwundert) von Geologen, und auch Sir Hardy nahm nie die Herausforderung an, eine komplette Version seiner These anzufertigen, die er am 5. März 1960 auf einer Mitgliederversammlung eines Tauchvereins (dem British Sub-Aqua Club) im südenglischen Seebad Brighton spontan vorgetragen hatte. Vielleicht wird jemand eines Tages diesen Gedanken ernsthaft aufgreifen und professionell überarbeiten, die Fakten ordnen und eine logische Erklärung finden. Bis zu diesem Zeitpunkt können wir Ihnen leider nur eines der besten »Ammenmärchen« anbieten, das es zum Thema »Ursprung der Menschheit« gibt: Nicht gerade die des Marathonläufers, sondern – mit einem wohlwollenden Nicken in Richtung Elaine Morgan – die »Geschichte von der Langstreckenschwimmerin«!

In vielen Tiermärchen, wie beispielsweise in den Fabeln Äsops und Lafontaines oder den »Genau-So-Geschichten« (engl. *just-so stories*) des Engländers Rudyard Kipling[18], wird erzählt, wie bestimmte Tiere zu ihren Merkmalen kamen, beispielsweise der Leopard zu seinem gefleckten Fell oder das Kamel zu seinem Höcker. Gelegentlich wird in der wissenschaftlichen (englischsprachigen) Literatur – also auch unter Entwicklungsbiologen – der Begriff »just-so stories« für bestimmte Theorien verwendet, die man mit einem Augenzwinkern zwar als originell bezeichnet, im Grunde genommen aber für völlig unglaubwürdig hält.

Ganz gleich, welche der erwähnten Anekdoten, Ammenmärchen und »just-so stories« Ihnen gefallen haben oder nicht, als Tatsache bleibt bestehen, daß der wohl wichtigste Entwicklungsschritt der Menschwerdung (Humanisation) die Entwicklung der Sprache war. Obwohl sich auch andere Säugetiergruppen und speziell auch die übrigen Primaten untereinander verständigen, ist dennoch bei keinem anderen Lebewesen das Kommunikationsystem so komplex wie bei menschlichen Gesellschaften und Sprachen ausgebildet. Die Kommunikation ist der Pfeiler, auf dem unsere Gesellschaft ruht, und wir haben eine ganz eindeutige Vorstellung davon, wie die Entwicklung dieser einzigartigen Verständigungsweise zustande kam.

3
Sprache und Musik

Sprache ist eine typisch menschliche Eigenart, und ihre Bedeutung für das menschliche Miteinander bedarf eigentlich keiner besonderen Erklärung. Vielleicht dürfen wir – quasi als charakteristisches Beispiel – an dieser Stelle ein (englischsprachiges) Standardwerk[1] nennen (»Human development«, von Brophy und Wills), in dem das Kapitel über Spracherwerb bei Kleinkindern zwei Drittel des Buches einnimmt.

Kleinkinder entwickeln ihre Sprache ziemlich genau nach dem Piaget-Schema, d.h. während der sensomotorischen Phase. Meist beginnen sie mit Lauten, die ihre persönliche Stimmung wiedergeben – sie schreien beispielsweise, wenn sie hungrig sind oder eine nasse Windel haben, oder glucksen zufrieden, wenn sie satt und trocken sind. Bei der Entwicklung ihrer Fähigkeiten wenden sie sich nach außen, also an ihr direktes Umfeld. Im Alter von vier bis fünf Monaten kombiniert der Säugling mehrere Laute zu Lautketten, er beginnt zu lallen. Viele dieser Lauteinheiten (Phoneme) sind später Bestandteil seiner normalen Sprache, jedoch verwendet das Kind auch zahlreiche andere Laute, die charakteristische Bestandteile fremder Sprachen sind. So kann ein amerikanisches Baby beispielsweise nicht nur die Laute der amerikanischen Alltagssprache verwenden, sondern rollt das »R« genauso wie die Spanier und verwendet französische Nasallaute sowie einige Schnalzlaute, die in manchen afrikanischen Sprachen vorkommen. Das Kind benutzt eine Unmenge an Phonemen, aus denen sich jede Region dieser Erde bestimmte herausgesucht und zu ihrer Sprache zusammengestellt hat. Dieser historische (besser prähistorische) Prozeß lief vermutlich zufällig ab.

Die meisten Säuglinge lallen und brabbeln, wenn man sie mit ihren Spielsachen allein läßt. In verschiedenen Experimenten fand man jedoch heraus, daß ein Baby intensiver brabbelt, wenn ein anderer Mensch zugegen ist – z. B., wenn sich ein Erwachsener über das Kinderbett beugt, den Bauch des Säuglings kitzelt oder ihn seinerseits durch Verwendung der typischen »Ammen-Sprache« zum Lächeln (und lauterem Brabbeln!) animiert. In dieser sehr frühen Phase lernt das Kleinkind, daß es durch Kommunikation Aufmerksamkeit erzielt. (Warum allerdings eine Mutter stundenlang damit verbringt, sich über den Kinderwagen zu beugen, ihr Baby auf dem Bauch zu kitzeln und glucksende Geräusche zu machen, steht auf einem anderen Blatt.) Allerdings sind Lallen und Brabbeln als Training für den Sprechapparat und nicht als eigentliche Sprache zu verstehen. Diese beginnt mit den ersten Lautfolgen (einsilbige Worte oder verdoppelte Silben wie Mama oder Wauwau), die ein Kleinkind im Alter von etwa dreizehn bis fünfzehn Monaten von sich gibt. Die Sprache entwickelt sich dann schrittweise weiter, indem das Kind einzelne Wörter im Telegrammstil aneinanderreiht. Diese »Rohsätze« mögen zwar geschrieben keinen Sinn ergeben, im jeweiligen Zusammenhang sind sie jedoch für gewöhnlich voll verständlich.

Die ersten Wörter

Im ersten Lebensjahr verwendet ein Kind einzelne Wörter, die jeweils für einen kompletten Satz stehen. Wenn es beispielsweise »Fuß« oder »Becher« sagt, will das Kind damit ausdrücken, daß diese Dinge in seiner Welt tatsächlich vorkommen. »Essen« kann beispielsweise meist eindeutig als »Ich habe Hunger« gedeutet werden, während »Papa« schon größere Probleme aufwirft: Auch hier will das Kind (je nach Kontext) andeuten, daß »Papa gerade nach Hause gekommen« oder »Papa gerade nicht zuhause« ist. In der nächsten Phase des Spracherwerbs, etwa mit 1,5 bis 2,5 Jahren, werden Sätze aus zwei Wörtern gebildet. Doch deutet die Art und

Weise, wie das Kind seine Sätze formuliert, ebenfalls auf sein intuitives grammatikalisches Grundverständnis hin.

In dieser Phase sehen die Zwei-Wort-Sätze – unabhängig vom kulturellen Hintergund – bei allen Kindern prinzipiell gleich aus. So geben Hilgard und Atkinson Beispiele von Kindern aus England, Deutschland, Rußland und Samoa an, die – natürlich in der jeweiligen Muttersprache – dieselbe Aussage haben: »Buch da«, »Lutscher haben«, »Milch alle«, »Wauwau weg«, »Mama tun« usw. Das Interessante an diesen »Sätzen« (mal abgesehen davon, daß ein »Da Wauwau« in seiner Kürze genauso informativ ist wie die entsprechende, allerdings wesentliche länger Aussage eines Erwachsenen) ist die unterschiedliche Absicht, in der die beiden Wörter verwendet werden. Zum einen gibt es eine Handvoll sogenannter Schlüsselwörter, die Bezüge oder Vorgänge beschreiben, wie beispielsweise »weg«, »groß«, »mein« oder »da«, zum anderen werden eine weitaus größere Menge mehr oder weniger wertoffener, ambivalenter Worte verwendet, die reine Begriffe oder Namen sind und deren Bedeutung sich erst aus dem Kontext (bzw. dem Schlüsselwort) ergibt. Daher können weltweit alle Kinder ohne vorherigen Grammatikunterricht Sätze bilden, die von ihrer Struktur her nur aus einem Schlüsselwort und einem zugehörigen »offenen Wort« bestehen – zum Beispiel »Boot weg«, »Wauwau mein« oder etwa »Papa hause«.

Innerhalb der nächsten zehn Jahre entwickelt das Kind seine Sprachfähigkeit, indem es neue Vokabeln lernt und mit diesen längere, komplizierte Sätze konstruiert. Sobald eine gewisse Verständigung möglich ist, können Eltern und Lehrer natürlich korrigierend in den kindlichen Sprachgebrauch eingreifen und dem Kind beispielsweise erklären, was es falsch gemacht hat oder welche Grammatikregeln man offiziell befolgen sollte. Hier ergeben sich zwei Fragen: Wie und wo sind diese Regeln entstanden, und wie lernt das Kind, sich überhaupt zu verständigen, bevor es die Sprache so gut beherrscht, daß es die ihm erteilten Anweisungen der Erwachsenen versteht? Dies ist insofern recht interessant, als Kinder oft eine instinktive Vorstellung von Syntax und Grammatik haben, die manchmal logischer ist als die Regeln, die uns Stilkundebücher oder der Duden vorschreiben. Fast automatisch sagen viele Kinder: »Ich leste das Buch« oder »Ich gehte in den Garten«, und sie haben oft große Schwierigkeiten, die Gesetzmäßigkeiten der unregelmäßigen Verben zu lernen. Der Grund für dieses Verhalten, so eine führende moderne Theorie über die Sprachaneignung, besteht in einer Programmierung des Menschen, von Geburt an sprechen zu können – mit anderen Worten, die Sprachfähigkeit ist bereits genetisch determiniert, liegt also in unserer DNS.

Dies ist zufällig ein weiteres Beispiel dafür, wie gering doch die Unterschiede sind, die den Menschen von anderen Tieren trennen. Unsere Programmierung sieht vor, daß wir Sprachen lernen, die nach einem bestimmten Muster (Grammatik) aufgebaut sind. Grammatik ist aber letzten Endes nichts anderes als eine Art Verlängerung einer natürlichen Logik, die alle höheren Wirbeltiere (Säuger und Vögel) gemein haben. Diese spezielle Lernfähigkeit kann man teilweise auch bei anderen Tieren beobachten: Eine Ratte lernt beispielsweise, sich in einem Labyrinth zurechtzufinden, und wird am Ausgang mit einem Käsestück belohnt; oder eine Meise lernt, den Plastikdeckel einer Milchflasche aufzupicken, um an den Rahm zu gelangen. Sogar die menschliche Sprache ist keine einzigartige gottgegebene Eigenschaft, sondern nur ein geradliniger Entwicklungprozeß, der auf Fähigkeiten beruht, die wir auch bei anderen Arten (neben unseren Vorfahren) finden.

Verkabelt und codiert: Die menschliche Sprache

Die kindliche Fähigkeit, Sprache instinktiv zu erlernen, läßt sich sehr gut an jenen Geheimsprachen und -codes verdeutlichen, die von Zwillingen oder anderen eng verbundenen Geschwistern untereinander verwendet werden. Die Autoren erinnern sich in einem persönlichen Fall an eine Familie mit einem Zwillingspaar (zwei Mädchen), dessen ältere Schwester nur elf Monate vor ihnen geboren war. Wollte man den Eltern und anderen Familienmitgliedern Glauben schenken, so benutzten die drei Mädchen untereinander eine Art selbstentwickelter Privatsprache – ungefähr solange, bis die älteste Tochter knapp vier Jahre alt war. Da ihre Sprachfähigkeit fortgeschrittener war als die ihrer Zwillingsgeschwister, konnte das Mädchen noch eine Zeitlang das Gebrabbel der beiden Kleinen für die Eltern übersetzen. Die Effizienz dieser »Kindersprache« wurde deutlich, als die jüngeren Mädchen zwei Jahre alt waren. Das Ganze passierte während eines Gartenpicknicks, so daß mehrere der anwesenden Erwachsenen hinterher unabhängig voneinander die Ereignisse bestätigen konnten.

Unbeaufsichtigt von irgendwelchen Erwachsenen hatten die Zwillinge eine Zeitlang außer Sichtweite am Flußufer gespielt. Die ältere Schwester war bei den übrigen Erwachsenen am Picknicktisch geblieben, als plötzlich eine der Zwillingsschwestern aus dem Gebüsch gelaufen kam und – zumindest für die anwesenden Erwachsenen – scheinbar sinnlos vor sich hinplapperte. Das ältere Mädchen wandte sich daraufhin an ihre Mutter, zog sie heftig am Rock und verkündete lebhaft: »Ruth im Wasser«. Die Erwachsenen stürzten daraufhin sofort zum Fluß, sahen das dritte Kind in der Strömung davontreiben (es wurde glücklicherweise durch seine Kleidung, die sich wie ein Luftkissen aufgebauscht hatte, über Wasser gehalten) und konnten es sofort herausfischen.

Dieses dramatische Beispiel wurde von zuverlässigen Augenzeugen berichtet. Aber auch aus wissenschaftlichen Quellen ist bekannt, daß Kinder, sobald man sie sich selbst überläßt, ein eigenes Kauderwelsch entwickeln. In diesem Zusammenhang wird gerne das Beispiel der Immigrantenkinder in Hawaii zu Beginn dieses Jahrhunderts genannt. Die Erwachsenen, die damals auf die Inselgruppe kamen, sprachen verschiedene Sprachen: Japanisch, amerikanisches Englisch, Malayisch usw. Innerhalb einer Generation entstand jedoch eine neue Sprache, das Hawaii-Kreolisch, das die Kinder der Immigranten (aus unterschiedlichen Kulturen) aus verschiedenen Elementen ihrer Muttersprachen kombinierten, als sie sich zwangsläufig mit Hilfe ihrer angeborenen Spracherwerbsmethoden miteinander verständigen mußten.

Als Erklärung dieses Phänomens hat die Wissenschaft zahlreiche Theorien vorgeschlagen, am plausibelsten erscheint uns jedoch – nach all dem, was wir über Ursprung und Evolution des Menschen wissen – das Modell des amerikanischen Linguisten Noam Chomsky aus den 60er Jahren. Chomsky geht von der Tatsache aus, daß die Fähigkeit, Sprache zu erlernen und zu verwenden, Bestandteil unserer Gene ist. Daher kommt seiner Meinung nach jedes Kind mit angeborenen Denkstrukturen für Sprachen (sog. Sprachuniversalien) auf die Welt; mit anderen Worten, es kann von Geburt an Grammatik verstehen und verfügt u.a. über bestimmte Schlüsselwörter, um mit anderen Menschen kommunizieren zu können. Das Kind besitzt also eine Anlage, die Chomsky als »Sprachaneignungsapparat« (LAD, von engl. *language acquisition device*) bezeichnete. Bisher konnte man das LAD noch in keinem Organ des menschlichen Körpers aufspüren. Sollte es tatsächlich existieren, so handelt es sich vermutlich um das nicht greifbare Resultat mehrerer Wechselwirkungen des Nervensystems, an dem sehr wahrscheinlich auch akustische »Endgeräte« (Ohren, Sprechapparat) beteiligt sind. Allerdings kann man viel besser mit einem Modell umgehen, das im LAD eine Art Schaltkasten des Nervensystems sieht, der im Rahmen der genetisch gesteuerten Individualentwicklung zusammenmontiert wurde, um instinktiv die wahre Natur von Wörtern und Syntax zu begreifen.

Kinder brauchen nach dieser Theorie keine formalen Anweisungen zur Grammatik, um sprechen zu lernen. Sie eignen sich letztlich nur den Gebrauch einer bestimmten Sprache an, die sie alltäglich hören – sei es nun ein regionaler Dialekt, wie Kölner Platt, Schwäbisch oder Hessisch, oder eine Hochsprache wie britisches oder amerikanisches Englisch. Doch die Regeln, wie Wörter innerhalb einer Sprache oder eines Dialekts zu Sätzen zusammengesetzt werden, schlummern bereits in ihren Ansätzen in jedem Kind, und sie gelten im Prinzip nicht nur für alle Kinder, sondern auch für alle Sprachen. Chomskys Modell war anfangs zwar sehr umstritten, wird mittlerweile aber in weiten Kreisen anerkannt und bildet, leicht adaptiert, zum überwiegenden Teil die Grundlagen der psychologischen Erforschung der Sprachaneignung. Jedoch sind wir hier mehr an der Evolution der Sprache interessiert, und zwar im Hinblick auf den minimalen genetischen Unterschied zwischen Mensch und Schimpanse. Daher sind die psychologischen Aspekte (obgleich sehr interessant) im Vergleich zu den körperlichen Voraussetzungen des Menschen, Sprache zu artikulieren und zu verstehen, sicherlich nur zweitrangig. Insbesondere liefert uns ein Blick auf die Evolution und Anatomie unseres Gehirns neue Denkanstöße, wie sich die Intelligenz des Menschen entwickelt hat und wie sich dieser als Individuum innerhalb einer komplexen Gesellschaft verhält.

Das Broca-Zentrum

Sicherlich hängt unser Sprachvermögen nicht nur von der Größe des menschlichen Gehirns ab, sondern auch von der Art und Weise, wie es aufgebaut ist. Denn selbst in Extremfällen kann sich der Mensch Sprache zu eigen machen, wie dies etwa bei einem Zwerg mit sehr kleinem Großhirn oder einem körperlich normal entwickelten Menschen mit vergleichsweise winzigem Hirn der Fall ist. Man muß andererseits auch nicht überdurchschnittlich intelligent sein, um sprechen zu können, denn Kinder mit relativ niedriger geistiger Entwicklung lernen genauso sprechen wie solche mit normaler Intelligenz – allerdings mit dem Unterschied, daß weniger intelligente Kinder auf einem tieferen Niveau als normal begabte beginnen. Ein besonderes Charakteristikum des menschlichen Gehirns ist die starke Auffaltung und Windung der Großhirnrinde (Cortex), welche die Oberfläche des Gehirns im Gegensatz zu einem »glatten« Cortex[2] enorm vergrößert. Man nimmt daher an, daß diese starke Oberflächenvergrößerung u.a. für die Entwicklung der menschlichen Intelligenz sehr wichtig war. Darüber hinaus sind im Gehirn noch bestimmte Strukturen und Bereiche vorhanden, die wesentlich zu unseren linguistischen Fähigkeiten beitragen.

Von außen scheint ein menschliches Gehirn aus zwei spiegelbildlichen Hälften (Hemisphären) zu bestehen, die miteinander durch mehrere gebündelte Nervenfasern verbunden sind. Das wichtigste Verbindungsstück (Kommissur) zwischen beiden Hälften ist der Balken (Corpus callosum). Beide Gehirnhälften stehen zwar über den Balken miteinander in Verbindung, besitzen jedoch unterschiedliche Aufgabenbereiche. Man kann vereinfachend behaupten, daß jede Hemisphäre eine Körperhälfte kontrolliert, doch überwacht bei den meisten Menschen die rechte Gehirnhälfte die linke Körperseite und umgekehrt die linke Hemisphäre die rechte Seite. Wie wir u.a. aus mehreren Krankenberichten über Menschen mit Hirnschäden und -verletzungen wissen, befindet sich unser Sprachzentrum (d.h. der Bereich, der für die Sprache verantwortlich ist) in der linken Hemisphäre.

Diese bahnbrechenden Ergebnisse lieferte um 1860 der junge Chirurg Paul Broca aus Paris. Zwar hatten schon vor ihm einige Wissenschaftler vermutet, daß beide Gehirnhälften unterschiedliche Aufgaben wahrnehmen und daß die Sprachfähigkeit in der linken Hemisphäre angesiedelt ist, doch gelang es erst Broca, die medizinische Fachwelt seiner Zeit hiervon zu überzeugen. Daher nannte man das Sprachzentrum im Gehirn ihm zu Ehren Broca-Zentrum. Broca beobachtete, daß seine Patienten nach linksseitigen Schlaganfällen oder Hirnverletzungen meist nicht mehr richtig sprechen konnten, während vergleichbare Schäden in der rechten Hemisphäre das Sprachvermögen unbeeinträchtigt ließen.

Während der folgenden Jahre zeigten die Arbeiten Brocas und seiner Nachfolger, daß die Beschwerden sich nicht nur auf Probleme bei der reinen Artikulierung der Sprache beschränken. Vielmehr waren Patienten, deren Broca-Zentrum verletzt war, nicht mehr in der Lage, bestimmte Ideen auszudrücken. Häufig verfielen sie in eine telegrammartige Sprechweise: Wenn ein solcher Patient beispielsweise aufgefordert wurde, eine kürzlich unternommene Reise zu beschreiben, antwortete er mit dem einsilbigen »Rom«, und wenn man nachhakte und ihn bat, die Reise näher zu beschreiben, kam als Antwort vielleicht ein »Rom fliegen« zustande. Eine Verletzung in einem anderen Bereich der linken Hemisphäre, dem sog. Wernicke-Zentrum[3] (das nach einem weiteren bedeutenden Neurologen des 19. Jahrunderts benannt ist), ruft andere Sprachschwierigkeiten hervor: Zunächst hört sich die Sprache eines solchen Patienten ganz normal an, doch dann fällt auf, daß er offenbar bestimmte Wörter völlig vergessen hat und durch falsche Ausdrücke oder Umschreibungen ersetzt: Anstelle von »Hammer« spricht er beispielsweise vom »Spaten«, umschreibt seine Aussage mit »ein Ding, mit dem man auf andere Dinge klopft« oder verwendet nur Füllwörter wie »Ding«.

Weitere wichtige Erkenntnise über die unterschiedlichen Rollen der beiden Hemisphären hat man aus der Forschung an Patienten gewonnen, deren Gehirnhälften chirurgisch getrennt wurden. Von einer solchen Operation, die erstmalig in den 40er Jahren durchgeführt wurde, versprach man sich die Heilung bestimmter Formen der Epilepsie. Heute hat man von diesem Eingriff Abstand genommen, doch haben uns die Opfer wertvolle Informationen über die Arbeitsweise des Gehirns geliefert. Die Details sind nichts für Zartbesaitete, doch wollen wir das Wesentliche kurz schildern: Bei diesem chirurgischen Eingriff wird der Balken (Corpus callosum) – evtl. auch einige andere Nervenfasern – durchtrennt, so daß der Informationsfluß zwischen den beiden Hemisphären unterbrochen ist. Zwar kontrolliert die linke Gehirnhälfte immer noch den rechten Arm, das rechte Bein usw., doch »weiß« die rechte Hemisphäre buchstäblich nicht, was die linke gerade macht – es sei denn, die betreffende Person sieht nur mit dem halben (in diesem Fall, dem linken) Gesichtsfeld des jeweiligen Auges, welche Bewegung die rechte Hand gerade ausführt. Erstaunlicherweise führen solche Patienten vielfach ein ganz normales Leben; allerdings wurden durch diese Durchtrennung des Balkens zwischen beiden Hemisphären operativ Menschen geschaffen, deren Sprachvermögen ebenfalls halbiert war.

Bei anschließenden Untersuchungen stellte sich die besondere Bedeutung der linken Gehirnhälfte für Sprache und Sprachbewußtsein heraus. Die Patienten wurden mit Hilfe eines speziellen Experimentieraufbaus getestet: Die Versuchsperson (Proband) sitzt vor einem geteilten Bildschirm, auf den von hinten bestimmte Gegenstände in das jeweils rechte oder linke Gesichtsfeld projiziert werden. Auf diese Weise wird immer nur eine der beiden Hemisphären mit Informationen versorgt, da diese vom linken Gesichtsfeld über ein »Nervenkabel« in die rechte Hemisphäre fließen und umgekehrt vom rechten Sichtfeld in die linke Hälfte des Gehirns. Projiziert man daher einem Patienten mit durchtrennter Hirnkommissur beispielsweise das Bild einer Tasse ins rechte Gesichtsfeld, so hat er keine Probleme, diese verbal zu beschreiben. Wenn dieselbe Tasse hingegen demselben Patienten vor das linke Auge (das ja von der rechten Seite kontrolliert wird) gehalten wird, dann wird er behaupten, nichts zu sehen. In Wirklichkeit hat nur die linke Hirnhälfte (also das Sprachzentrum) nichts »gesehen«! Falls man den Probanden nun auffordert, mit der linken Hand, die ja von rechts gesteuert wird, unter dem Bildschirm durchzugreifen und nach der Tasse zu suchen, dann kann er sie – auch ohne Sicht – durch Tasten aus mehreren anderen Gegenständen herausfinden. Der Informationsfluß in die rechte Hemisphäre funktioniert also noch, jedoch schafft er es nicht, in die linke Hälfte zu gelangen, um das »Gesehene« zu melden. Dieses »Versagen« der rechten Hälfte beschränkt sich nicht nur auf die Unfähigkeit, den Sprechapparat (Stimmbänder, Mund) in Bewegung zu bringen, da der Patient außerdem nicht in der Lage ist, geschriebene Anweisungen umzusetzen, die im linken Sichtfeld erscheinen. Das Sprachbewußtsein (oder einfacher gesagt, unser Wortschatz) ist eindeutig im linken Gehirn zu Hause. Abschließend möchten wir aber gerne noch ein Kuriosum erwähnen: Falls man nämlich Objekte vor das linke Auge projiziert, die normalerweise Heiterkeit auslösen, so reagiert der Patient mit einem Lächeln, das er auf Befragen allerdings nicht erklären kann.

Über dieses bedeutende Thema, aber auch über die vielen »Ausnahmen, die die Regeln bestätigen«,[4] sind schon zahlreiche Bücher geschrieben worden. Daher wollen wir uns später – wenn auch nur am Rande – damit auseinandersetzen. Bei unserer Führung durch die »Evolution des Menschen« haben wir am ersten »Haltepunkt« gesehen, daß das Sprachzentrum in der linken Hemisphäre sitzt, die auch die rechte Hand steuert. Vielleicht ist es daher auch mehr als nur zufällig, daß die sogenannte Händigkeit (oder manuelle Lateralität), die wir bei den meisten Menschen finden, im selben Gehirnabschnitt lokalisiert ist wie die Kontrolleinheit der Sprache. Möglicherweise helfen uns die soeben erfahrenen Informationen über die enge Verbindung von linker Hemisphäre und Sprachvermögen bei der Beurteilung weiter, inwieweit unsere Vorfahren bereits Menschen waren.

Entwicklungsgeschichtliche Konsequenzen

Faszinierende Hinweise, wann die Menschen zum ersten Mal ihre Sprachfähigkeit entdeckten, lieferte uns Ralph Holloway mit seiner Methode der endokranialen Gehirnabdrücke, bei deren Anfertigung fossile Schädel als Gußformen dienen. Wie man aus Versuchen an Personen mit Hirnverletzungen weiß, wird das, was wir sagen wollen, nach den im Wernicke-Zentrum gespeicherten Grammatikregeln in Sätze formuliert (somit können wir das LAD wenigstens teilweise einem Körperabschnitt zuordnen!); anschließend werden diese durch die Anweisungen, die das Broca-Zentrum Lippen, Zunge und dem übrigen Sprechapparat erteilt, in gesprochene Sätze »transformiert«. Beide Gehirnabschnitte liegen in der linken Hemisphäre und sind bei *Homo sapiens* stärker entwickelt als ihre Pendants in der rechten Hälfte;

bei einem modernen Menschenhirn ist daher die linke Hemisphäre größer und hinterläßt somit eine größere Ausbuchtung im Schädeldach. Diese Größenunterschiede kann man deutlich am Ausguß eines modernen Schädels erkennen.

Derart feine Unterschiede sind bei fossilen Schädeln oft nur sehr schwer festzustellen, da die Fossilien vielfach beschädigt oder unvollständig sind, so daß kein direkter Vergleich zwischen beiden Gehirnhälften angestellt werden kann. Daher grenzt es fast an ein Wunder, daß Holloway überhaupt so hervorragende Abdrücke anfertigen konnte. Darüber hinaus müssen wir davon ausgehen, daß die Ausbuchtung über dem Sprachzentrum zu dem Zeitpunkt, als unsere Altvorderen zu sprechen begannen, noch unscheinbar war. Trotz all dieser Schwierigkeiten ist sie bereits ansatzweise im Schädel des *Homo habilis* zu erkennen, eines Hominiden, der vor gut zwei Millionen Jahren lebte und der erste Vorfahr des Menschen war, ohne gleichzeitig Urahn von Schimpanse und Gorilla zu sein (siehe hierzu den Anhang). Bei Schädeln von *Homo erectus*, dem unmittelbaren Vorfahren des modernen Menschen, ist der Abdruck des Broca-Zentrums schon wesentlich ausgeprägter. *Homo erectus* wanderte in den Fußstapfen des *Homo habilis* und brach aus dem ostafrikanischen »Kinderzimmer« der Menschheit auf, um sich global auszubreiten – zunächst nordostwärts nach Asien und weiter nördlich nach Europa. Interessanterweise finden wir bei den Australopithecinen, einem anderen frühen Hominidenzweig (vor gut drei Millionen Jahren), ebenfalls eine Vergrößerung dieses Hirnbereiches; demnach hätten auch sie bereits zu sprechen begonnen. Aber da die Australopithecinen ausgestorben sind, stellen sie letztlich eine entwicklungsgeschichtliche Sackgasse dar – es sei denn, der Leser freundet sich mit der Hypothese der Autoren an, daß die rezenten Schimpansen und Gorillas möglicherweise von den Australopithecinen abstammen.[5]

Das Gros dieser »Beweise« sind Vermutungen, allerhöchstens jedoch Indizien. Interessanterweise treten jedoch die ersten Vergrößerungen des Broca-Zentrums im Gehirn unserer Vorfahren (vor knapp 2 Millionen Jahren) zeitlich zusammen mit den frühesten Werkzeugen auf, die von der Gattung *Homo* benutzt wurden (vor etwa 2,5 Millionen Jahren). Während die ersten Werkzeuge bis vor etwa 1,5 Millionen Jahren noch recht primitiv waren, fanden die Archäologen in späteren Epochen feiner gearbeitete Steinbeile, und in der Folgezeit wurden die Waffenschmiede immer perfekter. Vor allem Holloway erkannte, daß die verbesserte Herstellung von Werkzeug eng an die Entwicklung der Sprache gekoppelt war. Seiner Meinung nach ist der Gedankenverlauf bei beiden Vorgängen der gleiche: Man muß eine Folge von Schritten erdenken und aufeinander abstimmen, so daß im einen Fall ein fertiges Beil, im anderen ein vollständiger Satz herauskommt. Läßt man einen wichtigen Schritt aus, so gilt für beide, daß das Ergebnis unbrauchbar ist.

Andere Archäologen und Anthropologen brachten die These vor, aus der Fähigkeit, komplizierte, aufeinander abgestimmte Handbewegungen (z. B. zur Herstellung von Werkzeug) auszuführen, sei schließlich die Zeichensprache entstanden. Gordon Hewes von der University of Colorado machte beispielsweise darauf aufmerksam, daß viele Menschen während einer schwierigen manuellen Aufgabe unbewußte Zungenbewegugen machen – ein Phänomen, das der Verfasser dieser Worte am eigenen Körper erlebte, als er beim Tippen am Computer seine Zunge (quasi als Konzentrationshilfe) aus dem Mund heraushängen ließ.

Die meisten Menschen sind Rechtshänder; ihre bevorzugte Hand wird von der linken Hälfte gesteuert – ebenso wie der Mund (als Teil des Sprechapparats), da sich ja auch das Sprachzentrum links befindet. Bei einem Menschen, der mit rechts tippt (oder Steinwerkzeug zurechtklopft), kann die linke Hemisphäre natürlich auch veranlassen, daß Teile des Sprechapparats herumspielen, während die rechte Hand arbeitet. Aber vielleicht steckt noch etwas anderes hinter diesem Phänomen: Wurde die linke Gehirnhälfte vielleicht deshalb zum Sprachzentrum, weil sie in einer Population, die vorwiegend aus Rechtshändern bestand, bereits über spezielle Fähigkeiten wie Werkzeugherstellung (und vielleicht sogar Zeichensprache) verfügte? Denn der Gehirnbereich, der die Bewegungen der rechten Hand koordiniert, liegt tatsächlich ziemlich nahe am Broca-Zentrum.

Noch während das Manuskript für dieses Buch getippt wurde, lieferte Nicholas Toth von der University of California in Berkeley neue Beweise für diese Theorie: Er hatte bearbeitete Steine aus Koobi Fora (am Ostufer des Turkanasees in Nordkenia) untersucht und dabei festgestellt, daß die Abschlagflächen dieser etwa zwei Millionen Jahre alten Steingeräte eine eindeutige Orientierung aufwiesen: sie waren alle mit der linken Hand festgehalten worden, während sie mit einem Stein, der wie ein Hammer von der rechten Hand geführt wurde, behauen wurden.[6] Zusammen mit der nachweislich frühen Entwicklung des Broca-Zentrums bekräftigt dieser Fund die These, daß die Evolution der Sprache und der Werkzeugfertigung nicht sehr weit auseinanderlagen, ja buchstäblich sogar Hand in Hand gingen, als *Homo erectus* auf der Weltbühne sein Debüt gab.

Keine einzige dieser Vermutungen kann letztendlich den Ursprung der Sprache erklären, allerdings weisen sie auf faszinierende Theorien hin. Möglicherweise war es wirklich nur ein Zufall, daß sich eine Hemisphäre stärker als die andere entwikkelte und auf diese Weise aus dem Menschen einen sprechenden Rechtshänder machte. Doch im gleichen Moment stellen sich uns bereits die nächsten Fragen: Wenn diese Entwicklung ein Evolutionsvorteil war, warum gibt es dann heute überhaupt noch Linkshänder – und aus welchen Gründen ist ihr Anteil an der gesamten menschlichen Bevölkerung seit damals, als die frühen Hominiden in Ostafrika ihre ersten Steinwerkzeuge bearbeiteten, konstant geblieben?

Der rechtshändige Affe

Etwa 90 Prozent aller Menschen sind Rechtshänder – eine für das Tierreich recht ungewöhnliche Tatsache, jedoch nicht unbedingt eine Ausnahmeerscheinung. Einige Papageienarten greifen bevorzugt mit einer Klaue nach ihrer Nahrung, während sie auf der anderen stehen. Auch dem Eisbären (*Thalarctos maritimus*) wird nachgesagt, er sei Linkshänder – obgleich sich aus berechtigtem Respekt vor der Aggressivität dieses Raubtieres noch kein Zoologe bereitgefunden hat, einem Eisbären die Pfote zu schütteln. Im restlichen Tierreich treffen wir entweder nur auf Arten, die mit beiden Vorderextremitäten gleich gut umgehen (der Fachmann spricht dann von einem Ambidexter oder Beidhänder), oder auf Tiere wie beispielsweise Ratten, die zwar eine »Hand« bevorzugt einsetzen, bei denen jedoch der Anteil von Rechts- und Linkshändern innerhalb einer Population gleich ist. Beim Menschen beruht diese Tendenz auf der Dominanz der linken Hemisphäre, die für die Kontrolle der rechten Körperhälfte zuständig ist. Einige Forscher behaupten sogar, diese Tendenz werde auch außerhalb des menschlichen Körpers fortgesetzt: Wenn sie beispielsweise aufgefordert werden, die Länge eines Wanderstocks durch Abtasten zu bestimmen, geben die meisten Menschen eine genauere Schätzung ab, wenn sich der Stock links von ihnen befindet – mit welcher Hand sie ihn abtasten, spielt dabei eine geringere Rolle. Diese Vorliebe bedeutet also nichts grundsätzlich Neues.

In historischen Zeiten waren etwa zehn Prozent aller Menschen Linkshänder, was man aus archivierten Handschriften und auch aus indirekten Hinweisen wie z. B. der Pinselführung in einem Gemälde ersehen kann. Wenn wir noch weiter in die Vergangenheit zurückgehen, sehen wir neben manchen Höhlenzeichnungen den Farbabdruck einer menschlichen Hand auf der Felswand – wollte der Künstler vielleicht seine Signatur setzen, oder gab es andere Gründe, die wir wohl nie erfahren werden? Fast immer handelt es sich aber (erwartungsgemäß) um den Abdruck einer linken Hand, weil der Höhlenmaler die Konturen der Linken wahrscheinlich mit der rechten Hand nachgezeichnet hat. Ähnliches gilt auch für die Steinwerkzeuge, die unsere Vorfahren vor zwei Millionen Jahren anfertigten: Das Werkstück wurde mit links gehalten, während die rechte Hand mit einem Schlagstein Steinsplitter abschlug (siehe oben); das fertige Steinwerkzeug besaß dann die richtige Form, um gut in der rechten Handfläche zu liegen.

Möglicherweise ist dies der Grund, die Rechtshändigkeit des Menschen zu erklären – vielleicht lag es aber auch daran, daß die ersten Werkzeugmacher Rechtshänder waren, die ihre Erfahrungen, Techniken und Handgriffe natürlich so weitergaben, wie es für sie selbstverständlich war. Ein Linkshänder hätte beim Ausprobieren dieser neuen Technik sicherlich enorme Schwierigkeiten, und wenn wir das Garn weiterspinnen, erhalten wir ein zweifelhaftes Ammenmärchen, warum es so wenig Linkshänder gibt: Diese armen Menschen konnten aufgrund ihrer »Behinderung« nur sehr schlechte Waffen und Werkzeuge anfertigen und brachten folglich weniger oder kaum Beute in die heimatliche Höhle. Daher galten Linkshänder bei der steinzeitlichen Damenwelt nicht gerade als gute Partie und hatten kaum Gelegenheit, Kinder zu zeugen, die ihre linkshändigen Gene weitertrugen. Diese mehr als dubiose Erklärung könnte höchstens die bevorzugte Rechtshändigkeit des Menschen mit dem Auftauchen von *Homo habilis* als Werkzeugmacher in Zusammenhang bringen. Möglicherweise haben wir hier auch einen zeitlichen Beweis, daß *Homo habilis* tatsächlich der erste Vertreter der Hominiden nach der Abspaltung der Menschenaffen vor vier bis fünf Millionen Jahren war: Da Schimpansen zu gleichen Teilen Rechts- und Linkshänder sind, ist es sehr wahrscheinlich, daß die genetisch fixierte Rechtshändigkeit erst eintrat, nachdem die Gattung *Homo* eigene Wege gegangen war.

Diese manuelle Lateralität ist tatsächlich eine Frage der Gene, wenn auch – wie immer – im Detail sehr kompliziert. Linkshänder finden wir in vielen Familien, doch sind meist zwei, wenn nicht sogar noch mehr Gene an der Ausbildung dieses Merkmals beteiligt. Wir wollen uns die Einzelheiten sparen, aber trotzdem mit einem unterhaltsamen Beispiel für Linkshändigkeit aus der europäischen Geschichte aufwarten: Im schottischen Kerr-Clan gab es so viele Linkshänder, daß sämtliche Wendeltreppen von Kerr Castel, dem Stammsitz des Clans in Jedburgh, linksgewunden waren, so daß sie leichter von einem mit links kämpfenden Mann verteidigt werden konnten. Unglücklicherweise kann ein rechtshändiger Schwertkämpfer in einer linksgewundenen Wendeltreppe leichter treppaufwärts angreifen – aber im Leben kann man ja bekanntlich nicht alles haben!

Die linke Seite wird generell häufig als die schlechte oder falsche angesehen. Ein »linker« Mensch ist ein Tückebold, weil er mit »links« zusticht, während ein »linkischer« Mensch ungeschickt ist. Auch das aus dem Lateinischen stammende *sinister* (= links) hat die Nebenbedeutung »unheimlich« und »heimtükkisch«. Und wo dürfen laut Bibelwort die Guten und Gerechten nach dem Jüngsten Gericht zur Belohnung Platz nehmen? Natürlich, zur Rechten Gottes! Selbst in dem veralteten Ausdruck »auf dem rechten Weg« finden wir einen doppelten Sinn: denn der Weg geht nicht nur nach »rechts«, sondern ist gleichzeitig auch der »richtige«. Solange also Rechtshänder das Ruder fest in der »rechten« Hand haben, werden Linkshänder als böse und abartig abgestempelt. Möglicherweise ist dies nur eine instinktive Abneigung gegen alles, was aus der Norm fällt, vielleicht steckt aber auch mehr dahinter.

Jahrhundertelang wurden Linkshänder aller möglichen Schandtaten bezichtigt und mit negativen Attributen belegt, angefangen von Verschlagenheit bis hin zu Schwachsinn und Hexerei. Der bloße Umstand, daß seine Schüler Linkshänder sind, kann bei einem rechtshändigen Lehrer, der ihnen eine manuelle Tätigkeit beibringen will, immer noch Abneigung und Aggression auslösen. Schließlich läßt sich einer Gruppe Kinder oder Erwachsener viel leichter Stricken oder Schreiben beibringen, wenn alle die gleiche Hand benutzen. Da die meisten Menschen Rechtshänder sind, wurden linkshändige Kinder früher vielfach zur Rechtshändigkeit gezwungen, anstatt ihrer Veranlagung nachzugeben. Erst vor einer Generation merkte der britische Psychologe Sir Cyril Burt an, daß (nach seinen Schätzungen) nur fünf Prozent der normalen britischen Schulkinder Linkshänder waren, während der entsprechende Anteil bei Schülern aus Sonderschulen für geistig Behinderte bei zwölf Prozent lag. Für Burt war damit sonnenklar, daß linkshändige Kinder automatisch auch geistig zurückgeblieben sind. Heute wissen wir jedoch, daß viele der intelligenteren linkshändigen Kinder ihre Veranlagung unterdrückten und sich umgewöhnten, während die weniger begabten Sonderschüler, die schon genug andere Alltagsprobleme hatten, einfach nur ihren natürlichen Vorgaben folgten. Die etwa 10 bis 12 Prozent Linkshänder, die Burt damals zählte, sind global gesehen für die Bevölkerung repräsentativ, obgleich es lokale und geschlechtsspezifische Unterschiede gibt. Beispielsweise gibt es unter den Linkshändern mehr Männer als Frauen.

Heute sind die Schulen und Bildungsstätten in Großbritannien und anderen Ländern aufgeschlossener: Offiziell überläßt man den Kindern die persönliche Entscheidung, welche Hand sie zum Schreiben, Zeichnen oder für andere manuelle Tätigkeiten benutzen wollen – unabhängig davon, ob sie nun Rechts- oder Linkshänder sind. Deshalb haben heute scheinbar mehr Linkshänder ihr »Coming-out« geschafft als noch vor einigen Jahrzehnten, obgleich die Welt immer noch mehr auf Rechtshänder ausgerichtet ist.

Im allgemeinen richtet sich die Klassifizierung eines Menschen in Links- oder Rechtshänder danach, mit welcher Hand er schreibt; obgleich viele Menschen manche Tätigeiten mit rechts und andere mit links erledigen. Einige englische Cricketspieler können z. B. hervorragend mit der Rechten abschlagen und genauso gut mit der Linken werfen, während andere Zeitgenossen vom europäischen Kontinent, denen die Regeln dieses englischsten aller englischen Spiele ein ewiges Rätsel sind, lieber mit rechts Holz hacken und mit links Marmeladengläser oder Türen öffnen. Abgesehen von den rechtshändigen Papageien und den linkshändigen Eisbären scheint die Händigkeit zusammen mit dem unbehaarten Körper, der Intelligenz und der Sprache eine einzigartige, typisch menschliche Merkmalskombination darzustellen. Trotzdem haben es gut zehn Prozent der Menschheit geschafft, diesem »Rechtstrend« von der Steinzeit bis heute zu widerstehen. Den genauen Grund hierfür kennen wir nicht, vielleicht handelt es sich aber um ein Verhalten, das der britische Evolutionsbiologe John Maynard Smith als Evolutionsstabile Strategie (ESS) bezeichnete, Merkmale oder Verhaltensweisen also, die trotz kontinuierlicher Evolution bzw. verändertem Selektionsdruck bestehen bleiben. Und dies gibt uns einen Einblick in die Arbeitsweise der Evolution.

Linkshänder gegen Rechtshänder

Die Evolution kann nur fortschreiten, weil erstens jede einzelne Art aus sehr vielen genetisch unterschiedlichen Individuen besteht und es zweitens eine natürliche Auslese derjenigen gibt, die sich am besten ihrer Umwelt anpassen. Da diejenigen Lebewesen, die sich erfolgreich adaptiert haben, länger leben und mehr Nachkommen haben, können sich ihre Gene auch stärker verbreiten. Der eigentliche »Kampf ums Dasein« ist im darwinistischen Sinne weniger eine aggressive Auseinandersetzung zwischen verschiedenen Arten, sondern eher als Konkurrenz zwischen Individuen einer einzigen Art zu verstehen. Und John Maynard Smith hat uns die mathematische Möglichkeit gegeben, diese individuellen Überlebensstrategien nachzuvollziehen.

Die Grundlage seiner Überlegungen war die Spieltheorie, die vor einigen Jahren als eigener Zweig der Mathematik entwickelt wurde. Sie war ursprünglich als Modell gedacht, um beispielsweise die potentiellen Chancen bestimmter Erfolgsstrategien während eines Krieges zu berechnen oder gar seine denkbaren Folgen zu simulieren. Dieses Modell läßt sich nahezu unverändert auf den natürlichen »Kampf ums Dasein« übertragen, indem man simuliert, wie die Individuen einer einzigen Art um die Ressourcen konkurrieren, die in der ökologischen Nische vorhanden sind. Am Beispiel des Planspiels »Falken gegen Tauben«, das von John Maynard Smith entworfen wurde, wollen wir verdeutlichen, was er unter ESS versteht:

Maynard Smith nimmt zunächst an, daß es in einer gegebenen Tierpopulation eine Fraktion der »Falken« gibt, die für aggressives Verhalten steht, und eine Fraktion der »Tauben«, die passiv und friedfertig ist. (In Wirklichkeit sind Tauben ziemlich aggressive Vögel, aber sie gelten traditionell als Symbol des Friedens und der Friedfertigkeit.) Wenn nun ein »Falke« auf etwas Freßbares stößt und ein anderer Vogel zugegen ist, wird er notfalls immer einen Streit vom Zaun brechen, um sein Futter auf alle Fälle zu bekommen. Gerät aber eine »Taube« in die gleiche Situation, dann ergreift sie bei einem Angriff sofort die Flucht. Falls sie auf eine andere »Taube« trifft, wird sie versuchen, diese durch Drohgebärden einzuschüchtern, schließlich aber doch das Weite suchen. Diese Grundregeln sind in Maynard Smiths mathematischem Modell fest enthalten. Als nächstes fragte er sich, wieviele »Falken« und »Tauben« das System enthalten müsse, um stabil zu sein.

Da dies ein trockenes hypothetisches Modell ist, wollen wir der Anschaulichkeit halber ein paar (ebenfalls hypothetische, aber handliche) Zahlen einstreuen, um zu verdeutlichen, wieviel die Vögel fressen müssen. Wenn ein Vogel sein Futter erobert hat, erhält er 50 Punkte. Für's Weglaufen gibt es natürlich 0 Punkte, und wenn er kämpft und verliert, so wird er verwundet und bekommt 100 Minuspunkte. Falls er seinen Gegner nur einschüchtern will, dann aber trotzdem wegläuft, gibt es ebenfalls 10 Minuspunkte – für die Zeitverschwendung. Diese Zahlen sind zwar willkürlich gewählt (sie stammen aus Richard Dawkins Buch »The Selfish Gene«), doch machen sie recht gut klar, daß die jeweiligen Situationen unterschiedlich ausgehen können. Die erfolgreichsten Tiere sind diejenigen, die am meisten zu Fressen bekommen und kaum verletzt werden; ihre Gene werden in die nächste Generation vererbt. Daher steht die erzielte Punktzahl außerdem noch für einen Fortpflanzungserfolg. Die Kernfrage der ESS-Theorie lautet also: »Gibt es in dieser Population ein ausgeglichenes Tauben-Falken-Verhältnis, das auch in den nachfolgenden Generationen stabil bleibt?«

Der erste »Ausbrecher« aus diesem Rechenexempel ist schon dadurch gegeben, daß demnach weder eine reine Tauben-Population noch eine reine Falken-Population stabil ist. Nehmen wir zunächst einmal nur die Tauben: Wenn jedes Individuum eine »Taube« ist, dann plustern sich beide Kontrahenten zu Beginn eines Konflikts auf, was sie jeweils 10 Minuspunkte kostet. Schließlich läuft dann einer der beiden davon, so daß der andere fressen und 50 Pluspunkte einheimsen kann, netto also 40 Punkte verbucht. Im Durchschnitt haben beide »Tauben« 15 Punkte errungen (40 Pluspunkte plus 10 Minuspunkte, geteilt durch 2, macht 15). So weit, so gut. Alle bekommen etwas zu fressen, niemand wird verletzt, und die reine Tauben-Population erscheint gesund und zufrieden. Möglicherweise haben viele Tierarten aus diesem Grund ausgeklügelte Droh- und Aggressionsgebärden entwickelt, um den Gegner möglichst lange einzuschüchtern, ohne tatsächlich eine blutige Nase zu bekommen. Viele Menschen verhalten sich übrigens genauso.

Doch was passiert, wenn eine einzige Falken-Mutante in diesen Taubenschlag einfällt? Er hält nicht viel von Drohungen und scheucht seine Kontrahenten ohne großes Federlesen vom Platz; so kann er jedesmal fressen und dabei noch 50 Punkte gewinnen. Solange es nur wenig Falken gibt, die möglicherweise aneinandergeraten, geht es ihnen gut; sie machen immer 50 Pluspunkte, während sich die Tauben mit mageren 15 Durchschnittspunkten begnügen müssen, und sie können ihre Gene ungestört über die ganze Population verbreiten.

Wie sieht es aber in einer reinen Falken-Population aus? Mathematisch gesehen endet jedes Treffen in einem Fiasko: Der Gewinner erhält 50 Pluspunkte und der Verlierer 100 Minuspunkte, was ein trauriges Pro-Kopf-Ergebnis von 25 Minuspunkten ergibt. (Eine derartige Population ist natürlich auch überlebensfähig – allerdings nur dann, wenn es selten zu Konflikten kommt und die Tiere ihre Nahrung überwiegend in solchen

Situationen erhalten, in denen keine anderen »Falken« zugegen sind.) Was geschieht aber mit einer plötzlich auftauchenden Tauben-Mutante? Erstaunlicherweise geht es ihr recht gut; denn obwohl sie bei jeder Begegnung mit einem »Falken« Reißaus nimmt und dafür mit 0 Punkten »belohnt« wird, kann die »Taube« überall dort, wo kein anderer Vogel zugegen ist, Körner aufpicken und sich gut ernähren. Daher kann sich auch das Tauben-Genom bis zu einem gewissen Punkt ausbreiten.

Nach gesundem Ermessen müßte es einen stabilen Zustand zwischen beiden Extremen geben, in dem sich die Anteile an »Tauben« und »Falken« die Waage halten und beide Strategien im Durchschnitt bei einem Konflikt profitieren. In unserem Zahlenbeispiel bestünde daher die ideale Population zu 5/12 aus Tauben und zu 7/12 aus Falken, und jedes der zwölf Individuen erhielte pro Konflikt durchschnittlich 6,25 Pluspunkte. Bei echten Populationen mit lebendigen Tieren können wir diese Zahlenwerte geringfügig verändern, denn auch für ein Tier aus Fleisch und Blut ist die Strategie, sich in sieben von zwölf Fällen als »Falke« und in fünf von zwölf Fällen als »Taube« zu verhalten, durchaus sinnvoll. »Kluge« Gene, die »ihren« Körper ökonomisch verwalten, würden ihm – wenn sie sprechen könnten – folgenden Rat geben: »Sei in etwas mehr als 50 Prozent aller Situationen aggressiv, doch verhalte Dich in etwas weniger als 50 Prozent Deiner Zeit friedfertig, und entscheide Dich in Konfliktlagen nach dem Zufallsprinzip für eine der beiden Verhaltensweisen!« Die Evolutionsstabile Strategie (ESS) kann entweder so aussehen, daß ein Individuum x Prozent seiner Zeit die »Taube« spielt, oder aber, daß x Prozent Individuen während der ganzen Zeit »Tauben« sind.

Mit unseren Beispielzahlen hat es zudem nicht nur etwas Besonderes, sondern auch etwas Merkwürdiges auf sich. Laut ESS erhält jedes Individuum während einer Konfliktsituation 6,25 Punkte. Bei einer reinen Tauben-Population bekäme jedes Tier aber 15 Punkte, also gut doppelt soviel! Diese Populationszusammensetzung wäre daher für die Erhaltung der Art eigentlich die beste Lösung, da sie größere Vorteile (d.h. ein besseres Punktergebnis) als die ESS bietet. Leider funktioniert die Evolution nicht auf diese Weise, da sie auf einzelne Tiere, nicht aber auf Arten wirkt. Eine stabile Gesellschaft (oder Population) ist, wie sich herausstellt, nur dann stabil, wenn ihre einzelnen Mitglieder schlechter dastehen, als sie eigentlich könnten. Selbstverständlich hat dies auch Konsequenzen für das menschliche Verhalten, und auf diesen Punkt wollen wir dann im 3. Teil des Buches eingehen. Doch um noch einmal auf die ESS zurückzukommen: Inwieweit kann die Evolutionsstabile Strategie eine plausible Erklärung für das Phänomen der Linkshänder abgeben?

Tatsächlich hat die ESS in diesem Punkt nicht sehr viel zu bieten. Da diese Idee noch relativ neu ist, wurde sie von den Forschern, die sich mit der Evolution der Linkshändigkeit befassen, noch nicht in dem Maße beachtet, wie wir es für wünschenswert erachten. Allerdings gibt es Hinweise, daß während der gesamten Existenz von *Homo sapiens* auf diesem Planeten ein stabiler Prozentsatz von 10 Punkten Linkshänder waren und (ebenso stabile) 90 Prozent der Menschen als Rechtshänder lebten. Zugegebenermaßen sind diese Hinweise recht dünn, doch wenn man sie unbesehen glaubt, kann es sich um keinen reinen Zufall handeln. Wenn Rechtshändigkeit ein deutlicher Evolutionsvorteil wäre, dann gäbe es heute keine Linkshänder mehr oder ihre absolute Zahl hätte im Lauf der Jahrtausende stetig abgenommen. Das stabile Gleichgewicht ist ein eindeutiger Hinweis, daß es sich um eine ESS handelt – also muß es schon von Vorteil sein, als linkshändige Minderheit in einer Gesellschaft zu leben, die von Rechtshändern beherrscht wird. Möglicherweise wäre eine Population, die nur aus Rechtshändern (oder nur aus Linkshändern) besteht, für die Art vorteilhaft, doch darüber schweigt sich die ESS-Theorie aus. Jedenfalls kommen in einer stabilen menschlichen Gesellschaft 10 Linkshänder auf 90 Rechtshänder.

Vor kurzem war von einer weiteren Hypothese die Rede, wonach Linkshändigkeit möglicherweise damit zusammenhängt, daß der Fetus im Mutterleib einer außergewöhnlich hohen

Menge des männlichen Sexualhormons Testosteron ausgesetzt war. Dadurch sei offenbar das Wachstum der linken Gehirnhälfte gehemmt worden, so daß sich die rechte Hemisphäre rascher entwickeln und der anderen Hälfte überordnen konnte. Ganz eindeutig hat diese Theorie ihre Reize, zumal sie auch eine natürliche Erklärung bereit stellt, warum Jungen (die ja generell mehr Testosteron bilden) häufiger als Mädchen mit Linkshändigkeit geboren werden. Nun könnte man zunächst meinen, daß diese Tatsache der ESS-Theorie den Boden unter den Füßen wegziehe; unterstellt sie doch, daß der Anteil an Linkshändern ein Unfall ist, der mit geringfügigen Schwankungen im Hormonspiegel verbunden ist. Doch weit gefehlt, denn die Frage müßte eher folgendermaßen umformuliert werden: »Warum steigt der Hormonspiegel in einem menschlichen Fetus manchmal geringfügig an?« – wobei wir »manchmal« in diesem Fall als zeitliche Konstante verstehen müssen, die Millionen Jahre überdauert hat. Wenn Linkshändigkeit tatsächlich das Individuum benachteiligt hätte, wären die Gene, die für die Testosteron-Überproduktion verantwortlich sind, schon längst eliminiert worden. Das Problem hat sich nicht aufgelöst, sondern nur um einen Gedankenschritt zurückverlagert, denn nun müssen wir uns fragen, welcher stabile Zustand (sprich ESS) durch Testosteron anstelle von Linkshändigkeit erreicht wird.

Zu Beginn der 70er Jahre zirkulierte eine weitere Hypothese, die das Phänomen Linkshändigkeit mit Komplikationen bei der Geburt zu erklären versuchte. Demnach sollte Sauerstoffmangel während der Geburt zu Hirnschäden führen, wodurch es schließlich zur Linkshändigkeit kam. Diese Theorie, die den schalen Beigeschmack von Burts Ansichten hat, Linkshändigkeit sei eine Art Geisteskrankheit, wurde jedoch gut zehn Jahre später wieder verworfen. Der Grund war eine Studie, wonach alle Kinder, die zwischen dem 3. und 9. März 1958 in England, Wales und Schottland geboren wurden, manuelle Lateralität aufwiesen. Ian McManus vom Londoner Bedford College stellte anhand dieser Daten, die jahrelang in Archiven gelegen hatten, fest, daß ein evtl.

vorhandener Geburtsstreß und die spätere Rechts-, Links- oder Beidhändigkeit bei allen 11'000 untersuchten Kindern nicht zusammenhingen (oder wissenschaftlich ausgedrückt, nicht miteinander korreliert waren).

Nun, irgendwie kommen wir nicht von Stelle. Linkshänder besitzen also irgendeinen genetischen Vorteil, der sich in ihrem Verhalten und ihrer Begabung niederschlägt, so daß man bei der klassischen 90:10-Verteilung der Händigkeit beim Menschen wahrscheinlich von einer Evolutionsstabilen Strategie (ESS) ausgehen kann. Zwangsläufig bedeutet das nicht, daß Linkshänder einen Vorteil für die Art darstellen (obgleich dies aus bisher unbekannten Gründen vielleicht zutrifft), sondern daß es für einen Linkshänder von Vorteil ist, als solcher in einer von Rechtshändern dominierten Population zu überleben. Doch sind diese Qualitäten nur Eigenschaften, die beim Menschen als Evolutionsvorteil dienen, bei Tieren aber nicht – oder sind es vielleicht gar keine Vorteile? Doch da es für dieses immer größer werdende Puzzle offenbar keine eindeutige Antwort gibt, wollen wir jetzt ein paar – unserer Meinung nach – potentielle Erklärungen vorstellen.

Wenn links rechts ist

Wie man aus Untersuchungen an Patienten mit durchtrennter Hirnkommissur und auch aus anderen Forschungsergebnisse weiß, arbeiten beide Gehirnhälften eindeutig unabhängig voneinander. Wir könnten nun behaupten, daß beide Hemisphären unterschiedlich »denken«, obwohl uns die meisten Psychologen und Naturwissenschaftler bezüglich unserer Wortwahl entgegenhalten könnten, die rechte Gehirnhälfte habe überhaupt kein Bewußtsein, könne also auch nicht in der Weise denken, die uns Menschen von anderen Tieren unterscheidet. Vereinfacht gesagt, ist die linke Hälfte des Gehirns nicht nur für Sprache und komplizierte manuelle Tätigkeiten verantwortlich, sondern auch für logische Gedanken und methodische Prozesse – wiederum typisch menschliche Eigenschaften. Sie ist quasi die wissenschaftliche Gehirnseite, die nüchtern und überlegt handelt – also dem gängigen Klischee vom Wissenschaftler entspricht. (In Wirklichkeit kommen Wissenschaftler in den seltensten Fällen auf diese Weise zu guten Ideen!)

In der rechten Hemisphäre sitzen hingegen die Gefühle; sie ist, um beim gängigen Klischee zu bleiben, die künstlerische Gehirnseite. Wenn man so will, besitzt das linke Gehirn mehr »Großhirneigenschaften«, doch kann die rechte Seite ebenfalls mit einigen besonderen Fähigkeiten aufwarten. Unter den zahlreichen Aufgaben, die dieser Hirnabschnitt bewältigt, wollen wir für unsere Zwecke ein oder zwei prägnante Beispiele heraussuchen, die beide aus dem Bereich der Musik stammen.

In einer der ältesten aufgezeichneten Krankengeschichte aus dem Jahre 1745 ist von einem Mann die Rede, der durch sein Gebrechen rechtsseitig vollständig gelähmt war und nicht mehr sprechen konnte. Nach unserem heutigen Wissen können wir davon ausgehen, daß diese Krankheit seine linke Gehirnhälfte stark geschädigt hat. Dennoch konnte der Mann laut und deutlich Kirchenlieder singen, die er vor seiner Erkrankung gelernt hatte; allerdings konnte er keine neuen Lieder oder Choräle lernen. In einem anderen Beispiel hatte der russische Komponist Wissarion Schebalin einen Schlaganfall erlitten, der auch seine linke Gehirnhälfte in Mitleidenschaft zog. In der Folgezeit hatte er große Schwierigkeiten, sich mündlich oder schriftlich zu verständigen, doch sein Talent als Komponist blieb unbeeinträchtigt. Weiterhin gibt es zahlreiche Beispiele für den umgekehrten Fall – nämlich von Musikern, deren rechte Gehirnhälfte Schaden genommen hatte und die anschließend nicht mehr komponieren konnten oder ihre Lieblingsstücke nicht mehr erkannten; allerdings konnten sie noch genausogut sprechen wie vorher.

Demzufolge könnten wir erwarten, daß bei Linkshändern, deren Gehirn sozusagen »rechtslastig« ist, typische Eigenschaften der rechten Gehirnhälfte gegenüber solchen der linken Hemisphäre stärker ausgeprägt sind. Und tatsächlich hat man bei

Untersuchungen festgestellt, daß Linkshänder im Gegensatz zu Rechtshändern größere Probleme beim Sprechen oder Lesen haben, also beispielsweise häufiger stammeln oder an Dyslexie (Lesestörungen) leiden. Andererseits sind Linkshänder viel eher bessere Künstler, Musiker, Mathematiker und können auch besser Entfernungen und Geschwindigkeiten abschätzen. Vielleicht erklärt dies, warum in Relation zur Gesamtbevölkerung so viele Linkshänder Spitzensportler sind, insbesondere im Tennis.

In der Bevölkerung sind auch linkshändige Architekten überproportional vertreten, und aus einer Studie der Johns Hopkins University geht hervor, daß Kinder mit außergewöhnlich hoher mathematischer Begabung ebenfalls oft Linkshänder sind: Camilla Benbow und Julian Stanley untersuchten die Schulakten von 100'000 Zwölf- bis Dreizehnjährigen und stellten dabei fest, daß unter den 292 Kindern, die bei der Mathematikprüfung im Rahmen des Eignungtests für weiterführende Schulen mindestens 700 von 800 möglichen Punkten erreicht hatten, 20 Prozent Linkshänder waren – also mehr als doppelt soviel wie der durchschnittliche Anteil Linkshänder an der Gesamtbevölkerung. Ferner ging aus der Untersuchung hervor, daß Jungen mathematisch begabter sind als Mädchen, da etwa 13 mal mehr Jungen als Mädchen bei dem Test mit mehr als 700 Punkten abschnitten. (Bestimmt sind hier aber auch soziale Einflüsse im Spiel, da ein Mädchen im Alter von 12 Jahren vielleicht schon erfahren hat, daß man von ihr kein besonderes mathematisches Talent erwartet.) In der Tatsache, daß Linkshändigkeit bei Männern offenbar häufiger vorkommt und nach neueren Erkenntnissen sehr wahrscheinlich mit einem erhöhten Testosteron-Spiegel in Zusammenhang steht, sieht der Harvard-Wissenschaftler Norman Geschwind einen triftigen Grund, warum die Mehrheit der großen Maler und Mathematiker Männer sind, Frauen jedoch die bessere Sprachbegabung haben. Der eigentliche, vermutlich subtile Vorteil der Linkshändigkeit liegt wohl im Verborgenen; doch ist offenbar sogar bei vielen Männern, die auf den ersten Blick keine Linkshänder sind, die rechte Gehirnhälfte stärker angeregt.

Weiterhin gibt es noch andere Indizien, daß Linkshänder in einer von Rechtshändern dominierten Gesellschaft diesen generell überlegen sind. Nehmen wir beispielsweise den Linkshänder Leonardo da Vinci, der für viele den Gipfel der menschlichen Kreativität darstellt und sowohl ein bedeutender Wissenschaftler als auch ein berühmter Künstler war. Große Linkshänder waren auch Benjamin Franklin und Michelangelo, obgleich beide – im Gegensatz zu da Vinci – ihre fachlichen Schwerpunkte besaßen. Selbstverständlich könnten wir nun eine Menge linkshändiger Freunde und Bekannte aufzählen, die nicht in die gleiche Kategorie wie diese drei Herren fallen; doch vielleicht werden ihre besonderen Qualitäten durch eine neuere medizinische Erkenntnis ans Tageslicht befördert.

1985 berichtete Sandra Witelson von der McMaster University in Ontario, daß der Balken (Corpus callosum) bei Links- und Beidhändern größer sei. Diese Entdeckung war neu, beruhte allerdings nur auf wenigen untersuchten Gehirnen, so daß der Befund noch durch andere Wissenschaftler bestätigt werden muß. Allerdings können wir nun vermuten, daß die Überlegenheit der rechten Hemisphäre zumindest bei einigen Linkshändern mit einer effektiveren Verbindung zwischen beiden Gehirnhälften einhergeht. Möglicherweise arbeiten beide Hemisphären als eine funktionelle Einheit und sind daher effizienter; vielleicht schickt die dominierende rechte Gehirnhälfte aber auch Informationen an die linke Hälfte und benutzt dazu die herkömmliche »Standleitung«, so daß wir die Vergrößerung dieser Hirnkommissur nur als »Trostpreis« für die scheinbare Behinderung auffassen müssen. Der Gedanke, daß sich beide Hemisphären in Leonardos Gehirn möglicherweise »angeregt unterhalten« haben, ist faszinierend, obwohl es sich eindeutig um eine wissenschaftliche *just-so story* nach Kiplingscher Manier handelt.

Die Unterschiede zwischen linker und rechter Gehirnhälfte haben einen ganzen Forschungszweig ins Leben gerufen, dessen Ergebnisse wir in diesem Buch unmöglich schildern können. Doch einige Beispiele seien uns gewährt. So behauptete z. B. der

Psychologe Julian Jaynes aus Princeton, daß die Entstehung von Bewußtsein und Sprache im Gehirn (genauer, in der linken Gehirnhälfte) des Frühmenschen dazu führte, daß die Menschen »Stimmen in ihrem Kopf hörten«, die Stimmen der Götter, die ihnen auftrugen, was zu tun sei. Laut Jaynes ist Gott nichts anderes als die Bemühung der linken Hemisphäre, sich in die Führungsrolle zu schwingen und ein geeintes Bewußtsein zu schaffen. Wie vermutlich auch viele andere, meinte der bedeutende englische Schriftsteller Arthur Koestler, daß man ein kreatives Problem (und das gilt auch für die Kreativität in der Wissenschaft) am besten erst einmal überschlafen solle, bis sich die Antwort von selbst ergebe. Vielleicht ist es ja so, daß die »Wissenschaftsabteilung« des linken Gehirns das Problem an das rechts sitzende »Kreativbüro« weiterreicht, wo es gelöst und wieder an die linke Hälfte zurückgegen wird, um dann – logisch verbrämt – als Antwort ausgeworfen zu werden.

Manche Forscher nehmen auch heute noch an, daß die rechte Hälfte rein animalisch bestimmt sei und nur von Gefühlen und Instinkten regiert werde, während das gesamte »menschliche« Denken von der linken Hälfte übernommen werde. Allerdings hat die Mehrheit der Wissenschaftler eine entgegengesetzte Meinung: Erst die Kombination der beiden Hemisphären schuf den wahren Menschen. Bei anderen Tieren, die zweiseitig-symmetrisch angelegt sind, soll das quasi doppelt vorhandene Gehirn vielleicht als eine Art »Notstromaggregat« dienen: Bei einer Verletzung entsteht kein Totalausfall der Hirnfunktionen, da ja die eine Gehirnseite zu einem gewissen Teil die Aufgaben der geschädigten übernehmen kann. In diesem Freiraum lag wohl die große Chance unserer Vorfahren, einen neuen Evolutionsschritt zu machen. Da sie sozusagen über ein zusätzliches Gehirn verfügten, konnte sich eine Hemisphäre des Gehirns (möglicherweise zufällig) darauf spezialisieren, das Koordinationszentrum für komplizierte Handbewegungen und Sprache zu werden. Gleichzeitig begann auch die andere Hälfte mit der Spezialisierung: Sie entwickelte ein Verständnis für Raum-Zeit-Bezüge, aber auch für

Musik und Kunst. Während dieses Entwicklungsprozesses haben wir zwar zwei identische Gehirnhälften verloren, doch da das neue Ganze größer ist als seine alten Hälften, wurden wir durch die neuen menschlichen Qualitäten mehr als doppelt belohnt.

Doch wie paßt diese Entwicklung in unser altes Problem, nämlich warum die Menschheit zu 10 Prozent aus Linkshändern und zu 90 Prozent aus Rechtshändern besteht? Natürlich hat immer noch niemand eine Antwort parat, und daher wollen wir mal wieder unsere Vermutungen wie Drachen gen Himmel steigen lassen, um nicht von Leuten wie Geschwind übertrumpft zu werden. Wenn wir die Unterschiede betrachten, die den beiden Hemisphären zugeschrieben werden, können wir feststellen, ohne sonderlich erstaunt zu sein, daß die (linksgesteuerten) Rechtshänder mehr Logik und Organisationstalent besitzen als die (rechtsgesteuerten) Linkshänder. Schließlich benötigt man sehr viel Organisationsvermögen (und natürlich auch eine wirksam arbeitende mündliche und schriftliche Kommunikationstechnik), um eine vielschichtige menschliche Gesellschaft aufzubauen. Was die Evolution anbelangt, hat dies sicherlich seine Vorteile, weswegen der Erfolg und die Prosperität einer Gesellschaft, die von Rechtshändern geschaffen und beherrscht wird, vom ersten Moment an sehr groß sein wird. Wenn sich diese Gesellschaft etabliert hat, wird es sicher die eine oder andere Ecke für ein paar Träumer geben. Diesen kreativen Menschen liegt die ganze Bürokratie nicht sonderlich, sie können aber hin und wieder eine grandiose Idee aus dem Hut zaubern, die von den Realisten gierig aufgeschnappt und in etwas »Nützliches« umgewandelt wird. Das wäre doch eine annehmbare Vorstellung, oder? Ein sporadischer Leonardo da Vinci macht die Kosten für die Handvoll Künstler, die wie Drohnen herumlungern und im Arbeitsprozeß keinen Finger rühren, mehr als dreimal wieder wett. Wir können das Szenario natürlich auch individuell anders aussehen lassen (also im rein darwinistischen Sinne): Der gelegentliche Erfolg eines linkshändigen Genies, welcher sich in

Reichtum und möglicherweise zahlreichen Kindern niederschlägt, wiegt – genetisch auf die Zukunft betrachtet – die Mißerfolge vieler linkshändiger Versager wieder auf, die nur wenige Nachkommen haben.

Wir möchten unsere Theorie jedoch mit einem leichten Augenzwinkern vorschlagen, da sie – vorsichtig ausgedrückt – unterstellt, daß die Selektion nicht für die besten Vorteile der einzelnen Individuen arbeitet, sondern tatsächlich das Beste zugunsten der gesamten Art bewirkt. Wie kann sich also unser hypothetischer linkshändiger Musicus in einer von Rechtshändern regierten Welt persönliche Vorteile verschaffen und dabei noch den genetischen 10-Prozent-Stand aufrechterhalten?

Nun, die restlichen 90 Prozent besitzen ja immerhin auch noch eine rechte Gehirnhälfte, die für Kunst und Musik empfänglich ist. Und obwohl es, wie der unsterbliche Mr. Spock zu sagen pflegte, »nicht logisch« ist, daß wir Kunst und Musik mögen, gehen wir trotzdem gerne in Konzerte und Ausstellungen und geben auch viel Geld dafür aus. Dieser Obulus stellt möglicherweise die Manipulation einer Mehrheit der Bevölkerung durch eine kleine Minderheit dar, die von ihrer rechten Hemisphäre beherrscht wird.

Selbstverständlich bedeutet dies nicht, daß alle Künstler und Musiker Linkshänder sind. Wie wir bereits erwähnt haben, sind die beteiligten genetischen Vorgänge äußerst kompliziert, und Linkshändigkeit ist meist das Produkt mehrerer Gene. Das sehen wir in unserer eigenen Familie: die Autoren sind ein Linkshänder und ein Rechtshänder, und ihre Söhne sind beide linkshändig (und interessieren sich zufällig sehr für Musik). Dieser genetische Familienstammbaum wäre nur dann überraschend, wenn Linkshändigkeit von einem einzigen Gen vererbt würde, das dann in einem von uns Eltern vorhanden sein müßte. Weniger überraschend ist daher ein Erbvorgang, bei dem mehrere Gene beteiligt sind, die in einem Elternteil kaum, in dem anderen sehr stark vertreten sind. Möglicherweise gibt es daher noch sehr viel mehr Menschen, die vom Phänotyp her Rechtshänder sind, in denen aber, ohne daß es ihnen bewußt ist, das Erbgut für Linkshändigkeit schlummert.

Nachdem wir nun die Linkshänder in ein positives Licht gerückt haben, wollen wir auch ein bißchen ausgleichende Gerechtigkeit walten lassen und ein paar negative Züge hervorholen. Immerhin könnte man ihre heutige Existenz damit begründen, daß sie es verstanden haben, die Rechtshänder erfolgreich zu manipulieren: Denn wenn die neuesten Theorien über den Ursprung der Musik stimmen, sitzen Linkshänder wie der Kuckuck im Nest und lassen sich von einer links denkenden Gesellschaft mit der rechten Hand durchfüttern.

Betörende Klänge

Von allen Künsten, an denen sich unser Herz erfreut, die jedoch in den Augen der Evolution reine Zeitverschwendung sind, nimmt die Musik die wohl interessanteste Rolle ein, da sie vielleicht eine Art Schlüsselrolle beim Verständnis von Kunst spielt. Bisher konnte niemand mit Sicherheit behaupten, daß ein Tier vom Anblick eines schönen Gemäldes oder eines romantischen Sonnenuntergangs begeistert wird, doch produzieren manche Tiere (oft sogar stundenlang) Töne, die entfernt an Musik erinnern, wie der Gesang einer Nachtigall oder das Quaken eines Frosches beweisen. Wenn also andere Tiere von diesem Verhalten profitieren, so muß es auch vernünftige Gründe geben, daß manche Menschen, die sich für derartige »Trivialitäten« interessieren, von der Evolution für ihr Engagement belohnt werden – und wenn wir diese Gründe kennen, haben wir unsere erste Vorlesungsstunde zum Thema »Warum Menschen gerne Musik hören« bereits hinter uns.

Für den Anfang ist vielleicht das Beispiel vom quakenden Frosch gar nicht so übel. Ganz ohne Zweifel handelt es sich bei seinem »Gesang« um einen vertonten Werbespot, der allen Froschweibchen nicht nur den momentanen Aufenthaltsort des Frosches signalisieren, sondern ihnen auch klarmachen soll, daß er der Traumfrosch schlechthin ist. Der Evolutionsvorteil dieser speziellen Werbekampagne ist eindeutig; genauso klar ist jedoch, daß die Evolution einen Gesangswettstreit zwischen den einzelnen Froschmännchen austragen läßt: Nur wer am lautesten quakt, wirkt attraktiv auf die Weibchen und kann sein Erbgut an die nächste Froschgeneration weitergeben.

Werbung ist genau das richtige Wort, um dieses Verhalten zu beschreiben. Richard Dawkins von der University of Oxford hat sich in seinem hervorragenden Buch »The Extended Phenotype«[7] über dieses Thema ausgelassen. In erster Linie, vermerkt er, ist Werbung nicht dazu gedacht, Menschen zu informieren und gar falsch zu informieren; vielmehr soll sie primär eine Person überreden, eine bestimmte Waschmittelmarke zu kaufen, den Kandidaten einer bestimmten Partei zu wählen usw. Häufig beschäftigen Werbeagenturen einen Psychologen, der sie auf bestimmte Vorzüge des Produktes hinweist, die die Zielgruppe ansprechen, der aber auch – was mindestens ebenso wichtig ist – auf eventuelle Nachteile aufmerksam macht, die die Zielgruppe abschrekken könnten. Margaret Thatcher verdankt ihre Wahl zum ersten weiblichen Premierminister Großbritanniens zu einem gewissen Teil dem guten Ratschlag, ihren rhetorischen Stil zu ändern und die Stimme beim Sprechen zu senken, da sie so überzeugender klänge. Die gesamte Karriere Ronald Reagans als US-Präsident kann ebenfalls als triumphaler Erfolg eines gelernten Schauspielers gewertet werden, der Psychologie und Werbetricks geschickt kombinierte und für sich ausnutzte.

Dieser Bereich der Psychologie ist an sich sehr faszinierend, und da seine Ursprünge Millionen Jahre zurück in Afrika liegen, ist der praktische Nutzen dieses Verhaltens für den modernen Menschen nicht immer einsichtig. Beispielsweise weiß jeder Leiter eines Supermarktes, daß die Kunden am liebsten jeden Artikel in großer Stückzahl im Regalfach stehen sehen. Wenn ein Regal nur wenige Dosen oder Pakete enthält, verkauft sich der Artikel schlecht. Normalerweise würde man vielleicht das Gegenteil erwarten: Wenn die Kunden sehen, daß nur wenige Dosen eines Artikels im Regal stehen, sollten sie sich eigentlich sofort daraufstürzen, in der Angst, daß dieser Artikel später ausverkauft sein könnte. Doch ganz im Gegenteil: Die Kunden greifen offenbar nur zu Waren, die in großen, bunten Stapeln zum Kauf einladen. Dieses psychologische Konzept gilt auch für den Verkauf von Büchern. Der »Neue Bestseller« geht nur dann wie warme Semmeln weg, wenn er gut sichtbar und in großer Menge in der Buchhandlung aufgestapelt ist. Hingegen wird er sich nur schlecht verkaufen lassen, wenn wenige Exemplare im Regal liegen – selbst wenn das Regal permanent nachgefüllt wird.

Die Werbe- und Verpackungsindustrie, oft auch »heimliche Verführer« genannt, wurde gelegentlich beschuldigt, hypnoseähnliche Strategien anzuwenden, die den Kunden wie im Traum durch den Supermarkt taumeln lassen und ihn zum Kauf von Artikeln bewegen, die er gar nicht erwerben will oder braucht. Zweifellos kann sich ein versierter Psychologe Mittel und Wege ausdenken, um einen Menschen in diesem Sinne zu beeinflussen. Durch bestimmte visuelle und akustische Reize – wie etwa leuchtende Verpackung, hohe Warenstapel und Displays, sanfte Hintergrundmusik, Klimaanlage etc. – werden die Kunden eingelullt und in den gewünschten Zustand versetzt. Diese Reize wirken direkt auf das zentrale Nervensystem des einzelnen Kunden. Den Effekt kann man mit Hilfe einer versteckten Fernsehkamera festhalten, die jedes Augenzwinkern eines Kunden beim Anblick eines Produktes aufnimmt. Werbung besteht also doch aus einem großen Teil Hypnose.

Doch was hat Werbung mit einem Froschkonzert oder dem Schlag einer Nachtigall zu tun? Laut Richard Dawkins macht jeder Frosch nicht seine Umwelt auf sich aufmerksam, sondern er wirbt auch gleichzeitig, d.h. er versucht, alle Froschweibchen im Tümpel davon zu überzeugen, daß er die beste Partie ist. Falls es bestimmte Töne (wissenschaftlich exakt Frequenzen) gibt, die ein Froschweibchen hypnotisieren, dann läßt die Evolution sehr bald Froschmännchen entstehen, die genau solche Tonfolgen erzeugen können – umgekehrt sorgt die Evolution natürlich auch dafür, daß die Froschweibchen auf diese Töne reagieren, da jedes Weibchen, das für das Konzert der Männchen kein Gehör hat, nur sehr schlecht einen Partner findet und Nachwuchs bekommen wird. Das System besitzt also einen eingebauten Rückkopplungsmechanismus, der sich fortpflanzt und selbst verstärkt. Ein Froschkonzert löst beim Menschen allerdings weniger Paarungsgefühle und hypnotische Verzückung, sondern eher Heiterkeit oder Verärgerung aus. Völlig anders jedoch reagieren wir beim Nachtigallenschlag; viele Menschen geraten durch ihren Gesang so in Trance, als hätten sie, wie der Dichter Keats schwärmt, »vom Schierling getrunken«.

Doch der Gesang der Nachtigall ist nicht zu unserer Erbauung, sondern primär für andere Nachtigallen gedacht. Vermutlich verdanken wir es einer Laune der Natur, daß dieser Vogel das menschliche Gemüt so stark bewegt – und wie stark mag erst der Einfluß auf andere Nachtigallen sein.[8]

Allerdings läßt sich unser Nervensystem generell leicht beeinflussen – so können bestimmte Blitzlichtfrequenzen Trancezustände oder sogar epileptische Anfälle auslösen. (Wie es der Zufall will, reagieren Linkshänder weniger auf Hypnose als Rechtshänder!) Warum sollte es also daher nicht auch Tonfolgen geben, die intensiv auf das menschliche Nervensystem wirken – und was spricht dagegen, daß manche Menschen dies auszunutzen wußten und lernten, solche Töne zu imitieren, um ihre Mitmenschen zu erfreuen? Falls es diesen ersten Künstlern gelang, andere Menschen auf diese Weise zu beeinflussen, dann konnte der tatsächliche Nutzen dieser Begabung nur der sein, eine Partnerin von den eigenen Qualitäten zu überzeugen, um dann mit ihr Nachwuchs zu bekommen. Denn abgesehen von der Nahrungssuche stellt die Wahl eines geeigneten Partners für jedes Lebewesen einen sehr wichtigen Aspekt dar.

Dawkins stellte nun die Frage, wie eine solche »akustische Droge« wohl aussehen müßte – und nennt im gleichen Atemzug drei Bestandteile: »... der unablässige Rhythmus der Buschtrommeln, das unheimliche Schrillen der Zikaden ... der Schlag einer Nachtigall«. Und von der Nachtigall leitet Dawkins zu einem anderen bekannten Singvogel über, dem Kanarienvogel, da der Gesang eines Kanarienmännchens beim weiblichen Vogel das Wachstum des Eierstocks auslöst und es veranlaßt, mit dem Nestbau zu beginnen.

Die meisten Menschen glauben zwar, sie stünden weit über solchen niederen, animalischen Instinkten; doch da uns nur ein knapper Prozentpunkt vom Schimpansen (und damit einem »niederen« Tier) trennt, müssen wir wohl oder übel hinnehmen, daß auch wir dem Diktat solcher Reize unterliegen. Im Verlauf der gesamten Geschichte gab es immer wieder Musiker, zumeist Männer wie beispielsweise Robert Schumann, Johann Strauß, die *Beatles* oder Michael Jackson, die gefeiert wurden und sich ihre potentiellen, manchmal sogar tatsächlichen, Partnerinnen aus dem Publikum aussuchen konnten. Daher wurde immer wieder behauptet und auch durch zahlreiche Indizien belegt, daß der Mensch nur eine musikalische Ader entwickelt habe, um andere Menschen zu beeinflussen – sei es, um sie einzuschüchtern und von ihnen Gehorsam zu verlangen (weswegen man dumpfe Trommeln oft mit Schamanen und Schwarzer Magie assoziiert), oder um einen anderen Menschen sexuell zu stimulieren, was besonders oft von Männern zur emotionellen Manipulation junger Frauen ausgenutzt wird.

Diese Manipulation hat nicht unbedingt nur etwas mit Sex zu tun. Der Veranstalter und Pop-Manager Mickie Most, der u.a. Gruppen wie *Herman's Hermits* oder die *Animals* gemanagt und eine Serie von Schallplattenhits unter seinem Label produziert hat, meinte einmal in einem Interview: »Ein guter Pop-Song sollte eine Sucht auslösen. Wenn du ihn einmal gehört hast, kannst du es nicht abwarten, ihn wieder zu hören. Du kannst es nicht mehr abwarten, bis er das nächste Mal im Radio gespielt wird. Also mußt du die Scheibe haben, denn du willst die einmal erweckte Sucht immer wieder befriedigen, wenn dir danach zumute ist.«[9] Erfolgreiche Musiker verdienen heute viel Geld und manipulieren ein riesiges Heer produktiver Mitmenschen, damit sie ein Leben im Luxus führen können. Dies ist natürlich eine erfolgreiche Überlebensstrategie, allerdings unter der Bedingung, daß es genug produktive Hände gibt, die hungrigen Mäuler einer Minderheit von Musikern zu füllen.

Also gilt für alle menschlichen Kulturkreise, die sich oberhalb des Existenzminimums bewegen, daß es eine Nische für eine Minderheit gibt, die den mehrheitlichen Rest der Bevölkerung durch Musik, Kunst, akrobatische Kunststücke und anderes in ihren Bann zieht und als Gegenleistung mit Essen und Trinken, einem Dach über dem Kopf und einem passenden Partner versorgt wird. Offensichtlich reichen also manche der genannten Eigenschaften der rechten Gehirnseite aus, ihren Besitzern ein angenehmes Leben zu verschaffen, indem diese nämlich das Nervensystem ihrer Mitmenschen erfolgreich manipulieren. Trotz der sicherlich etwas aufwendigen Lebensweise Paul McCartneys, die das von uns entworfene Bild noch übertrifft, soll dies nicht heißen, daß alle Musiker automatisch Linkshänder sind. Unserer Meinung nach gibt es verschiedene Formen der rechtsseitigen Dominanz, die vermutlich an mehrere Gene gekoppelt sind, und die reinen Linkshänder stellen sozusagen nur die Spitze des Eisberges dar. Allerdings gibt es wahrscheinlich schon eine Art ESS für Künstler (ähnlich dem Falken-gegen-Tauben-Planspiel) – mit anderen Worten, einen stabilen Prozentsatz, der gesellschaftlich zu verkraften ist. Denn schließlich muß auch jemand die Felder bestellen, damit die hungrigen Kuckucks daheim gefüttert werden können. In einer reinen Arbeitergesellschaft wäre die »Kuckuck-Strategie« ein so phantastischer Erfolg, daß die Gene für dieses Verhalten innerhalb kürzester Zeit ein stabiles Gleichgewicht erreichen würden – obwohl zweifellos die gesamte Population, wie in Maynard Smiths' Planspiel, einen besseren Lebensstandard besäße, wenn sie gemeinsam produktiv wären und die Früchte ihrer Arbeit teilen würden.

Wie weit können wir diese Theorie ausweiten? Bisher wurden Musiker und Unterhaltungskünstler als Parasiten dargestellt, welche die arbeitende Bevölkerung durch ihre Überzeugungskraft manipulieren und sich von ihr durchfüttern lassen. In Wirklichkeit jedoch müssen viele Musiker harte Knochenarbeit leisten, obwohl sie keine Äcker umpflügen. Jede Gesellschaft hat nun mal ein paar gerissene Charmeure und Einschmeichler, die ein luxuriöses Leben führen und dies allein ihrem Charme und ihrer Überzeugungskraft verdanken – doch handelt es sich dabei zwangsläufig um Manipulation *sensu stricto*? Wir wollen den Bogen nicht überspannen und zum Schluß ein paar zusammenfassende Worte über die Musik anmerken. Ganz ohne Zweifel gibt es bestimmte Frequenzmodulationen oder Töne (die wir als Musik bezeichnen), auf die das menschliche Zentralnervensystem positiv (also mit einem Gefühl der Freude) reagiert. Deshalb erstaunt es kaum, daß bestimmte Menschen eine genetisch fixierte, musikalische Begabung besitzen, so daß sie durch ihre Musik anderen Menschen eine Freude bereiten und als Gegenleistung dafür belohnt werden. Was die Evolution anbelangt, so scheint jetzt das Geheimnis gelüftet, warum die Bachsche Musik die Menschen froh stimmt – auch wenn die Romantik etwas darunter leidet. Jedenfalls werden wir uns weiterhin an den Brandenburgischen Konzerte erfreuen, zumal wir ja wohl gerade einen möglichen Hinweis gefunden haben, warum es heute noch Linkshänder gibt.

Der Tag, als Billy groß wurde …

Die letzte Phase, in der ein junger Mensch Sprache erwirbt, beginnt mit der Pubertät. Selbstverständlich lernen wir unser ganzes Leben lang neue Wörter, Begriffe und auch ganze Sprachgebilde kennen, doch in den häufig stürmischen Tagen des Erwachsenwerdens finden die letzten grundlegenden Veränderungen unseres Sprachgebrauchs statt. Die Sprache der Jugendlichen und jungen Erwachsenen ist meist vielschichtiger und komplizierter als die kindliche. Kinder sagen unverblümt und ohne Hintergedanken, was sie meinen und fühlen. Wenn Billy einen Wunsch auf dem Herzen hat, ist er nicht in der Lage, ihn seinem Vater subtil zu unterbreiten; sein einfachster Versuch, verschmitzt zu sein, würde ihm vielleicht folgenden Satz abringen: »Schau mal, Pappi, ist das nicht ein tolles rotes Fahrrad? Ich wünsche mir schon lange ein rotes Fahrrad.«.

Heranwachsende reagieren insgesamt viel subtiler und können, wenn auch zunächst mit wechselndem Erfolg, ironische oder sarkastische Bemerkungen in ihre Sätze einflechten. Beim Sprechen können sie nun auch durch indirektes Fragen eine Information erhalten, ohne das gemeinte Objekt zu erwähnen – oder besser sogar, ohne daß es dem angesprochenen Betroffenen auffällt. Schließlich ist es für einen Teenager immens wichtig zu wissen, was Dritte über sie oder ihn denken – insbesondere, ob sie oder er auf einen bestimmten Vertreter des anderen Geschlechts attraktiv wirkt.

In dieser Phase verändern sich auch die geschriebene Sprache und ihr Gebrauch. Kinder formulieren selbst beim Schreiben ihre Intentionen klar und direkt, wie der folgende Brief zeigt: »Liebe Tante Jane! Ich hoffe, Du hattest einen schönen Geburtstag. Ich habe nächste Woche Geburtstag. Gestern habe ich eine tolle Eisenbahn im Schaufenster gesehen.« Dieser Stil wirkt auf Erwachsene witzig, und jeder Jugendliche versucht, sich von diesem Stil zu lösen und unterschwelliger zu formulieren, obgleich seine (gelegentlich krampfhaften) Bemühungen oft nur zu deutlich sind.

Wie wir gesehen haben, beansprucht die Sprachaneignung als kontinuierlicher Prozeß die ersten 15 bis 18 Lebensjahre eines Menschen. Während wir als Kinder die ersten Jahre ausschließlich damit verbringen, neue Wörter zu lernen und zu gebrauchen, wird erst durch die qualitativen Veränderungen unserer Sprache während der Pubertät deutlich, daß diese lange Lernphase nötig ist, um die Sprachfähigkeiten als Erwachsener vollends zu beherrschen. Die verlängerte Kindheit und auch die lange Lebensdauer sind typische Eigenschaften des Menschen und zweifellos gleichzeitig entstanden. Somit liegt der Hauptgrund für die langen Kindertage nicht etwa darin, daß wir genug Zeit haben, sprechen zu lernen. Vielmehr könnten wir ohne sie und ohne unser bei der Geburt unterentwickeltes Gehirn (das noch wachsen und viel lernen muß) niemals diese Sprachfähigkeiten, auf denen das menschliche Sozialleben beruht, perfektionieren. Mit dem Ende seiner Kindheit wird der Jugendliche nicht nur sexuell und intellektuell reif, sondern kann auch wie ein Erwachsener denken und reden; mit anderen Worten, er wird ein voll funktionstüchtiges Mitglied der menschlichen Gesellschaft. Aber auch dieser »neue Mensch« besitzt weiterhin zu 99 Prozent die Gene eines Menschenaffen – ein Vermächtnis, das sein Verhalten trotz aller menschlichen Eigenschaften (Sprache, Intelligenz, soziales Miteinander usw.) entscheidend prägt. Nur wenn wir dies berücksichtigen, können wir unseren einprozentigen Unterschied (nämlich die soeben genannte Intelligenz und Verständigungsmöglichkeiten) dazu verwenden, unsere genetische Programmierung zu überlisten und uns über den Affen-Status zu erheben. Vor allem die Biologie ermöglicht es, die Gründe für unser Verhalten herauszufinden, beispielsweise in der Ethologie (Verhaltensforschung an Tieren und Menschen) oder in der Genetik, da die Spielregeln unseres Miteinanders in den Chromosomen fixiert sind. Jedoch erwarten wir speziell in diesem Zusammenhang von einem relativ jungen Zweig der Biologie, der Soziobiologie, neue Impulse und Ergebnisse.

Teil II

Spielregeln des menschlichen Miteinanders

4
Das Hohelied der Soziobiologie

Die Soziobiologie beschäftigt sich mit allen Formen des Sozialverhaltens im Tierreich, also auch beim Menschen. Das hört sich zunächst sehr harmlos an, doch beinhaltet diese Wissenschaft auch die genetischen Grundlagen des Verhaltens. So fällt beispielsweise das Sozialverhalten von Hyänen und Albatrossen unterschiedlich aus, weil die DNS der beiden Tiere nicht nur verschiedene Körperformen (Fell und vier Beine bei der Hyäne, Flügel, zwei Beine und Federn beim Albatros) festlegt, sondern auch jeweils andere Verhaltensmuster. Daher untersucht die Soziobiologie zu einem großen Teil die verschiedenen Möglichkeiten der Vererbung des Verhaltens, insbesondere warum einzelne Vertreter einer Tierart dank ihrer genetischen Qualitäten besser mit einer bestimmten Situation fertig werden als andere, die das Verhalten nur schlecht oder überhaupt nicht beherrschen. Die interessanten Punkte der Vererbungslehre umfassen selbstverständlich viel raffiniertere Themen als solche banalen Unterschiede, warum etwa das Huhn Federn und der Hund ein Fell hat: Warum finden es z. B. Löwen (aus Sicht des Fortpflanzungserfolges) vorteilhaft, Rudel zu bilden, in denen ein bis zwei Männchen das Sagen haben und sich mit allen Weibchen paaren, während die übrigen Löwenmänner keine Chance haben, sich fortzupflanzen? Warum wenden die meisten Vögel so viel Zeit und Mühe auf, ihre Brut großzuziehen, während viele Frösche ihren Laich millionenfach in einem Teich ablegen und anschließend sich selbst überlassen? Die Beispiele lassen sich unendlich fortsetzen. Doch liegt allen dasselbe Schema zugrunde: Ein Frosch wird sich immer wie ein Frosch und ein Vogel immer wie ein

Vogel verhalten, weil ihnen dies – zumindest zu einem großen Teil – von ihrem Erbgut so vorgeschrieben wird.

Doch wenn man diese schlichte, biologisch – und speziell von der Evolution her – einleuchtende Argumentation auf den Menschen übertragen will, erhebt sich in manchen Lagern gleich ein Sturm der Entrüstung. Das eigentliche Problem liegt jedoch nicht, wie man annehmen könnte, bei denjenigen Zeitgenossen, die die biblische Schöpfungsgeschichte buchstabengetreu auslegen und daher nicht akzeptieren können, daß der Mensch von der Wissenschaft mit anderen Tieren gleichgestellt wird – oh nein, die erbittertsten Gegner der Humansoziobiologie stammen verblüffenderweise aus der anderen Ecke des religiösen Spektrums: Marxisten und Atheisten, die sich selbst beweihräuchern und dem Irrglauben verfallen sind, die Soziobiologie behaupte, das gesamte menschliche Verhalten sei so starr in ein genetisches Korsett gedrängt, daß so gut wie kein Spielraum für einen freien Willen mehr übrig bleibe.

Uns (den Autoren) wäre es in den kühnsten Träumen nicht eingefallen, daß sich die Soziobiologie einmal rechtfertigen müsse, hätte es da nicht 1984 im Londoner Institut für Zeitgenössische Kunst dieses Mittagessen gegeben, in dessen Verlauf wir beide in eine hitzige Diskussion verwickelt wurden. Man diskutierte über die Rolle von Mann und Frau in der heutigen Gesellschaft, und einer von uns warf das Argument ein, daß die menschliche Rasse streng biologisch gesehen eigentlich keine Sexualität mehr benötige und daß sowohl die geschlechtliche Fortpflanzung als auch die Funktion des Mannes Wurmfortsätze der Evolution seien. (Dieses Thema wird detailliert in Kapitel 6 erörtert werden.) Diese Behauptung verursachte bei einem der Anwesenden beinahe einen Schlaganfall und veranlaßte ihn zu dem Protest, dies sei ja wohl offenkundig soziobiologische Denkart. Leicht verblüfft gaben wir zu, es handele sich wirklich und wahrhaftig um Soziobiologie, denn wo sonst solle man die Bedeutung zweier Geschlechter bei Säugetieren untersuchen, wenn nicht in dieser Wissenschaft. Unser »Gegner« lehnte sich selbstzufrieden zurück, denn für ihn war der Fall sonnenklar: Wir hatten uns seiner Meinung nach selbst der Soziobiologie bezichtigt und befanden uns deshalb jenseits jeglicher Vernunft. In dieser Angelegenheit war damit das letzte Wort gesprochen, und sein Verstand hatte sich gegen eine weitere Diskussion abgeschottet.

Nach diesem Nachmittag beschlossen wir herauszufinden, weshalb der ganze Wirbel entstanden war und warum der für Evolutionsbiologen und Naturwissenschaftler einfache und logische Gedanke, soziobiologische Regeln auf den Menschen anzuwenden, solch heftige Emotionen erwecken konnte, selbst wenn es sich nur um die Gemüter einer Minderheit handelt. Am geeignetsten erschien uns, dem Phänomen zuerst in den Werken des Harvard-Gelehrten Edward Wilson nachzugehen, der 1975 das bedeutende Buch »Sociobiology« veröffentlichte.

Was ist Soziobiologie?

Wilson ist nicht der Begründer der eigentlichen Soziobiologie, obgleich er diesen Begriff als erster im heutigen Sinne verwandte. Die ersten Versuchen, die genetischen Grundlagen des Verhaltens bei Tieren (und auch beim Menschen) zu analysieren, reichen weit zurück, und bereits in den frühen 70er Jahren entwickelte Robert Trivers, der heute an der University of California in Santa Cruz lehrt, einige wichtige Aspekte. Mit seinem heftig diskutierten Buch (s.o.) erregte Wilson vor allem deswegen viele Gemüter, weil er darin ausdrücklich betonte, daß die Verhaltensforschung den Menschen genauso behandeln müsse wie alle anderen Tiere. Da das Verhalten bei Tieren in gewissem Maß genetisch gesteuert wird und weil Menschen ebenfalls Tiere sind, muß zwangsläufig auch das menschliche Verhalten von seinem Genom beeinflußt werden. Diese einwandfrei logische Folgerung verwundert auch insofern kaum, da das Erbgut des Menschen, wie wir ja bereits wissen, zu 99 Prozent mit dem des Bonobos oder Zwergschimpansen identisch ist. Für beide Arten gelten dieselben Spielregeln der Evolution. Dennoch können sich viele Menschen offenbar genauso schlecht mit dieser Logik anfreunden wie seinerzeit die Zeitgenossen Darwins mit dessen Behauptung, Menschen und Affen seien biologisch miteinander verwandt.

In den vergangenen Jahren wurden zwei extreme Weltanschauungen aufgestellt, die das Verhalten des Menschen und einen Großteil seiner Geschichte erklären sollten. Konrad Lorenz und Robert Ardrey verschrieben sich der Ansicht, der Mensch werde von einer angeborenen (also genetisch fixierten) Aggressivität getrieben, die durch wiederholte Kriege die Gesellschaft geprägt hat und sich gegenwärtig beispielsweise in Form von Fußball-Rowdytum entlädt. In mehreren Büchern vertrat insbesondere Ardrey die Ansicht, die Aggression sei mit dem Menschen untrennbar verbunden. Auf der anderen Seite behauptete B.F. Skinner, jedes Kind komme als völlig »unbeschriebenes Blatt« auf die Welt und werde erst durch Umwelteinflüsse in eine bestimmte Verhaltensform gepreßt – kurzum, Krieger und Pazifisten werden nicht geboren, sondern erzogen. Wie bei den meisten extremen Formen der Weltanschauung liegt auch hier die Wahrheit irgendwo in der Mitte: Der Mensch verfügt zwar über bestimmte angeborene Fähigkeiten und Eigenschaften, doch werden diese auch durch sein kulturelles und soziales Umfeld geprägt. So besitzen Menschen beispielsweise von Natur aus die Fähigkeit zu sprechen, die eigentliche Sprache, die sie als Erwachsene verwenden, ist jedoch diejenige, die sie als Kinder hören – die Muttersprache.

Eine weitere typische Eigenschaft des Menschen ist seine Flexibilität, gepaart mit einer langen Kindheit und einem großen Gehirn. Lorenz selbst behauptete einmal, man könne, obwohl die menschliche Aggressivität eigentlich ein angeborenes Verhalten sei, die Gesellschaft dahingehend verändern, daß sie diese triebhaften Verhaltensformen in für sie nutzbare Kanäle umleitet – ein Punkt, der von manchen seiner Nachfolger offenbar bewußt übersehen wurde. (Diese Ansicht unterscheidet sich auch von der Hypothese Skinners, ein Kind könne so verändert werden, daß es in die Gesellschaft paßt.) Sicherlich ist es interessant zu erfahren, zu welchen Anteilen das Verhalten eines erwachsenen Menschen von der Genetik und vom Milieu geprägt wird; doch trotzdem sollte man nicht vergessen, daß Flexibilität und Anpassungsvermögen letztlich Teile des menschlichen Genoms und somit auch einer bewährten Evolutionsstrategie sind. Denn jedes Merkmal, das im Rahmen der natürlichen Selektion dazu beiträgt, einen größeren Genanteil erfolgreich an die Nachkommenschaft weiterzuleiten, wird automatisch zu einem charakteristischen Merkmal der betreffenden Art, die diese Gene weitergibt – dies erklärt auch, daß sich Menschen an neue Bedingungen in verschiedenen kulturellen Umwelten anpassen können.

Falls das kulturelle Umfeld allein den Menschen prägen sollte, wäre es sicherlich möglich, ein Zwergschimpansenbaby in einem menschlichen Haushalt aufzuziehen und auf diese Weise eine ganz ansehnliche Kopie eines Menschen zu erhalten. Jedoch ist dieses Unternehmen durch den einprozentigen genetischen Unterschied zwischen beiden Arten zum Scheitern verurteilt. Der Mensch ist demnach ein Kulturwesen, dessen Kultur aber genauso wie seine Instinkte, seine nackte Haut und sein großes Gehirn genetisch festgelegt ist.

Besondere Sorge bereitet den Gegnern der Humansoziobiologie, daß jedes Indiz für ein tatsächlich genetisch vererbbares Verhalten die Thesen solcher Wissenschaftler wie Ardrey erhärten könnte, der ja behauptet, Aggression sei angeboren und somit unkontrollierbar; im Extremfall würde und wurde diese Position dann nämlich als Argument genommen, um so üble Zeiterscheinungen wie Kriege, Diktaturen oder die Unterdrükkung der Frau in der Gesellschaft zu rechtfertigen. In diesem Punkt stimmen wir mit unseren Gegnern voll und ganz überein, denn diese wirklich üblen Phänomene sollten tatsächlich aus der menschlichen Gesellschaft getilgt werden. Trotzdem haben sie den wesentlichen Punkt nicht erkannt: Die Soziobiologie hat überhaupt nicht postuliert, daß das menschliche Geschick auf diese biologische Weise kategorisch gelenkt werde. Andernfalls würde den Soziobiologen niemals der Gedanke kommen, solche Verhaltensweisen wie Aggression, Vergewaltigung oder Rassismus in Frage zu stellen, weil es sich ja dann um vollkommen natürliche Phänomene handeln müßte. Demnach sollte die offene Verurteilung solcher Akte von menschlicher Brutalität eigentlich Beweis genug sein, daß die Soziobiologie nicht blind an die Allmacht der Gene glaubt.

Dank seiner Gene wird das Verhalten des Menschen in starkem Maße durch die Kultur beeinflußt, und zudem kann er infolge seiner Evolution Situationen und Probleme auf intelligente Weise analysieren und lösen, anstatt blind seinen Instinkten zu folgen. Der Mensch ist nun mal ein ganz besonderer afrikanischer Affe mit ungewöhnlichen Qualitäten, die wir immer berücksichtigen sollten. Wichtig ist dabei der Versuch, die genetisch bedingte »Tierkomponente« des menschlichen Verhaltens mit Hilfe der Soziobiologie zu erkennen, zu entscheiden, ob dieses Verhalten gut oder schlecht ist, und nötigenfalls geeignete Gegenstrategien zu entwickeln. Beispielsweise sollte man das angeborene aggressive Verhalten und Mißtrauen gegenüber Fremden als genetisch gegeben akzeptieren und mit Hilfe des Verstandes versuchen, sich Konzepte zur Konfliktvermeidung zurechtzulegen. (Auf speziell dieses Beispiel wird noch in einem anderen Teil des Buches eingegangen.)

Nach Meinung der Autoren wird diese Haltung am deutlichsten in einem Artikel zusammengefaßt, den E.O. Wilson für den »New Scientist« verfaßt hat:[1] »... wirft das wichtigste Problem, dem sich die Soziobiologie widmen muß, folgende Frage auf: Was tragen genetische Anlagen und persönliche Milieuerfahrungen jeweils zum menschlichen Verhalten bei? ... haben wir es mit einer genetisch vererbten Palette an Möglichkeiten zu tun, von denen wir manch eine auch mit der übrigen Tierwelt gemein haben, die dann aber in unterschiedlichem Ausmaß vom Milieu geprägt sind und umgesetzt werden.«

Dieser Argumentation könnte sich eigentlich kein Evolutionsbiologe verschließen. Doch leider ist es nur zu wahr, daß manche rechtsextremen Gruppen einige Ideen der Soziobiologie als Rechtfertigung ihres Rassismus zweckentfremdet haben, indem sie beispielsweise behaupten, es gäbe biologische Gründe für die Minderwertigkeit mancher Rassen. Offenbar hat daraufhin das linksextreme Lager diesen Mißbrauch der Soziobiologie durch seine Erzfeinde für bare Münze genommen und sich gar nicht erst die Mühe gemacht, die eigentliche Bedeutung von Travers und Wilsons Aussagen nachzuvollziehen. Die ganze Soziobiologie zu verdammen, weil die Nationalsozialisten und die Neonazis sie als rassistisches Argument verwendet haben und schrecklicherweise auch wieder verwenden, hat starke Ähnlichkeit mit der Idee, die Herstellung von Fleischermessern zu verbieten, weil einzelne Personen damit andere Menschen umgebracht haben. Die eigentliche Bedeutung der Soziobiologie geht klar aus dem obigen Artikel hervor, und da sich seit 1976 in dieser Wissenschaft, speziell im Bereich Humansoziobiologie, sehr viel getan hat, kann man sie mittlerweile als etablierten Wissenschaftszweig ansehen, der sich nicht so leicht erschüttern läßt.

Die moderne Soziobiologie

Die bedeutendsten soziobiologischen Fortschritte in den Jahren nach der Veröffentlichung von Wilsons »Sociobiology« hat John Krebs von der University of Oxford zusammengefaßt.[2] Die wichtigste Weiterentwicklung beruhte auf der Einführung der Spieltheorie, die in diesem Zusammenhang erstmals an evolutionsbiologischen Fragestellungen erprobt wurde und das Problem der Evolutionsstabilen Strategien (ESS) löste. Dieses grundlegende und erkenntnisreiche Konzept haben wir sogleich eingesetzt, ohne erst abzuwarten, wie die soziobiologischen Grundlagen im wesentlichen aussehen. Die Theorie bekräftigt den überwiegenden Rest des Buches. Bei zwei sehr nah beieinanderliegenden

Themen geht es einmal um die rätselhafte Bereitwilligkeit des einzelnen zur Kooperation mit anderen, wie es das Beispiel über das Sozialleben in einem Löwenrudel verdeutlicht, im anderen Fall die eindeutige Rivalität und Unstimmigkeit selbst innerhalb einer solchen »Arbeitsgemeinschaft«, wie das Beispiel zeigt: Ein Löwenpascha wird von einem jüngeren Männchen aus seiner Machtposition verdrängt, worauf der neue Rudelführer erst einmal alle Jungen seines Vorgängers umbringt. Beide Verhaltensweisen, Kooperation wie Konkurrenz, spiegeln sich in der Hypothese vom »egoistischen Gen« (engl. *selfish gene*) wider, derzufolge die eigentlichen Beteiligten am natürlichen Selektionsprozeß die Gene selbst sind, obwohl davon zwangsläufig auch der Träger des jeweiligen Genoms (sprich der Organismus) betroffen ist.

Diese bedeutende Hypothese bildet zusammen mit der Theorie von der ESS die Grundlage für das Buch »The Selfish Gene«, das aus der Feder von Richard Dawkins (ebenfalls von der University of Oxford) stammt. Dawkins geht auf diese Idee in seinem Folgewerk »The Extended Phenotype«; dort präzisiert und vervollkommnet er seine Theorie, geht auf Kritikpunkte ein und erteilt dabei seinen Gegnern eine gründliche Abfuhr. Laut seiner Argumentation besteht die Hauptaufgabe eines Körpers (genauer gesagt, eines Phänotyps) darin, die Vervielfältigung der Gene sicherzustellen. Daher rückt die Aufgabe eines Körpers bei der Erforschung der Evolution in ein völlig neues Licht, denn nun kann man sie biologisch als reine »Gen-Vehikel« verstehen. In einem bildlichen Vergleich müßte man dementsprechend die Henne als Vehikel des Eies bezeichnen, um neue Eier zu schaffen – oder den Menschen entsprechend als »Genfabrik« seiner eigenen Gene.

Wie wir bereits wissen, dreht sich das Leben auf der Erde in erster Linie um die DNS sowie die verschiedensten Methoden, DNS effektiv zu vervielfältigen. Die Vielfalt der komplizierten Lebensformen der menschlichen Umwelt ist demnach eine Folge von Wettbewerb und natürlicher Auslese. Dieser einfache Kopiervorgang läuft quasi blind, doch im Einklang mit den Naturgesetzen und ohne Einfluß einer höheren Intelligenz ab. Um den Mechanismus besser verstehen zu können, wollen wir die Vorgehensweise der Gene etwas vermenschlicht schildern: Nehmen wir einmal an, ein Gen »will« sichergehen, daß Kopien seiner selbst in die nachfolgenden Generationen gelangen. Die naheliegendste Möglichkeit wäre, dem Körper, den das Gen »bewohnt«, bei der Vermehrung zu »helfen«, d.h. ihn besser an seine Umwelt anzupassen und ihn möglichst viel Nachwuchs bekommen lassen. Im Prinzip handelt es sich hier um Evolution im reinsten Sinne Darwins. Doch damit nicht genug: Da die Gene je zur Hälfte von einem Elternteil stammen, besteht eine Wahrscheinlichkeit von 50:50 ($p = 0{,}5$), daß zwei Kinder derselben Eltern die gleichen Gene haben – anders ausgedrückt sind in jedem Körper (oder Phänotyp) durchschnittlich 50 Prozent der Gene mit den geschwisterlichen Genen identisch.[3] Wenn daher Geschwister einander bei der Nahrungssuche, Partnerwahl oder sogar bei der Fortpflanzung behilflich sind, leisten sie sich gegenseitig genetische »Schützenhilfe«, da garantiert auch ein Teil des jeweils eigenen Genoms in den Genen von Nichten und Neffen steckt. Falls daher ein Gen für einen Phänotyp entsteht, der die wechselseitige Geschwisterhilfe fördert, wird sich dieses Gen auf jeden Fall verbreiten (sofern es keine Nachteile für den Phänotyp hat), da ja 50 Prozent der Geschwister genau dieses Gen tragen. Diese Finessen lassen sich mit Hilfe der mathematischen Modelle der ESS besser ausdrücken: Wenn im einfachsten Fall der Nutzen für die Geschwister doppelt so hoch wird wie der daraus resultierende Nachteil für den Träger des Gens, dann sollte sich dieses Gen verbreiten können; da es nämlich mit einer Wahrscheinlichkeit von 50 Prozent ($p = 0{,}5$) auch in den Geschwistern vorkommt, werden die Nachteile eines einzigen Individuums mit entsprechendem Phänotyp durch den Vorteil wettgemacht, den die Kopien dieses Gens (in den Geschwistern) davontragen. Nach dieser Rechnung sollten nahe Verwandte einander helfen – und tatsächlich findet man in einem Löwenrudel fast ausschließlich Blutsverwandte. Dank der Unterstützung durch mathematische Modelle aus der Populationsgenetik, die eine quantitative Erfassung möglich machen, können die Theorie von den »egoistischen Genen« und die Spieltheorie gemeinsam bestimmte verwirrende Naturphänomene erklären.

Die Bedeutung dieser Arbeitshypothese für die Soziobiologie soll an einem einfachen Beispiel verdeutlicht werden. Generell wäre der ganze Ansatz der Verwandtschaftshilfe sinnlos, wenn sich enge Verwandte nicht erkennen könnten – und für die Soziobiologie ist diese Fähigkeit, besonders für Geschwister derselben Eltern, sogar zwingend erforderlich. Da diese Prämisse in anderen Bereichen der Evolutionsforschung nicht benötigt wurde, kam diese Überlegung auch erst in den 70er Jahren auf. Paul Sherman von der Cornell University zeigte in einer Verhaltensstudie an einer Backenhörnchenart, daß diese Tiere zwischen echten Geschwistern eines Wurfes und Halbgeschwistern (Nachkommen derselben Mutter und eines »Stiefvaters«) unterscheiden konnten. Je nach Verwandtschaftsgrad veränderte sich das Verhalten der Nagetiere – ihr Sozialleben wird also biologisch geprägt. Dabei ist es unerheblich, wie der genaue Erkennungsmechanismus der Tiere aussieht (möglicherweise unterscheiden sie sich am Geruch); entscheidend ist vielmehr, daß er überhaupt existiert.

An diesem Beispiel wird auch die klassische naturwissenschaftliche Methodik deutlich: Zunächst wird eine (Arbeits-) Hypothese konstruiert und dazu verwendet, eine kontrollierbare Vorhersage aufzustellen. Anschließend wird ein Experiment durchgeführt und die Hypothese – je nach Versuchsergebnis – für gut befunden, dann – durch weitere Experimente – zu einer Theorie ausgebaut oder aber verworfen. In diesem Sinne versteht sich Soziobiologie als eine Sammlung mehrerer Arbeitshypothesen, die jederzeit durch verbesserte Theorien ersetzt oder durch Gegenbeispiele gestürzt werden können. Nach Wilsons Auffassung ist die Soziobiologie eine ähnliche wissenschaftliche Disziplin wie beispielsweise die Physik, die sich einzelne beweisbaren Hypothesen aufbaut, in ihrer Gesamtheit jedoch noch nicht bewiesen werden konnte. So wie der Erfolg von Newtons Gesetzen unser Vertrauen in die gesamte Physik stärkt, läßt uns diese Prognose an den Erfolg der Soziobiologie glauben.

Seit 1975 kann man dank der soziobiologischen Erkenntnisse auch bestimmte Fortpflanzungsstrategien im Tierreich besser verstehen, beispielsweise Phänomene wie Partnerwahl und Monogamie. Doch lieferte die Soziobiologie auch wesentliche Hinweise, um verschiedene Verhaltensweisen bei der Aufzucht der Jungen, zum Beispiel bei Fröschen und Vögeln (s.o.), erforschen zu können, oder beantwortete die Frage, warum beispielsweise beide Geschlechter beim Menschen zahlenmäßig etwa gleich stark vertreten sind. Ein der Spieltheorie sehr verwandtes Gedankenmodell, die Optimierungstheorie, kann laut Krebs' Aussage den exakten Zeitaufwand voraussagen, den ein einzelnes Tier für die Suche nach Nahrung oder einem Partner in einem gegebenen Areal aufbringen wird. Ferner hat die Soziobiologie ein weiteres ergiebiges Forschungsgebiet eröffnet, das den persönlichen Nutzen des Informationsaustauschs für ein Individuum (beispielsweise über Rufe, Gesang oder auch visuelle Reize) quantitativ untersucht. Denn Kommunikation kann manchmal auch negative Folgen haben, wie am Planspiel »Falken gegen Tauben« (siehe Kapitel 3) veranschaulicht werden soll: Wenn sich hier beispielsweise zwei »Tauben« gegenseitig belauern und warten, daß die andere als erste klein beigibt und wegfliegt, wäre es denkbar ungünstig, dem »Gegenüber« bereits vorher zu signalisieren, daß man gleich aufgeben wird. Neueren Ansichten zufolge sind viele Rituale im Tierverhalten (selbstverständlich durch natürliche Selektion) als bewußte Fehlinformationen entstanden. Generell gilt ja, daß ein Lügner, der gezielt die Unwahrheit sagt, nicht immer überzeugt. Oft liegt die optimale Täuschungsstrategie dann vor, wenn das Tier an seine »Lüge glaubt«. Deshalb weiß die »Taube«, die gleich wegrennen wird, bis zur letzten Sekunde nicht, daß sie kapitulieren wird.

Die oben beschriebenen soziobiologischen Erkenntnisse werfen auch ein neues Licht auf die Evolution der Pflanzen, was jedoch nicht Thema dieses Buch sein soll; der interessierte Leser wird entsprechende Hinweise in Wilsons »Sociobiology« und anderer einschlägiger Fachliteratur finden. Dieses Buch beschäftigt sich mit Verhaltensformen im Tierreich, speziell des Menschen und anderer Säugetiere. Daher wollen wir hier vier wesentliche Punkte des menschlichen Verhaltens genauer unter die Lupe nehmen. Das verwirrendste Problem stellte dabei jahrzehntelang die Evolution des kooperativen Verhaltens oder Altruismus' dar. Mit der Lösung des Altruismus-Problems wurde gleichzeitig auch einer der Grundsteine der Soziobiologie gelegt. Abgesehen von der täglich wiederkehrenden Frage, wie der Mensch seinen hungrigen Bauch füllen soll, muß er sich aus soziologischer Sicht noch mit drei anderen Kernproblemen auseinandersetzen: Zum einen mit dem Thema Sexualität (Partnerwahl und Paarungsrituale), zweitens mit der Notwendigkeit, seinen Nachwuchs mit Sorgfalt großzuziehen (ein Vorgang, der aufgrund der langen Kindheit für den Menschen besonders aufwendig ist), und schließlich, drittens, mit dem ernsten Problem, wieviel angeborene Aggressivität wir aufgrund unserer Gene mit uns herumtragen. Diese drei Themen bilden das Kernstück des dritten Teils unseres Buches. Doch zunächst sollen am viel diskutierten Thema der menschlichen Intelligenz die Möglichkeiten und Grenzen der Soziobiologie gezeigt werden.

Intelligenz und Evolution

Wenn man ein Werk des einen oder anderen links orientierten Biologen liest, entsteht vielleicht der Eindruck, die Soziobiologie habe als wissenschaftliche Disziplin auf ganzer Linie versagt, da sie die Vielfalt der menschlichen Intelligenz, die man mit Hilfe standardisierter Verfahren gemessen hat, aus genetischer Sicht nicht hinreichend erklären könne – somit quasi beim Intelligenztest durchgefallen sei.[4]

Doch weit gefehlt. Denn mit der Intelligenz verhält es sich ähnlich wie mit der Zeit: beide Phänomene sind zwar als solche bekannt, lassen sich aber unmöglich exakt und zufriedenstellend in Worte fassen. Diesem Dilemma entspringen letztendlich all die Mißverständnisse zum Thema Intelligenz, und auch durch die Einführung des unglücklich gewählten Begriffs Intelligenzquotient (IQ), um die geistigen Fähigkeiten des menschlichen Gehirns per Testverfahren quantitativ zu erfassen, hat sich die Situation nicht entscheidend verbessert. Denn in einem IQ-Test wird lediglich geprüft, ob Menschen in der Lage sind, einen solchen Test zu bewältigen – eine Fähigkeit, die sicherlich etwas mit Intelligenz zu tun hat, jedoch am eigentlichen Ziel vorbeischießt. Bevor wir uns jedoch in diese wissenschaftliche Grauzone begeben, wollen wir einen Aspekt klarstellen: Sofern man nicht daran glaubt, daß Gott (oder ein gottähnlicher Besucher aus dem All wie in Kubricks Film »2001«) die menschliche DNS derart verändert hat, daß sich *Homo sapiens* eindeutig von Bonobos, Backenhörnchen und Bienen unterscheidet, dann ist die menschliche Intelligenz (als ein wesentlicher Bestandteil des Menschen) einwandfrei durch die Evolution, sprich durch natürliche Selektionsprozesse, zustande gekommen. Bekanntlich hängt dieser Vorgang von zwei Faktoren ab: Zum einen geben die Eltern eines Tieres charakteristische Artmerkmale genetisch (d.h. durch Kopieren der elterlichen DNS) an ihre Nachkommen weiter. Durch Neukombitation der Allele und Mutationen sind aber alle Individuen einer Art verschieden. Zum anderen kommt die natürliche Selektion dadurch zustande, daß Individuen, die besser an ihre Umwelt angepaßt sind als ihre Artgenossen mit schlechteren Allelkombinationen mehr Kopien ihrer Gene in zahlreicher Nachkommenschaft hinterlassen.

Durch diesen Mechanismus sind daher sämtliche Merkmale entstanden, die es gibt – sei es nun die relative Armlänge des Menschen, sein angeborenes Sprechvermögen oder nur die Fähigkeit des Hämoglobins, Sauerstoff im Blut zu transportieren. Möglicherweise bieten einige Merkmale, wie beispielsweise die

Augenfarbe, keinen direkten Evolutionsvorteil oder -nachteil und unterliegen demnach vielleicht (!) keinem Selektionsdruck; doch wird sicherlich niemand behaupten, Intelligenz falle in diese Kategorie. Die heutigen Menschen sind intelligenter als ihre Vorfahren und verdanken ihren Erfolg zu einem großen Teil genau dieser Gabe. Unbestritten ist, daß sich Intelligenz entwickelt hat und demzufolge auch vererbbar sein muß – oder um es einfacher auszudrücken: Schon vor der eigentlichen Entstehung des *Homo sapiens* muß es überdurchschnittlich »intelligente« Eltern gegeben haben, deren Nachkommenschaft verständlicherweise auch eine hohe Intelligenz besaß, so daß sich die Gene für Intelligenz – den Gesetzen der natürlichen Selektion folgend – in den folgenden Generationen ausbreiten konnten. (Daß die Gene weniger intelligenter menschlicher Wesen infolge der gleichen Prozesse zurückgingen, versteht sich von selbst.) Vielleicht war der Selektionsdruck auf den einzelnen Menschen nicht sehr stark und die Unterschiede zwischen aufeinanderfolgenden Generationen nicht sehr ausgeprägt, denn immerhin dauerte es Millionen Jahre, bis aus *Homo habilis* der moderne *Homo sapiens* entstand. Doch zweifellos fand die Evolution der Intelligenz auf diese Weise statt. Ob jene Mechanismen allerdings in dieser Form heute noch existieren bzw. arbeiten, ist unklar. Dies hängt vor allem damit zusammen, daß der Mensch seine Umwelt heute in viel größerem Ausmaß nach seinen Vorstellung formt, als daß diese ihn kontrolliert. Deshalb stellen negative Merkmale, die noch vor 50'000 Jahren – und ganz bestimmt vor fünf Millionen Jahren – durch den Selektionsprozeß eliminiert worden wären, für moderne Menschen keinen Evolutionsnachteil mehr dar. Abschließend wollen wir jedoch zusammenfassen, daß Intelligenz vererbt werden kann und ihre Ausprägung folglich innerhalb der gesamten menschlichen Population eine gewisse Bandbreite einnimmt. Doch trotz der gelegentlich etwas verwirrenden Semantik ist auch das nicht der Hauptstreitpunkt in der Diskussion um den Intelligenzquotienten.

Der Intelligenztest

Zwischen 1924 und 1972 sterilisierten amerikanische Ärzte auf Anweisung der Regierung 7500 ihrer Mitbürger, ohne diese über den Eingriff zu informieren. Dieser Skandal, der auf einem falschen Verständnis beruht, wie Intelligenz vererbt wird, kam erst 1980 ans Tageslicht. Die theoretischen Grundlagen für dieses »Mißverständnis« waren in den 20er Jahren entstanden und schon lange, bevor dieses von der Regierung genehmigte »Zuchtprogramm« gestoppt wurde, wissenschaftlich widerlegt worden. (In allen Fällen waren die Opfer als schwachsinnig eingestuft worden und stammten selbst von Eltern mit geringer Intelligenz ab.) Die damalige pseudowissenschaftliche Einstellung zu diesen Sterilisierungsmaßnahmen wird am besten an den Worten des Obersten Gerichtshof der USA deutlich: »Drei Generationen Schwachsinniger sind genug!«

Demzufolge könnte man nun annehmen, daß ein eindeutiger Beweis für die These vorlag, die alles entscheidenden Faktoren für die Intelligenz eines Kindes seien die geistigen Qualitäten seiner Eltern. Makabererweise basiert diese Einstellung auf dem Mißbrauch eines Modells zur Intelligenzbestimmung, mit dem genau das Gegenteil bewiesen werden sollte: Mit der ursprünglichen Methode versuchte man nämlich in Frankreich zu beweisen, daß die tatsächliche Intelligenz eines Erwachsenen hauptsächlich durch seine Erziehung bedingt sei. Somit prägt also das Milieu und nicht das Genom, wie weit sich die intellektuellen Fähigkeiten, die in jedem gesunden Menschen schlummern, entfalten können.

Die Vorstellungen über das Wesen der menschlichen Intelligenz reflektierten schon immer den jeweiligen Zeitgeist. Im 19. Jahrhundert glaubte man, zumindest in Europa und den USA, allgemein und ohne Bedenken, daß die weißen Rassen den anderen überlegen und Männer intelligenter als Frauen seien. Paul Broca, der bereits aus dem vorigen Kapitel bekannt ist, stürzte sich begeistert auf jedes menschliche Gehirn, dessen er habhaft werden konnte, und gab sich dem falschen Glauben hin, diese Vorstellungen durch seine Meßergebnisse beweisen zu können. Da das menschliche Gehirn im Durchschnitt 1450 Gramm wiegt, war Broca sehr zufrieden, daß der berühmte russische Autor Iwan Turgenjew ein 2000 Gramm schweres Gehirn besaß, während das Denkorgan des französischen Zoologen Georges de Cuvier »nur« 1830 Gramm wog. Verständlicherweise waren die 1492 Gramm, die das Gehirn des großen Mathematikers Carl Friedrich Gauß auf die Waage brachte, für Broca enttäuschend, und gottlob sollte und konnte er sein eigenes Gehirngewicht, das mit mageren 1424 Gramm noch unter dem Durchschnitt lag, niemals erfahren. Doch wird an einer Untersuchung, die Broca an den Gehirnen mehrerer Professoren der Universität Göttingen durchführte, am besten klar, daß das Weltbild des Menschen häufig von seinen Wünschen geprägt wird. Als Broca nämlich entdeckte, daß sich bei einigen dieser Koryphäen die Gehirngröße in der »Fliegengewichtsklasse« bewegte, bemerkte er, daß »der Professorentitel nicht zwangsläufig die Eigenschaften eines Genies garantiere«. Selbstverständlich hätte er auch schließen können, daß ein wahres Genie nicht unbedingt ein großes Gehirn besitzen muß!

Auch Brocas Einstellung zu Frauen ist ein Spiegelbild seiner Epoche. Er stellte fest, daß Frauen durchschnittlich ein kleineres Gehirn besitzen als Männer (der Unterschied macht etwa 180 Gramm aus), was ihm folgenden Kommentar entlockte: »Wir dürfen nicht vergessen, daß Frauen im Durchschnitt weniger intelligent als Männer sind«. Dabei entging ihm jedoch offenbar völlig, daß Frauen durchschnittlich viel kleiner als Männer sind, denn man kann weiter lesen, »die relativ geringe Größe des weiblichen Gehirns schlägt sich zum Teil auch in in ihrem etwas leichterem Körperbau und ihrem dem Manne unterlegenen Intellekt nieder«. In Wirklichkeit hätte Broca folgern müssen, daß die kleinere weibliche Körpergröße automatisch auch ein etwas kleineres Gehirn bedingt. Wie wir wissen, steht die Hirngröße eines Menschen nicht mit dessen Intelligenz in direktem Zusammenhang; ausschlaggebend ist die Qualität, nicht die Quantität.

Auch in anderen Untersuchungen aus jener Zeit findet man ähnliche Vorurteile bezüglich der Intelligenz sogenannter unterprivilegierter Menschenrassen, beispielsweise bei Schwarzen. Da mit Brocas Ansichten über die weibliche Intelligenz bereits ein bezeichnendes Beispiel der überheblichen Geisteshaltung des 19. Jahrhunderts vorliegt, wollen wir uns weitere Beschreibungen ersparen. Daher erscheinen die Untersuchungen des Franzosen Alfred Binet über »zurückgebliebene« Schulkinder wie eine leuchtende Fackel in der Finsternis all dieser Vorurteile.

Zu Beginn des 20. Jahrhunderts arbeitete Binet mit Schülern, die Schwierigkeiten beim Lernen hatten. Diese Kinder kamen daher nicht in den Genuß des damaligen einheitlichen Lehrstoffs, der an den Pariser und anderen französischen Schulen unterrichtet wurde. Zunächst stand Binet vor dem Problem, ein Auswahlverfahren zu entwickeln, das die unfähigen Kindern aussortierte und es dem Rest der Klasse ermöglichte, ohne Verzögerung mit dem Pensum fortzufahren. Doch warum waren einige Schüler in der Entwicklung zurückgeblieben? Binet behauptete, daß das eigentliche Problem nicht etwa in einer vermeintlich angeborenen Lernunfähigkeit der Kinder bestehe, sondern daß ihre Intelligenz aus unterschiedlichen Gründen nicht im richtigen Maße gefördet worden sei und sich daher nicht voll entwickelt habe. Sobald sich deshalb bei diesem Binet-Test ergab, daß einem Kind »niedrige Intelligenz« bescheinigt wurde, sollte es sich einem geeigneten Nachhilfeprogramm unterziehen; dadurch würde das Kind angehalten, seine intellektuellen Fähigkeiten zu trainieren, und auf diese Weise auch das Klassenziel seiner Altergenossen erreichen. Binet meinte ferner, daß man den Geist eines vom Intellekt her zurückgebliebenen Kindes durch entsprechenden Unterricht in gleicher Weise fördern könne, wie sich der unterwickelte Körper eines Kindes durch Sportprogrami und Krafttraining stählen lasse.

Binets Test beruht auf der Hypothese, daß ältere Schüler in der Lage sein sollten, Denksportaufgaben zu lösen, die jüngere Kinder noch nicht bewältigen können. Anhand von Gesprächen mit verschiedenen Klassenlehrern, die er nach den Fähigkeiten ihrer Schüler aus einer bestimmten Altersklasse befragte, ermittelte Binet anschließend den normalen Bildungs- und Intelligenzstand der jeweiligen Altersgruppe. Darauf aufbauend entwickelte er ein einfaches Testverfahren, bei dem die Schüler eine bestimmte Punktzahl erreichen konnten; diesen Test erprobte er dann an Kindern, die zwei oder mehr Jahre hinter dem Niveau ihrer Mitschüler zurückgeblieben waren und dringend Nachhilfe benötigten. Binets Theorie wurde durch Ergebnisse aus Belgien unterstützt, wo sein Test erstmalig eingesetzt wurde. Die belgischen Schüler besaßen offenbar ein höheres »intellektuelles Alter« als die Kinder aus Paris; dies entsprach Binets Erwartungen, da die belgischen Kinder in kleineren Klassen unterrichtet wurden, wodurch die Lehrkräfte ihre Schüler intensiver förderten, während sich dies in den überfüllten französischen Klassen unmöglich realisieren ließ.

Als der Binet-Test 1905 erstmalig veröffentlicht wurde, hätte man eigentlich mit neuen pädagogischen Impulsen rechnen können. Statt dessen wurde er, nachdem man ihn in die englische Sprache übertragen und entsprechend adaptiert hatte, zu einem Werkzeug, um die alten, aus dem vorigen Jahrhundert stammenden Vorurteile über die menschliche Intelligenz wieder aufleben zu lassen.

Da Binet schon in jungen Jahren (1911) verstarb, konnte er nicht gegen die Verstümmelung und falsche Verwendung seiner Theorie protestieren. In den USA übersetzte und adaptierte Lewis Terman von der Stanford University den Binet-Test und entwickelte 1916 ein Verfahren, das als sogenannter Stanford-Binet-Test den IQ zu ermitteln suchte. Zusammen mit einem ähnlichen Verfahren, das der US-Psychologe Robert Yerkes entwarf, besiegelte dieser Intelligenztest das Schicksal Hunderttausender von Immigranten, die innerhalb der folgenden 50 Jahre in die

USA einwandern wollten. Der Test enthielt zahlreiche Stellen, die man aus heutiger Sicht nur als völligen Schwachsinn bezeichnen kann: So wurden polnische Einwanderer mit einem niedrigen IQ abgestempelt, da sie, in völliger Unkenntnis der Sprache und Gebräuche Amerikas, keine berühmten Baseballspieler aufzählen konnten – und das ist kein Witz! Analphabeten wurden (erfreulicherweise) zwar keinem schriftlichen Test unterworfen, statt dessen aber drückte man ihnen einen Bleistift und ein Bilderbuch in die Hand, im dem sie, um nur ein Beispiel zu nennen, in der Abbildung eines Tenniscourts das nicht eingezeichnete Netz ergänzen sollten. Mal abgesehen von der Tatsache, daß viele dieser armen Teufel sicherlich nicht einmal den Bleistift richtig halten konnten, werden die meisten auch noch nie in ihrem Leben einen Tenniscourt gesehen haben. Und zack, null Punkte, und wieder ein Schwachkopf auf der Liste abgehakt! Diese Testergebnisse waren dann die offizielle Begründung, warum Polen und Italiener als genetisch minderwertiger als andere potentielle Immigrantengruppen eingestuft und deshalb als zu dumm erachtet wurden, als daß man ihnen den Zutritt in die USA erlauben könne. Und als in den 30er Jahren viele verzweifelte Menschen vor der Welle des Faschismus und Nationalsozialismus aus Europa fliehen wollten, blieben ihnen die Tore nach Amerika verschlossen. Der Stanford-Binet-Test wie auch der Yerkes-Test wurden daher für viele Unschuldige buchstäblich zu einem Todesurteil.

Auch in England wurde der Binet-Test mit Begeisterung aufgenommen – und prompt durch Cyril Burt verunstaltet. Im hohen Alter wurde er für seine Verdienste um das britische Erziehungssystem in den Adelsstand erhoben. Burt war der Hauptverantwortliche für das ungeheuerliche System »Eleven plus« (in dessen Genuß auch die beiden Autoren kamen, was an der Unsäglichkeit des System allerdings kein Jota verändert), bei dem sich Elfjährige einer Art Binet-Test unterziehen mußten, der ihnen je nach Ergebnis einen bestimmten Intelligenzgrad zuwies. Der soziale Hintergrund der Kinder blieb bei diesem Testverfahren unberücksichtigt. Wenn die Kinder eine höhere Punktzahl als das willkürlich festgelegte Mindestmaß erreichten, wurden sie für eine bessere Ausbildung auserwählt, und der Weg zu höheren Schulen und Universitäten stand ihnen offen. Zu Burts guten Absichten zählt sicherlich, daß er auf diese Weise vielen Kinder die Möglichkeit einer höheren Schulausbildung bieten wollte, die sie andernfalls aufgrund ihrer Standes- oder Klassenzugehörigkeit nicht genossen hätten. Doch wurden die übrigen Schüler in ein zweitrangiges Bildungssystem gedrängt, das ihnen wenig Chancen bot und in dem sie, was kaum verwundert, noch weniger erreichten. Das Resultat entsprach daher genau dem Gegenteil dessen, was Binet gewollt hatte. Vermutlich hätte er vorgeschlagen, die bei diesem Test »durchgefallenen« Schüler gesondert zu betreuen, so daß sie letzten Endes irgendwann die gleichen Bildungsziele erreicht hätten wie diejenigen, die das Auswahlverfahren bestanden hatten.

Der Fall Burt hat zudem noch eine tragische Note, da ihn – wie sich nach seinem Tod herausstellte – seine Vorurteile sogar soweit brachten, wissenschaftliche Daten zu erfinden und unter falschem Namen fiktive Publikationen für Wissenschaftsjournale (deren Herausgeber er oftmals war) zu schreiben. Sicherlich wollte er niemanden bewußt hintergehen, doch kann man davon ausgehen, daß er seine Theorien nicht erprobte, weil er sich die Ergebnisse schon denken konnte. Bis weit in die 50er Jahre überprüfte niemand seine Arbeiten, da ja allgemein bekannt war, daß jeder einzelne seinen IQ wie ein einmalig vergebenes Nummernschild durch's Leben tragen mußte. Leider spukt dieser Mythos bis heute in den Köpfen der Menschen, und auch das britische Erziehungswesen leidet immer noch an den Folgen von Burts Thesen, obwohl mittlerweile zumindest das Eleven-Plus-System abgeschafft wurde. Und noch vor wenigen Jahren (1973) konnte man den Psychologen Hans Eysenck behaupten hören, »der gesamte Ablauf, wie sich die intellektuellen Fähigkeiten eines Kindes entwickeln, ist größtenteils genetisch fixiert«[5], was der Nobelpreisträger Peter Medawar wiederum lapidar kommentierte, dies sei die dümmste Bemerkung, die er je gehört habe.

Aus persönlicher Erfahrung (einer der Autoren ist als Lehrkraft tätig) wissen wir, daß durch Intelligenztests, die durch derartige Bemerkungen wie die von Hans Eysenck charakterisiert werden, viele junge Leben ruiniert werden. Überfüllte Klassen und völlig überlastete Lehrer lassen aus alerten, unterforderten Kindern vielfach frustrierte, schwer erziehbare Schüler werden – eine Situation, die nicht nur für das britische Schulwesen typisch ist. Doch haben wir immer wieder erlebt, daß ein solcher als »unerziehbar« eingestufter Schüler bei intensiver Zuwendung aufblühte und häufig einen Punkt erreichte, ab dem wieder Hoffnung bestand, daß das Kind mühelos dem Lehrstoff folgen würde, ja manchmal wurde es sogar zum Klassenprimus. Schulklassen mit 30 Kindern und mehr bilden die Schmerzgrenze, ab der man als Lehrer zwangsläufig die Nachzügler sich selbst überlassen muß, wenn man sein Pensum schaffen will. In einer idealen Welt jedoch, in der sich der Lehrer intensiv um Lerngruppen aus vier bis fünf Schülern kümmern könnte, würden Binets Erwartungen voll und ganz erfüllt werden.

Zahlreiche echte (!) Untersuchungen, die an adoptierten Kindern, Kindern aus Waisenheimen oder an zusammen bzw. getrennt aufgewachsenen Zwillingen durchgeführt wurden, kommen stets zum gleichen Schluß: Unter geeigneten Bedingungen (Milieu, geistige Anregungen) in der frühesten Kindheit wird jedes Kind als Elfjähriger beim Binet-Test gut abschneiden und als Erwachsener eine hohe Intelligenz entwickelt haben. Somit ist es der Gesellschaft, und nicht den Genen anzulasten, daß heute so wenige Kinder ihr intellektuelles Potential voll ausschöpfen können. Und dieses Problem führt uns wieder zurück zu einer Kernaussage der Soziobiologie.

Soziobiologie, Vererbung und Intelligenz

Die Humansoziobiologie befaßt sich grundsätzlich nicht mit minimalen Unterschieden zwischen einzelnen Menschen. Daher ist es der Soziobiologie völlig schnurzegal, ob der Engländer Steve Ovett die Meile in einer besseren Zeit läuft als sein Landsmann Steve Cram[6] (oder als die beiden Autoren) – soziobiologisch interessant ist nur die Tatsache, daß beide Langstreckenläufer, die beiden Autoren und auch jeder andere Mensch auf zwei und nicht auf vier Beinen läuft. Kurzum, die Soziobiologie beschäftigt sich mit den besonderen Merkmalen einzelner Arten und den Unterschieden zu anderen Spezies; denn alle Merkmale haben in ihrer Gesamtheit jede Art auf individuelle Weise erfolgreich werden lassen – Frösche genauso wie Schimpansen und Menschen. Aus dieser Sicht erkennt man sofort, daß die Intelligenz zum einen ein wesentlicher Vorteil des *Homo sapiens* ist, zum andern während eines Evolutionsprozesses entstanden ist, der gut fünf Millionen Jahre angedauert hat. Jeder normale Mensch besitzt diese Anlage, die ihn als Art gesehen von den übrigen Lebewesen (auch den Schimpansen) dieses Planeten unterscheidet. Daher ist selbst der Mensch mit geringster Intelligenz immer noch intelligenter als der schlaueste Schimpanse, und dies ist ebenfalls eine Kernausage der Soziobiologie.

Selbstverständlich kann die Intelligenz bei einigen Menschen stärker, bei anderen schwächer ausgeprägt sein; schließlich gibt es ja auch große und kleine Leute. Statistisch betrachtet, wird ein sporadischer Einstein durch einen ebenso seltenen Vollidioten aufgewogen. Doch so wie jeder Mensch prinzipiell mit dem gleichen linguistischen Potential auf die Welt kommt, ist ihm auch ein gewisses Maß an intellektueller Fähigkeit in die Wiege gelegt worden; daher bedarf es nur des richtigen Milieus und der richtigen Anreize, um aus diesem »Rohmaterial« einen intelligenten Menschen anstelle eines Dummkopfes zu formen. Daher lautet die Botschaft der Soziobiologie, daß alle Bürger einer Gesellschaft einen hohen Intelligenzgrad besitzen könnten, sofern diese Gesellschaft die geeigneten Mittel und Wege bereitstellen würde.

Wie die Ironie des Schicksals es will, lieferte der Mißbrauch, der durch den Stanford-Binet-Test, den Yerkes-Test bzw. die Arbeiten Cyril Burts zustande kam, den Marxisten, die ja die Gleichheit aller Menschen anstreben, die Hauptargumente gegen die gesamte Humansoziobiologie. Ähnlich wie die amerikanische Unabhängigkeitserklärung lassen die beiden Wissenschaften Genetik und Soziobiologie verlauten, daß die Menschen im großen und ganzen gleich sind. Dies erstreckt sich nicht nur auf das Gros der menschlichen DNS, sondern auch auf das Potential ihrer Talente; ob sie später Langstreckenläufer, Musiker, Sprachwissenschaftler, Mathematiker oder sonstwas werden, hängt jedoch von ihren leicht unterschiedlichen Neigungen und besonders stark von den gegebenen Bedingungen des äußeren Umfeldes ab. Dieser humanitäre Aspekt der Soziobiologie soll sich wie ein roter Faden durch das gesamte Buch ziehen. Wenn wir uns daher mit dem Verhältnis zwischen Eltern und Kindern beschäftigen, ist es völlig irrelevant, ob Frau Schmitz eine bessere Mutter als Frau Müller ist – den Soziobiologen interessiert lediglich, wie sich ein System entwickeln konnte, in dem eine Mutter freiwillig bereit ist, sehr viel Zeit in die Aufzucht eines hilflosen Kindes zu investieren. Auch beim Stichwort Sexualität ist die Frage unerheblich, ob Herr Meier nun ein treuer Ehemann ist oder nicht; im wesentlichen wollen wir die Ursachen wissen, warum sich Menschen paaren, weshalb es Männer und Frauen gibt, und dazu noch in einem prozentual gleichen Verhältnis. Ähnlich verhält es sich mit der Aggression, bei der die Frage nach der Brutalität einzelner Personen nicht interessiert, sondern allein die gesamte Palette menschlicher Aggressivität. Und – wie soll es anders sein – auch beim Thema Altruismus beschäftigen wir uns nicht mit individuellen Fällen von Nächstenliebe; vielmehr geht es hier gleichfalls um das Phänomen in seiner Gesamtheit. Ein erstaunlicher Aspekt ist, daß es dem Menschen durch enge Zusammenarbeit in den knapp 10'000 Jahren seit Beginn der Zivilisation gelungen ist, diesen Planeten vollständig zu erobern. Doch wie vereinbart sich diese Tatsache mit den altmodischen Lehrsätzen Darwins, daß alles ein Kampf ums Dasein sei, jeder gegen jeden, in erbittertem Wettstreit um knapper werdende Rohstoffe? Und wie fügt sich der Altruismus in das Weltbild von den »Egoistischen Genen«, das Richard Dawkins entworfen hat? Am einfachsten wäre es, aus diesen Ideen das Lebensmotto »Jeder für sich und Gott mit uns allen« abzuleiten; jedoch sind überraschenderweise die meisten Mitmenschen viel netter als man vermuten sollte – doch dies soll die Soziobiologie dem Leser im nächsten Kapitel verraten.

5
Die netten Mitmenschen

Die Fitneß einzelner Lebewesen wird laut Darwin an deren Erfolg gemessen, sich zu vermehren – d.h. Kopien der jeweiligen Genome an möglichst viele Nachkommen weiterzugeben. Strenggenommen könnte man den Fortpflanzungserfolg zweier Individuen nur messen, indem man ihren Tod abwartet und anschließend die jeweilige fortpflanzungsfähige Nachkommenschaft zählt; je mehr Kinder überlebt haben, desto größer war die Fitneß der Elternteile.

Bei allen Arten, die sich aus zwei Geschlechtern zusammensetzen (also auch beim Menschen), müssen Männchen und Weibchen außerdem zumindest ein klein wenig kooperieren, damit es überhaupt zur Fortpflanzung kommt. Doch von diesem überaus wichtigen Thema der Sexualität soll erst im nächsten Kapitel die Rede sein. Bei einem naiven Verständnis von Darwinismus könnte man nun meinen, daß alle Wesen, abgesehen von der ewigen Suche nach dem richtigen Partner, permanent im teilweise recht erbitterten Wettstreit mit ihren Artgenossen liegen. Aufgrund dieser sogenannten intraspezifischen Konkurrenz braucht ein Löwe zwar nicht mit Schwalben oder Erdferkeln zu konkurrieren, denn diese Tiere besetzen eine ganz andere ökologische Nische als er; statt dessen muß er sich mit anderen Löwen auseinandersetzen, die im selben Erdteil leben, allesamt gerne Zebrafleisch fressen und auch die gleiche Art Weibchen bevorzugen. Folglich sollte die schärfste Konkurrenz zwischen nahen Verwandten bestehen, die sich dementsprechend dauernd über die vorhandenen Ressourcen streiten müßten.

Vor dem Hintergrund derart naiv-darwinistischer Vorstellungen ist niemand überrascht, daß sich Menschen gelegentlich aggressiv verhalten und die menschliche Geschichte von zahlreichen Kriegen und gewaltsamen Konflikten durchzogen ist. Um so erstaunlicher erscheint daher, daß der Mensch zur Teamarbeit fähig ist und sich zu Stämmen, Stadt- und Dorfgemeinschaften, Nationen und anderen Gruppen zusammengeschlossen hat, die sich im großen und ganzen dem Gemeinwohl verschrieben haben – oder anders ausgedrückt, die eigentliche Zivilisation bilden. Und obgleich viele Wissenschaftler und Populärwissenschaftler die aggressiven Seiten des Menschen gerne aufbauschen, bilden sie doch eher die Ausnahme; andernfalls würde ein besonders brutales oder aggressives Verhalten keine Schlagzeilen machen – oder wurde schon mal in den Nachrichten erwähnt, daß eine alte Dame auf offener Straße spazierenging, *ohne* ausgeraubt zu werden? Die Faszination der Aggression liegt also wohl größtenteils darin, nicht normal zu sein. Jeder Biologe kann übrigens bestätigen, daß der Mensch, was kämpferisches Verhalten anbelangt, nicht unter den »Top Ten« der aggressiven Säugetiere zu finden ist. Viele Tierarten sind im Vergleich zum Menschen wesentlich grausamere Jäger und Zweikämpfer gegen Artgenossen – sogar Walt Disneys Bambi würde als (realer) ausgewachsener Hirsch voller Aggressivität auf einen Artgenossen losgehen. Es scheint so, daß kein Weg an der Tatsache vorbeiführt, daß Menschen im Grunde genommen eigentlich doch ganz nett sind – aber warum?

In einem Artikel des »New Scientist« von 1974 stellte Edward Wilson den Altruismus als »ein theoretisches Kernproblem der Soziobiologie« heraus. Altruismus wird in der Biologie sehr genau definiert: Bei einer altruistischen Handlung wird ein Individuum auf Kosten eines anderen bevorteilt. Dieser Vorteil oder Nutzen schlägt sich in der Fortpflanzung nieder, so daß ein altruistisches Lebewesen seinen eigenen sexuellen Erfolg zugunsten des Fortpflanzungserfolgs eines oder mehrerer Individuen schmälert. Ein Extrembeispiel liefern hierfür die sozial lebenden Insekten, wie Bienen und Ameisen, bei denen eine ganze Arbeiterkaste, die aus sterilen Weibchen besteht, dafür sorgt, daß sich die Königin des Insektenstaates fortpflanzen kann. Dieses Verhalten läßt sich, wie wir noch sehen werden, heute sowohl genetisch als auch soziobiologisch sehr gut erklären. Doch Altruismus kann sich auch dadurch äußern, daß man ein bißchen nett zu seinen Nachbarn ist, wobei das Gebot »Liebe Deinen Nächsten« ruhig wörtlich ausgelegt werden kann. Da im Verlauf der natürlichen Auslese nur diejenigen Eigenschaften vor der Evolution bestehen konnten, die der betreffenden Art in irgendeiner Form nützlich waren (oder sie zumindest nicht behindert haben), muß das altruistische Verhalten wohl auch wesentlich zum Erfolg der Menschheit beigetragen haben; denn andernfalls wäre ihr nicht die Erde untertan – trotz der 99 Prozent tierischer Gene, die im menschlichen Körper vorhanden sind. Ohne Kooperation und Teamarbeit wäre die Anzahl der Menschen so stark geschrumpft, daß längst andere Arten das Ruder übernommen hätten. Offenbar haben bestimmte Selektionsmechanismen, die zum Nutzen größerer Menschengruppen oder sogar der ganzen Art *Homo sapiens* tätig waren, die angeborene Aggression und das Konkurrenzverhalten des Menschen, wie sie die einfache Form des Darwinismus vorhersagt, unterdrückt. Diese auf den ersten Blick einleuchtende Theorie der Gruppenselektion taucht zwar gelegentlich in volkstümlichen Vorstellungen von Evolution auf, doch verlor sie bereits in den frühen 60er Jahren wesentlich an Boden.

So komisch es klingen mag, diese Theorie wurde tatsächlich nach allen Regeln der Wissenschaft abgekanzelt: Bei dem Versuch eines sehr akribisch arbeitenden Forschers, in einem Review die Gültigkeit der Gruppenselektion zu bestätigen, ging der Schuß nach hinten los, als die Studie nämlich infolge einiger Denkfehler des Autors offenbarte, daß diese Form der Auslese nicht als Arbeitsmethode der Evolution in Frage kommen konnte. Nachdem andere Wissenschaftler die Schwachstellen dieser Publikation herausgesucht hatten, lebte die alte Form des Darwinismus wieder auf, daß die natürliche Auslese bei Individuen einsetzt, und dies ließ auch den Einfluß der Soziobiologie erstarken. Im Gegensatz zu Darwin, der noch keine Gene kannte, wissen wir heute um deren Bedeutung für die Evolution: Einzelne Phänotypen »verhalten« sich so, daß die größtmögliche Zahl genetischer Kopien der in ihnen steckenden Erbinformation an die nächste Generation weitergegeben wird, wobei es unerheblich ist, ob die genetische Information aus ihren eigenen Genen oder denen anderer Artgenossen stammt. Richard Dawkins moderne Version von der »Gen-Selektion«, wonach ein Phänotyp sozusagen als fleischgewordenes Vehikel der Gene arbeitet, erklärt Zusammenhalt und Kooperation innerhalb einer Gruppe mit der Tatsache, daß die Gruppenmitglieder sehr viel genetisch gemein haben. Diese Denkmodelle laufen den Vorstellungen der Vertreter der Gruppenselektion völlig entgegen: Diese nehmen die kleinsten Fortpflanzungseinheiten (Gruppen) als Basis und schließen von dort auf das Verhalten der einzelnen Individuen, anstatt einzelne Mitglieder der jeweiligen Art genauer zu untersuchen und sich zur Art »hochzuarbeiten«.

Der Trugschluß der Gruppenselektion

Zunächst wollen wir uns mit der Gruppenselektion und speziell ihren Schwachstellen befassen, denn wenn man diese kennt, wird der tatsächliche Wirkmechanismus der Evolution deutlich. 1962 verwendete V.C. Wynne-Edwards »Gruppenselektion« als definitiven Begriff[1]; er behauptete, daß Tiere normalerweise niemals ihren Lebensraum ausbeuten, da sie individuell erkennen können, wann die Ressourcen knapper werden, und daraufhin im Interesse der Arterhaltung ihre Fortpflanzung beschränken oder einstellen, damit eine Übervölkerung vermieden wird. Aufgrund dieser Überlegung nahm man an, ein Großteil des Sozialverhaltens bei Tieren entstamme dem Zwang, daß ein Inviduum über die Populationsdichte informiert sein müsse, um seine eigene Vermehrungsrate entsprechend anzugleichen; auf diese Weise erklärte man sich beispielsweise die Herdenbildung bei Hirschen oder die Schwarmbildung bei Vögeln.

Diese Behauptung läßt sich leicht zugunsten der Individualselektion widerlegen. Ähnlich wie im Planspiel »Falken gegen Tauben« (siehe Kapitel 3) kann plötzlich eine einzelne Mutante innerhalb einer Vogelkolonie auftauchen. Alle übrigen Vögel der Kolonie halten sich brav an die Regeln der Gruppenselektion und zählen eifrig ihre Nachbarn, um bei zu großer Individuendichte in diesem Jahr ein paar Eier weniger (oder überhaupt keine) zu legen. Die Mutante zieht hingegen skrupellos und ohne sich um das Verhalten ihrer Nachbarn zu scheren eine gewaltige Zahl Jungvögel groß, und da auch einige ihrer Nachkommen diese Gene für hemmungslose Vermehrung tragen, wird sich dieses Verhaltensmuster rasch in den kommenden Generationen ausbreiten. Die evolutionsrelevanten mathematischen Gesetzmäßigkeiten der Spieltheorie, die Maynard Smith entwickelt hat, bestätigen den längst vermuteten Verdacht bezüglich der Dominanz dieses Verhaltensmusters: Wie so oft, schreibt die Evolutionsstabile Strategie (ESS) vor, zu jeder Zeit so viele Nachkommen wie möglich aufzuziehen.

Für einen Vogel bedeutet das nicht zwangsläufig, ununterbrochen so viele Eier wie möglich zu legen. Aus einer englischen Untersuchung an Kohlmeisen ging hervor, daß das durchschnittliche Meisengelege neun oder zehn Eier umfaßt, manche Vögel jedoch weniger und andere sogar 12 bis 13 Eier legen. Unter normalen Umweltbedingungen (Witterung, Nahrungsangebot usw.) stammten jedoch die meisten überlebenden Jungmeisen, immer aus Nestern mit neun oder zehn Eiern. Wenn die Anzahl der hungrigen Mäuler, die gestopft werden müssen, die Eltern zu stark belastet, können die schwächsten Jungvögel nicht die Geschlechtsreife erlangen.

Die Gruppenselektion erweist sich auch im Hinblick auf den Evolutionsvorgang als problematisch, weil sich die Fortpflanzungsstrategien bestimmter Gruppen infolge der natürlichen Auslesekräften gegenüber den Methoden anderer Gruppen als erfolgreicher erweisen. Wenn man diese Tatsache nach den Überlegungen der Gruppenselektion beurteilt, so müßten die erfolgreichen Gruppen ausgewählt werden, während alle übrigen »Versager-Gruppen« bald aussterben müßten. Dies läßt sich nicht nur ausgesprochen schlecht mit einem mathematischen Modell erfassen, geschweige denn plausibel erklären; es erscheint sogar völlig unmöglich, wenn man die Möglichkeit ins Auge faßt, daß sich in einer unmittelbar vom Aussterben bedrohten Gruppe einzelne Individuen aus der »Gefahrenzone« begeben, und so durch die natürliche Selektion einen starken Vorteil erhalten, und die gesamte Art woanders weiterexistieren kann.

In den 80er Jahren hatte sich soviel Beweismaterial angesammelt, daß die Waagschale der öffentlichen Gunst nun gegen die Gruppenselektion und zur Seite der Individualselektion ausschlug. Robert Trivers zählte vier gewichtige Argumente gegen die Vorstellungen von Wynne-Edwards auf[2], die folgendermaßen zusammengefaßt werden können:

1. Man kennt kein Verhaltensmuster, das sich nicht leichter mit Hilfe der Individualselektion als mit der Gruppenselektion erklären ließe; dahei ist die Gruppenselektion überflüssig.

2. In der Natur wird die Individuendichte einer Art für ein bestimmtes Areal durch Umweltparameter bestimmt, wie beispielsweise Raubtiere oder Verknappung des Nahrungsangebots; auch ohne Faktoren wie den von Wynne-Edwards postulierten »Gruppenaltruismus« und ohne das Aussterben einer Gruppe, wie sie bei Selektionsdruck auf Gruppenniveau zwangsläufig wäre.

3. Seit Beginn der 60 Jahre ging aus zahlreichen Studien über den Fortpflanzungserfolg von Arten (also deren Fitneß im Sinne der Evolution) hervor, daß sich die Arten immer so schnell vermehren, wie es die Umstände erlauben.

4. Obwohl auch mathematische Modelle in der Gruppenselektionstheorie verwendet werden können, steht die Aussagekraft auf wackeligen Füßen, sobald eine Mutante auftaucht, die gegen das Gruppeninteresse verstößt. Die Gruppenselektion liefert deshalb niemals eine Evolutionsstabile Strategie (ESS).

Trivers vertritt die Ansicht, daß alle neuen Merkmale im gesamten Verlauf der Evolution zunächst in einzelnen Vertretern einer Art auftauchen und nur dann innerhalb der betreffenden Art vermehrt auftreten werden, wenn sie die Überlebenschancen und den Fortpflanzungserfolg derjenigen Individuen erhöhen, in denen sie vorkommen.

Neue Entwicklungen des Darwinismus

Was beim einzelnen Phänotyp wie Altruismus aussieht, ist in Wirklichkeit nur Ausdruck des egoistischen Verhaltens seiner Gene. Bei der Fortpflanzung ist es für die Evolution unerheblich, daß eine Frau ein Kind gebiert oder eine Wespe aus einem Wespenei schlüpft, da sie nur daran interessiert ist, daß Kopien menschlicher oder Wespen-DNS weitergegeben werden. Gene sind demnach die untersten Einheiten des Evolutionprozesses – eine Ansicht, die dank Richard Dawkins' Buch »The Selfish Gene«[3] heute sehr verbreitet ist. Diese Theorie wurde bereits in den frühen 60ern von William D. Hamilton als mathematisches Modell entworfen, das auf den Grundüberlegungen der beiden Mathematiker R.A. Fisher und J.S. Haldane beruht. (Wie das Schicksal es so wollte, publizierte Hamilton seine Arbeit – wenn auch ohne großes Aufsehen zu erregen – etwa zur gleichen Zeit wie Wynne-Edwards sein Konzept von der Gruppenselektion.) Die Vorstellung von den »egoistischen Genen« repräsentiert somit die modernste und auch einfachste Form des Darwinismus.

Im traditionellen Sinne versteht der Darwinismus die Evolution als einen Prozeß, bei dem einzelne Phänotypen dem Selektionsdruck unterliegen und somit auch die untersten Einheiten der Evolution bilden. Aus diesem Grunde – und auch, weil die genetischen Grundlagen der Vererbung noch nicht bekannt waren – gab das Phänomen des Altruismus den Evolutionsbiologen ein verwirrendes Rätsel auf; denn auf den ersten Blick erscheint es durchaus nicht verständlich, daß ein Individuum einem anderen hilft, so daß dessen Fortpflanzungschancen steigen, die des

Helfers jedoch nicht. Die Lösung ist allerdings so naheliegend, daß man sie schon wieder übersieht: Der Grund für altruistisches Verhalten beruht auf den genetischen Gemeinsamkeiten zwischen nahen Verwandten, bei Eltern und Kindern sowie bei direkten Geschwistern.

In gewissem Sinn ist bereits das Verhalten von Eltern gegenüber ihren Säuglingen und Kleinkindern eine Form von Altruismus – was selbstverständlich ist, da die Kinder sonst nicht überleben würden und die Menschheit schon ausgestorben wäre. Im eigenen Interesse – und auch in dem der Gene – ist daher ein gutes »Brutverhalten« unerläßlich. Wenn man daher die Idee vom elterlichen Altruismus weiterentwickelt, läßt sich diese Verhaltensweise vielleicht insgesamt besser verstehen. Obgleich im folgenden nur von Menschen die Rede ist, gelten die Aussagen natürlich auch für alle Tiere mit ähnlicher Fortpflanzungsstrategie. Abgesehen von eineiigen Zwillingen und Mehrlingen besitzt jeder Mensch einen einmaligen Genotyp, der durch Rekombination der elterlichen Gene entstanden ist. Da Mutter und Vater in der Regel nicht eng miteinander verwandt sind, kann man ihre Erbanlagen als voneinander unabhängige Kombination möglicher Gene (besser Allele) betrachten, die im menschlichen Gen-Pool zur Verfügung stehen. Da die kindlichen Gene je zur Hälfte von einem Elter stammen, besteht zwischen beiden (Elter und Kind) ein genetisches Verwandtschaftsverhältnis von 1/2. Diese Zahl trifft daher für jedes Eltern-Kind-Verhältnis zu, sei es nun Vater-Tochter, Mutter-Sohn, Mutter-Tochter oder Vater-Sohn. Doch wie sieht dieser Wert für das genetische Verwandtschaftsverhältnis der Geschwister untereinander aus?

Sämtliche Kinder einer Frau erben zwar die Hälfte ihrer Gene (in Form von Kopien des halben mütterlichen Genoms, das aus zwei Chromosomensätzen besteht), doch bekommen nicht alle Kinder automatisch dieselbe Auswahl an Chromosomen. Möglicherweise können zwei Kinder einen beinahe übereinstimmenden Chromosomensatz erhalten, so daß ihre Erbinformationen nahezu übereinstimmen: doch genauso gut kann ein Kind eine

Hälfte ihrer Gene (genauer Allele) erhalten und das Geschwister die andere Hälfte. Daraus folgt (rein mathematisch), daß ein Gen, das die Mutter einem beliebigen Kind vererbt, mit fünfzigprozentiger Wahrscheinlichkeit auch in den Geschwistern des Kindes zu finden ist. Somit stimmt auch – rein statistisch – die Hälfte aller Gene des Kindes, die von der mütterlichen Seite stammen, mit den Genen irgendeines seiner leiblichen Geschwister überein. Und weil die Hälfte des gesamten Genotyps von der Mutter stammt, sind die Kinder derselben Frau zu 1/4 genetisch miteinander verwandt. Das gilt selbstverständlich auch für die direkten Nachkommen desselben Vaters. Das Verhältnis addiert sich für direkte Geschwister, die dieselben Eltern besitzen, zu 1/2 – somit besteht zwischen zwei direkten Geschwistern der gleiche Verwandtschaftsgrad wie zwischen einem Elter und einem Kind.

In diese Rechenoperation können auch weitere nahe Verwandte einbezogen werden; nach Geschwistern und Eltern sind dies direkte Cousins und Cousinen. Die Wahrscheinlichkeit, daß ein Kind mit seinem Cousin ein bestimmtes Gen gemein hat, beträgt 1/8. Das Ergebnis kommt durch Multiplikation der Einzelwahrscheinlichkeiten zustande: »Gleiches Gen bei Mutter und Kind (= 1/2)« mal »Gleiches Gen bei Mutter und Tante (= 1/2)« mal »Gleiches Gen bei Tante und Cousin (= 1/2)« macht ($1/2 \times 1/2 \times 1/2 = 1/8$). Durch diese mathematischen Berechnungen erfährt die Evolution im Sinne Darwins eine völlig neue Dimension.

Wenn ein Individuum daher einem seiner direkten Brüder, Schwestern, Cousins oder Cousinen bei der Fortpflanzung »behilflich ist«, werden durch diese altruistische Handlung auch Kopien des eigenen Erbguts (das ja auch in diesen Blutsverwandten steckt) an künftige Generationen weitergegeben. Auf diese Weise können sich vermutlich auch die Gene für ein altruistisches Verhalten innerhalb einer Population verbreiten. Man braucht sich eigentlich nur dieses einfache Rechenexempel zu merken, um Altruismus aus darwinistischer Sicht zu verstehen. Falls dem Leser jetzt der Kopf raucht, wollen wir abschließend einen Ausspruch von J.S. Haldane anbringen, den dieser 1952 bei einem Besuch in einem Pub von sich gegeben haben soll. Während Haldane mit ein paar Kollegen das Problem Altruismus über ein, zwei Gläsern Bier erörterte, wurde er gefragt, ob er sein Leben für seinen Bruder lassen würde. Haldane überlegte einen Augenblick lang und entgegnete: »Für einen einzigen Bruder würde ich das nicht tun, höchstens für zwei Brüder – oder aber acht Vettern!« Denn nach seiner Auffassung garantiert ein Verhalten, daß zwei Brüdern bzw. acht Vettern zur Fortpflanzung verhilft, durch simple Addition der einzelnen Verwandtschaftsgrade den Weiterbestand des gesamten eigenen Genoms – fast so, als hätte man selbst lange genug gelebt, um sich zu vermehren.

Selbstverständlich sollte man Haldanes Bemerkung nicht zu ernst nehmen. Schließlich würde kein Mensch erst komplizierte Berechnungen über den möglichen Verwandtschaftsgrad anstellen, ehe er sich in einen Fluß stürzt, um ein Kind vor dem Ertrinken zu retten. Doch scheint man automatisch davon auszugehen, daß Menschen ihr Leben für nahe Angehörige riskieren, so daß beispielsweise die Bestimmungen zur Verleihung der *Carnegie Medal*[4], einer Auszeichnung für besondere Tapferkeit, ausdrücklich solche Fälle ausschließen, in denen nächste Verwandte gerettet wurden. Erstaunlicherweise wollen viele Menschen gerade für solche Ausnahmesituationen nur ungern akzeptieren, daß das menschliche Verhalten tatsächlich sehr stark von genetischen Grundlagen geprägt ist. Doch bevor wir uns mit dem Altruismus beim Menschen beschäftigen, wollen wir sehen, wie hervorragend diese theoretischen Überlegungen tierisches Verhalten voraussagen.

Bienen und Buschblauhäher

Falls der eine oder andere Leser sich ebenfalls mit diesen Ideen schwer tun sollte, mag es ihm ein Trost sein, daß er sich in guter Gesellschaft befindet. Als Hamilton 1960 an der Cambridge University seinen Abschluß machte und mit seiner Promotion an der University of London begann, wurde die offizielle Lehrmeinung von der Gruppenselektions-Theorie beherrscht. Hamilton konnte dies kaum mit den präzisen mathematischen Modellen vereinbaren, die R.A. Fisher zur Erklärung evolutionärer Mechanismen entwickelt hatte, und versuchte daher, Fishers Ideen in seiner Doktorarbeit zu aktualisieren und zu ergänzen. Leider waren die Gremien, die über seine Dissertation zu befinden hatten, der Ansicht, diese genüge nicht den wissenschaftlichen Ansprüchen, und verweigerten Hamilton deshalb den Doktorhut. Trotzdem erschienen seine Ergebnisse 1964 in einer Veröffentlichung, die Trivers als »den bedeutendsten Fortschritt in der Evolutionstheorie seit den Arbeiten Charles Darwins und Gregor Mendels« bezeichnet hat.[5] Sogar ohne Doktorgrad, der normalerweise die Freifahrkarte für eine Universitätskarierre bedeutet, erhielt Hamilton 1964 die Lehrerlaubnis am University College London und wurde 1968 endlich promoviert. Und so kam es, daß er in wissenschaftlichen Kreisen viel schneller als Gregor Mendel Anerkennung fand, dessen bedeutende Arbeiten zu Lebzeiten niemals entsprechend honoriert wurden.

Warum wird Hamiltons Arbeit heute als so bedeutend angesehen? Da die exakten mathematischen Details für dieses Buch nicht relevant sind, wollen wir den interessierten Leser auf wissenschaftliche Werke wie beispielsweise »Soziobiologie und Verhalten« von David Barash verweisen (siehe Literaturverzeichnis). Besonders interessante Beispiele für »Gen-Selektion« findet man übrigens bei sozial lebenden Insekten, insbesondere bei den Bienen, und von diesen soll nun die Rede sein.

Bereits Darwin war das Verhalten dieser Insekten ein Rätsel, so daß er in der Erstausgabe von »The Origin of Species« anmerkt: » ...besteht eine besondere Schwierigkeit, die mir zunächst unüberwindbar und die gesamte Theorie in Frage zu stellen schien. Hiermit meine ich die sterilen Weibchen bei staatenbildenden Insekten; oft weichen ihr Instinkt und ihr Aussehen stark von dem fortpflanzungsfähiger Männchen und Weibchen ab, und dennoch können sie, da sie ja unfruchtbar sind, nichts zur Fortpflanzung der Art beisteuern.« Anschließend wartet Darwin mit einer Lösung des Rätsels auf, die sehr an die moderne Theorie von der Verwandschaftsselektion (engl. *kin selection*) erinnert.

Die Erklärung dieses Problems scheint denkbar einfach: Ein rigoroser Altruismus, der die Arbeiterinnen, die keinen Nachwuchs bekommen können, ein Leben lang schuften läßt, damit die tausendfache Fortpflanzung der Bienenkönigin gewährleistet ist. Wie kann die Evolution, die auf natürlicher Selektion basiert, ein solches Phänomen erklären – d.h. daß die Fitneß eines Tieres darin besteht, sich *nicht* zu vermehren? Wenn sich also die Arbeiterinnen nicht fortpflanzen können, woher stammt dann die nächste Generation Arbeiterinnen – oder in modernen Worten ausgedrückt, woher stammen die Gene der nächsten Arbeiterinnengeneration? Damit befinden wir uns schon auf einer heißen Spur, denn die Gene stammen natürlich von der Königin und ihrem Paarungspartner. Bei sozial lebenden Insekten (z. B. Bienen, Wespen und Ameisen) gibt es jedoch im Vergleich zum Menschen (und den meisten anderen Tieren) noch eine genetische Besonderheit, und somit einen gewaltigen Unterschied in der Fortpflanzungsstrategie: die Männchen besitzen generell einen einfachen (wissenschaftlich ausgedrückt haploiden) Chromosomensatz, während die Königinnen über einen doppelten »Gen-Set« verfügen.

Männliche Nachkommen (Drohnen) einer Bienenkönigin entstehen demnach ohne Beteiligung väterlicher Gene; die haploiden Eizellen brauchen sich nur normal zu teilen, damit aus dem »Ei« eine Drohne wird. Diese Form der Fortpflanzung (die sogenannte Jungfernzeugung oder Parthenogenese) führt bei Bienen immer zur Ausbildung männlicher Individuen. Weibliche Bienen (Arbeiterinnen und neue Königinnen) hingegen entstehen durch normale Befruchtung – also aus Eizellen, die den doppelten Chromosomensatz enthalten, sprich diploid sind. Da bei der Drohne nur ein einziger Satz Chromosomen kopiert und vererbt wird, ist bei den Bienen die genetische Verwandschaft zwischen Vater und Tochter viel enger als beim Menschen: Die verwandschaftliche Relation zwischen Bienenmutter und -tochter liegt nach wie vor bei 1/2, doch da die Bienentochter alle väterlichen Gene erbt, beträgt das Vater-Tochter-Verhältnis exakt 1; alle Gene des Vaters finden sich in der Tochter wieder (und umgekehrt). Alle weiblichen Tiere eines Bienenstocks haben dieselbe Drohne zum Vater, da sich die Königin nur einziges Mal während des Hochzeitsfluges paart und anschließend das männliche Sperma zeitlebens in einem Organ ihres Geschlechtstraktes aufbewahrt, um damit alle Eizellen zu befruchten, aus denen Weibchen werden sollen. Die verwandschaftliche Relation zwischen den Bienenschwestern ergibt sich wie folgt: Da bei allen Weibchen, die sterilen Arbeiterinnen eingeschlossen, die Hälfte der Gene mit den väterlichen Genen identisch ist (= 1/2) und die andere Hälfte dem halben mütterlichen Gensatz entspricht (= 1/4), beträgt das Genverhältnis der Schwestern demnach insgesamt 3/4 (= 1/2 + 1/4). Dagegen macht diese Relation zwischen Brüdern und Schwestern aus einem Stock nur 1/4 aus, da die Drohne keinerlei Gene vom Vater geerbt hat und im Prinzip daher nur ein Halbbruder des Weibchen ist; und Drohnen sind untereinander zu 1/2 verwandt. Doch in diesem Fall interessieren uns nur die weiblichen Bienen.

In seiner bedeutenden Arbeit aus dem Jahre 1964 wies Hamilton anhand vieler Rechenbeispiele eindeutig nach, daß dieses genetische Verhältnis zwischen Schwestern des gleichen Bienenstocks (3/4) generell höher liegt als das potentielle Verhältnis zwischen Mutter und Tochter, das in dem Fall einträte, wenn sich die Arbeiterinnen wie normale Weibchen vermehren würden. In dieser fiktiven Situation würde eine Arbeiterin nur die Hälfte ihrer Gene an jede »neugeborene« Biene weitergeben; statt dessen hilft sie ihrer Königin bei der Fortpflanzung und stellt dadurch sicher, daß mit jedem frischgeschlüpften Bienenweibchen drei Viertel ihres Erbgut weiterexistieren können. Für die »egoistischen Gene« einer Arbeiterin ist es deshalb wesentlich profitabler, die Fortpflanzung gänzlich einzustellen und der Bienenkönigin und den anderen Schwestern völlig »selbstlos« zu helfen.

Auch ohne in die Einzelheiten zu gehen, erklärt diese Argumentation, warum mehr Weibchen als Männchen in einem Bienenstock oder Ameisenbau leben, warum die Männchen vergleichsweise viel fauler sind als ihre Schwestern (bei einem Verwandschaftsgrad von 0,25 Prozent würden wir auch keinen Finger rühren!), und noch vieles mehr. Das gleiche Problem, das Darwin beinahe an der Allgemeingültigkeit des Prinzips der natürlichen Selektion hätte zweifeln lassen, lieferte Hamilton einen überwältigenden Beweis an die Hand, daß Evolution tatsächlich auf dem Niveau der Gene operiert. Leider können wir nicht der faszinierenden Frage nachgehen, wie dieses komplizierte Fortpflanzungsverhalten überhaupt entstehen konnte; vielmehr wollen wir ergründen, wie man heutzutage das Verhalten von Tieren, speziell des Menschen, auf genetischer Grundlage erklären kann – dabei den Ursprung der Arten begründen zu wollen, würde sicherlich den Rahmen des Buches sprengen. Für unseren Fall ist nur relevant, daß sich die Fortpflanzungsstrategie der staatenbildenden Insekten (eine Verhaltensweise, aufgrund derer sich zwölf verschiedene rezente Insektenformen, unabhängig voneinander entwickelt haben) mit Hilfe des modernen Darwinismus plausibel erklären läßt.

Die Unterschiede zwischen den Verhaltensweisen von sozialen Insekten und Menschen (also zwei »Tiergruppen«, die kaum etwas gemein haben) wurden oben erläutert; umso erstaunlicher erscheint daher, daß parallele Verhaltensmuster zum menschlichen Verhalten bei einigen Vertretern einer Tiergruppe existieren, die man wahrscheinlich nicht automatisch in Betracht gezogen hätte – nämlich bei Vögeln.

Bei der Wahl natürlicher Modelle ist die Humansoziobiologie nicht gerade zimperlich: Wenn selbst staatenbildende Insekten mit ihrer mehr als komplizierten Genetik schon einen hervorragenden Beweis liefern, um soziobiologische Thesen zu untermauern, so sollte es nicht verwundern, daß man Vögel und nicht etwa Schimpansen oder Gorillas bemüht, um bestimmte Züge des menschlichen Sozialverhaltens zu erklären. Das Verhalten zahlreicher Vögel hat nämlich mit dem menschlichen gemein, daß sich das Männchen in manchen Fällen an der Aufzucht der Jungen beteiligt und vielfach sogar einen wesentlichen Teil dieser Aufgabe übernimmt. Für das Sozialleben der Schimpansen trifft dies nicht zu. Vögel zeigen (ähnlich wie Menschen) Verhaltensweisen, die der Biologe als »hohe väterliche Investition« bezeichnet; dieses Verhalten bringt eine Menge damit zusammenhängender Merkmale mit sich; die man wiederum im menschlichen Verhalten wiedererkennt oder die neue Einsichten über den Charakter von *Homo sapiens* vermitteln. Diese Gemeinsamkeit erklärt beispielsweise, warum so viele Evolutionsbiologen Vögel beobachten (ein denkbarer Grund wäre allerdings auch der, daß man Vögel überall antrifft und sie sich auch leicht untersuchen lassen). Doch wie kann nun eine ornithologische Untersuchung die Evolution des Altruismus erklären bzw. die Gründe aufzählen, warum dieses Verhalten eine Evolutionsstabile Strategie (ESS) darstellt?

Folgendes Beispiel soll die Bedeutung dieser Art von Forschung erklären: Jahrelang standen die Ornithologen vor dem Rätsel, warum bei vielen der beobachteten Vögel oftmals Jungvögel einem älteren Paar bei der Futtersuche für deren Nachkommen behilflich sind, obwohl sie bereits geschlechtsreif sind und selbst hätten brüten können. Dieses Phänomen wurde bei mehr als 140 Vogelarten festgestellt; folglich kann es sich nicht um eine Laune der Natur handeln, sondern könnte unter Umständen sogar eine erfolgreiche Fortpflanzungsstrategie darstellen. Das Vorgehen der Jungvögel erinnert an das rätselhafte Verhalten der Arbeiterinnen bei staatenbildenden Insekten, da der Helfer dem Anschein keine Gelegenheit hat, seine eigenen Gene zu vererben, und statt dessen dafür sorgen muß, daß sich »rivalisierende« Erbanlagen ausbreiten. Doch bestehen leichte Unterschiede zu den Bienen und Ameisen, aber auch Ähnlichkeiten.

Zunächst zu den Parallelen: Wie man erwarten konnte, sind die Helfer meist mit den Vögeln, die sie unterstützen, sehr eng verwandt. Oft handelte es sich sogar um die Jungen desselben Paares, die im Vorjahr geschlüpft waren und somit direkte Geschwister der neuen Brut sind. Demnach profitieren auch ihre Gene davon, wenn sie ihre Geschwister (die ja ebenfalls Träger eines Teils ihres Erbgutes sind) versorgen – und dieser Gewinn wiegt den Verzicht auf eine direkte eigene Fortpflanzung wieder auf. Je größer daher ein Gelege ist, desto schneller könnte sich Haldanes Äußerung im Pub realisieren: »Wenn man drei oder vier direkten Geschwistern zu überleben hilft, kann dies durchaus die Kosten wettmachen, keine eigenen Nachkommen zu haben.«

Sobald sich dieses Verhalten jedoch erst einmal etabliert hat, weil sich die altruistischen Gene innerhalb des Genpools der betreffenden Art ausgebreitet haben, können seine Dimensionen noch größer werden: Denn die Verhaltensmuster, seinen eigenen Nestgeschwistern oder aber den Jungen eines seiner Artgenossen zu helfen, sind völlig gleich. Mit zunehmendem Altruismus innerhalb einer Art kann es vorkommen, daß einzelne Vögel ihre Unterstützung großzügiger verteilen – sei es nun, weil sie verwirrt sind, ihre Verwandten nicht erkennen können oder aber aufgrund einer geringfügigen Mutation. Zum Beispiel wurden bei einer Untersuchungen an Florida-Buschblauhähern[6] innerhalb eines Zeitraums von acht Jahren 199 Helfer gezählt; von diesen halfen 118 Jungvögel ihren Eltern bei der Aufzucht ihrer direkten Geschwister, 49 unterstützen einen Elter und einen »Stiefelter« bei diesem Vorhaben, und die übrigen 32 halfen unterschiedlichen Verwandten (Geschwistern, Großeltern), aber auch wildfremden Artgenossen. An diesem Beispiel wird deutlich, wie ein Merkmal, das aufgrund von Verwandschaftsselektion entstanden ist, sich innerhalb einer Population ausdehnen kann und in diesem Fall in einer allgemeinen Freundlichkeit gegenüber Artgenossen mündet.

Als wichtigstes Fazit ergab sich aus all diesen Untersuchungen, daß diejenigen Vögel, die von Helfern unterstützt wurden, mehr Junge aufzogen als solche ohne Unterstützung. Doch das ist nicht der einzige Vorteil der Verwandschaftsselektion.

Im Gegensatz zu einer Bienenarbeiterin ist der altruistische Jungvogel fortpflanzungsfähig und könnte eigene Nachkommen haben. Viele beginnen auch tatsächlich mit der Fortpflanzung, doch erst nachdem sie eine »Lehre als Hilfskraft abgeschlossen« haben. Aus einigen Untersuchungen geht nämlich hervor, daß sich junge Vögel zwar direkt nach Erreichen der Geschlechtsreife paaren und vermehren können, im allgemeinen dann jedoch nur wenige Nachkommen haben, die wiederum flügge werden. Daher überrascht es kaum, daß diejenigen Vögel die besseren Eltern sind, die beim Brüten schon etwas Routine besitzen. Zudem wird praktisch keine Mühe vergeudet, wenn die Tiere bei der Aufzucht ihrer direkten Geschwister helfen; denn selbst wenn ein Junges aus der jüngeren Brut mal nicht flügge werden sollte, haben die älteren Geschwister zumindest an Erfahrung gewonnen, die ihnen dann bei der eigenen Brut – und letztlich ihrem Fortpflanzungserfolg – wieder zugute kommt. Dies konnte anhand von zahlreichen Beobachtungen in der Natur bestätigt werden.

Auch in anderer Hinsicht bestehen Parallelen zwischen den Verhaltensweisen des Menschen und dieser Vogelarten. In einigen Fällen, u.a. bei den bereits erwähnten Buschblauhähern, geraten die Brutreviere der Altvögel (häufig der Eltern) nach deren Tod in den Besitz der erfolgreichen Helfer. Wie im dritten Teil noch erwähnt werden wird, bieten sich Vögel als ideale Modelle für einige menschliche Verhaltensformen an. Ein Altruismus, der auf Verwandschaftsselektion beruht, ist demnach tatsächlich genetisch erklärbar; hingegen könnte eine etwas andere Form dieser Verhaltensweise der Hauptgrund für das wahre Wesen des Menschen gewesen sein.

Sippenwirtschaft oder: Der altruistische Affe

Die Verwandschaftsselektion kann die Grundlagen vieler Aspekte des menschlichen Altruismus erklären. Vor noch gar nicht allzu langer Zeit lebten die Vorfahren des Menschen in kleinen Gruppen, die höchstens ein paar Dutzend Mitglieder zählten, die wiederum meist in irgendeiner Weise miteinander verwandt waren. Unter diesen Voraussetzungen ist es für einen altruistischen Menschen und seine Gene von Vorteil, sich gegenüber allen Gruppenmitgliedern uneigennützig zu verhalten, sofern dies nicht mit hohem Aufwand oder Risiko verbunden ist. Denn mit jedem Verwandten, der überlebt, werden auch die altruistischen Gene verbreitet. Der wichtigste Punkt ist jedoch wieder die Kosten-Nutzen-Rechnung, die allerdings in den letzten Jahren mit Hilfe mathematischer Modelle untersucht und erklärt werden konnte; einfach gesagt, ist demnach der Mensch eher bereit, einem nahen als einem weit entfernten Verwandten zu helfen – und deshalb scheint jede Form der Vetternwirtschaft (Nepotismus) ein Charakterzug der Menschheit zu sein und zu bleiben. Doch auch in der modernen Welt findet man noch Situationen, die denen der menschlichen Vorfahren sehr ähnlich sind.

Ein Beispiel, das die Soziobiologen besonders gern und zu Recht zitieren, liefern die Eskimos der Beringsee, die in offenen Booten auf Walfang gehen. Die Mannschaft eines jeden Bootes setzt sich aus eng verwandten Walfängern zusammen: Brüder, Väter und Söhne, Onkel und Neffen. Der Walfang ist ein sehr gefährliches Unternehmen, und eine Mannschaft kann nur dann besonders erfolgreich sein, wenn jeder ungeachtet der Gefahren sein Letztes für die anderen gibt. Ein Walfänger, der nicht mit den restlichen Bootsinsassen verwandt ist, setzt möglicherweise sein Leben nicht bedenkenlos auf's Spiel, um ein anderes Besatzungsmitglied zu retten. Derartige Beispiele sind hervorragende Indizien, um den Ursprung des Altruismus mit der Verwandschaftsselektion zu erklären; doch erweisen sie sich letzten Endes nur als der Zuckerguß auf zahlreichen Untersuchungen an vielen anderen Tierarten, die ein ähnliches vorhersehbares Verhaltensmuster aufweisen. Zudem ist auch dies nur die halbe Wahrheit, da ein wesentliches Merkmal des menschlichen Cahrakters offenbar auf einer völlig anderen Form von Altruismus beruht – einem Verhalten, bei dem der Mensch anscheinend kaltblütig berechnet, wie er seinen Eigennutz maximieren kann, was ihn ironischerweise jedoch wieder zu einem netten Mitmenschen macht.

Nach Wilsons Worten[7] ist Altruismus »ein Mechanismus, mit dem sich die DNS über ein Netz von Verwandten selbst vervielfältigt«. Trivers konnte darüber hinaus nachweisen, daß man diese Definition sogar noch wesentlich erweitern kann; demnach wird die Vermehrung der DNS durch den Prozeß des sogenannten »reziproken Altruismus« noch über den Kreis der eigenen Sippe hinaus fortgesetzt. Grundsätzlich läßt sich das Prinzip, das diesem Verhalten zugrunde liegt, mit dem folgenden, etwas phrasenhaft wirkenden Satz wiedergeben: »Ich kratze deinen Rücken, und du kratzt meinen.«

In der menschlichen Gesellschaft bildet der reziproke Altruismus das genaue Gegenteil der Aggression. Während extrem aggressives Verhalten eine gewisse Faszination ausübt, da es anomal ist, wird reziproker Altruismus genauso selbstverständlich hingenommen wie die Tatsache, daß alte Damen im allgemeinen nicht auf offener Straße überfallen werden. Das Phänomen des reziproken Altruismus ist für die Soziobiologie deshalb so spannend, weil das Verhalten der gesamten menschlichen Gesellschaft bei näherem Hinsehen auf dieser altruistischen Variante beruht. Das ganze ökonomische Prinzip funktioniert beispielsweise nur deswegen, weil die Menschen gewillt sind, gegenseitige Versprechungen zu akzeptieren; und ohne beidseitiges Vertrauen bräche das ganze Finanz- und Wirtschaftssystem schlagartig zusammen. Selbstverständlich wird es dabei immer eine Handvoll schwarzer Schafe geben, die dieses Vertrauen mißbrauchen – jedoch kann diese Verhaltensweise in einer mehrheitlich altruistischen Gesellschaft durchaus eine Evolutionsstabile Strategie (ESS) darstellen. Die Gesellschaft sucht den Schaden durch Gauner und Betrüger einzudämmen, indem sie bestimmte gesellschaftliche Spielregeln aufstellt: sorgfältig formulierte Verträge, einen gewaltigen Justiz- und Verwaltungsapparat sowie Sicherheitskräfte. Doch ist all dies nur ein Überbau, der auf einer angeborenen Verhaltensweise beruht; wären wir keine reziproken Altruisten, dann bräche das ganze System zusammen.

Gegner der Soziobiologie könnten nun befürchten, daß die Justiz aufgrund der genetischen Grundlagen von Verhalten hingeht und beispielsweise einem Triebtäter für eine begangene Vergewaltigung ein milderes Strafmaß zukommen läßt, da er ja nur seiner Natur gemäß gehandelt habe. Dieser Verdacht ist unbegründet, denn aus der soziobiologischen Sicht der Autoren sollten diese Verbrechen viel härter bestraft werden, da sie (was die Mehrheit der Bevölkerung betrifft) auf abweichendem Verhalten beruhen. Auf diese Weise könnten zudem die Abweichungen von den optimalen gesellschaftlichen Normen auf ein Minimum reduziert werden.

Ein weiteres Beispiel ist die Pflege der Alten und Kranken, die meist schon automatisch mit Altruismus assoziiert wird. Einem naiv verstandenen Darwinismus zufolge müßte der Mensch seine Kranken einfach dem Tode überlassen, anstatt sie wieder hochzupäppeln und dabei Ressourcen zu verbrauchen, die sonst den eigenen Kindern zugute gekommen wären. Die Krankenpflege ist und war schon immer ein Eckpfeiler des menschlichen Sozialverhaltens. Mit ihren Steuern und Krankenversicherungsbeiträgen sorgen die Menschen der Gegenwart (zum Teil sicherlich aus Eigennutz) dafür, daß sie im Krankheitsfall medizinisch versorgt werden; allerdings benötigen sie diese Leistungen nicht, solange sie jung und gesund sind und ihre Kinder großziehen. Doch gewährleisten sie durch ihren geringen Beitrag, daß andere Menschen, die medizinische Hilfe brauchen, tatsächlich versorgt werden. Für den Spender (d.h. den altruistischen Steuerzahler) sind die Kosten gering, doch für den Empfänger kann die Hilfe möglicherweise lebensrettend sein. Dies ist eine wesentliche Erkenntnis über den reziproken Altruismus, die Trivers in den frühen 70er Jahren herausgearbeitet hat.

In seinem Buch »Social Evolution« faßt er die Gültigkeit dieser Theorien für viele andere Tierarten detailliert und auf sehr lesenswerte Weise zusammen. Daß dieses Thema auch für den Menschen von Bedeutung ist, soll am Beispiel des Ertrinkenden, der von einem Fremden gerettet wird, kurz erläutert werden; das Beispiel wurde ebenfalls von Trivers erwähnt.

Diese Rettungsaktion kommt relativ häufig vor, und sie bedeutet nicht nur eine erhöhte Gefahr für den Retter, da es gelegentlich auch dazu kommen kann, daß der potentielle Lebensretter ebenfalls ertrinkt. Beim Anblick eines Ertrinkenden können die Menschen ganz unterschiedlich reagieren: während der eine die Hilferufe überhört, wird der andere erst dann zur Tat schreiten, wenn die Situation ihn selbst nicht gefährdet, und ein Dritter wird sich ohne große Bedenken ins Wasser stürzen, um dem Menschen zu helfen. Das Verhaltensmuster weist im Prinzip also die gleiche Bandbreite wie andere menschliche Eigenschaften auf (zum Beispiel Intelligenz oder Körpergröße). Auch hier ist nicht die breite Palette an Möglichkeiten das Entscheidende, sondern daß der Mensch generell wohl ein Verhalten besitzen muß, Menschen in Not zu helfen. Weshalb sollte es im Interesse der eigenen Gene für einen Mann oder eine Frau positiv sein, einen Ertrinkenden überhaupt zu retten? (Die möglichen Gründe, weshalb sich eher Männer als Frauen auf solche riskanten Unternehmen einlassen, werden dem interessierten Leser in Kapitel 6 unterbreitet.) Entscheidend ist, daß der Ertrinkende in den meisten Fällen nur eine winzige Überlebenschance besitzt, wohingegen der Retter nur ein winziges Risiko trägt, zu ertrinken. Wieder ist – analog zur Krankenversicherung – der Aufwand für den Altruisten gering, während der Nutzen für den Empfänger immens ist.

In der heutigen Gesellschaft ergibt es sich nicht zwangsläufig, daß sich Retter und Geretteter wiedersehen werden. Doch Millionen Jahre lang lebten die Menschen in kleinen Familien- und Stammesgruppen zusammen, so daß die Wahrscheinlichkeit recht groß war, daß der Gerettete seinem Retter in einer vergleichbaren Notsituation helfen und seine »Schulden« auf diese Weise begleichen konnte. Über einen längeren Zeitraum betrachtet, profitierten beide Seiten vom Altruismus des anderen, ohne viel investieren zu müssen. Auf diese Weise konnte sich die Erbanlage, andere Menschen aus prekären Situationen zu retten, innerhalb einer Population ausbreiten, weil sich die altruistischen Menschen immer gegenseitig erkannten und aus der Patsche halfen, während die Egoisten, die niemandem je zur Hilfe eilten, wiederum auch kein Mensch retten wollte.

Diese simple Erklärung liefert uns im Prinzip ein gesunder Menschenverstand, und dieser wurde wiederum durch die Evolution in seiner heutigen Form ausgeprägt. Doch wurde die Entwicklung von *Homo sapiens* darüber hinaus durch einige besondere Umstände beeinflußt, so daß er zum größten Altruisten unter allen irdischen Lebensformen wurde. Dabei ist es unerheblich, daß diese Voraussetzungen für den modernen Menschen, der in Großstädten lebt, nicht mehr zutreffen. Da seine urbane Lebensweise entwicklungsgeschichtlich erst wenige Sekunden besteht, wird das menschliche Verhalten auch heute noch von den gleichen Genen gesteuert, die seinen Vorfahren während der letzten vier bis fünf Millionen Jahre zum Erfolg verhalfen. Die erste Voraussetzung ist ein hohes Lebensalter, da der Gerettete sich sonst evtl. nicht bei seinem Retter revanchieren kann. Die zweite Bedingung verlangt, daß die Menschen den größten Teil ihres Lebens am selben Wohnort verbringen, wo sie stets mit den gleichen Menschen sozialen Kontakt pflegen; auf diese Weise können sie (vermutlich unterbewußt) erkennen, wer vortäuscht zu helfen und wer tatsächlich hilft, und entsprechend reagieren. Verständlicherweise trug auch die lange Kindheit des Menschen, während der die heranwachsenden Kinder jahrelang mit vielen Verwandten in Berührung kamen, entscheidend zu diesem Prozeß bei. So war es nur natürlich, daß der Mensch zum Altruisten wurde, anderen Menschen aus Notlagen half, Kranke pflegte und Nahrung, Werkzeug und vor allem sein Wissen mit anderen teilte – und alles bei minimalem Aufwand für maximalen Gewinn.

Wie aber wurde die Evolution der Frühmenschen und ihrer beginnenden Kulturen durch den reziproken Altruismus beeinflußt? Nach Trivers Auffassung begünstigte die Evolution in einer hauptsächlich altruistischen Gesellschaft (abgesehen von ein paar selbstsüchtigen Individuen) vor allem solche Qualitäten, die man unter dem Oberbegriff Intelligenz zusammenfassen kann. Die Vorfahren des modernen Menschen mußten ihre Artgenossen einschätzen und ihre Zuverlässigkeit beurteilen können, ein Bewußtsein für Vergangenheit, Gegenwart und Zukunft entwickeln und ihre Verständigungsweise perfektionieren. Auf diese Weise konnten sie exakt formulierte Abkommen treffen, wie beispielsweise »Heute hast du mir deinen Speer geborgt, dafür kannst du dir morgen mein Steinbeil leihen.« Nach Meinung der Autoren haben die Vorteile, die Sprache und Intelligenz geboten haben, höchstwahrscheinlich den Selektionsdruck erhöht, durch den die Evolution dieser altruistischen Merkmale des Menschen zustande kam. Vielleicht war dies sogar der ausschlaggebende Faktor, der den Menschen menschlich werden ließ. R.D. Alexander[8] faßt die mögliche Wirkung dieses Selektionsdrucks auf die Entwicklung des menschlichen Gehirns folgendermaßen zusammen: »Unter allen Umweltparametern können wir die zu erwartenden Verhaltensweisen anderer Wesen, mit denen wir sozial interagieren, wohl am schwersten abschätzen; denn jedes dieser Wesen versucht im Falle divergierender Interessen nach Kräften, das Ergebnis dieser Interaktion zwischen uns und ihm zu seinen Gunsten und nicht zu unserem Vorteil zu beeinflussen.«

Natürlich entspringen auch Diskussions- und anschließende Kompromißbereitschaft sowie die Fähigkeit, ein Abkommen zu schließen, der Evolution einer komplexen Gesellschaft aus reziproken Altruisten. Gerade diese Qualitäten sind es, die den Menschen befähigen, seine genetische Programmierung teilweise zu überlisten (siehe dazu auch Kapitel 8). Der Mensch kann seine Instinkte durchaus im Zaume halten – was im Grunde genommen die Tatsache Lügen straft, daß seine DNS zu 99 Prozent mit der des Zwergschimpansen identisch ist. Trotzdem bietet auch der Altruismus einen Evolutionsvorteil, da er sich im Sinne Darwins als »egoistisch« erwiesen und somit die Fitneß des Menschen unter Beweis gestellt hat. Selbstverständlich können wir nach den Gründen für diese Fitneß suchen und damit ganze Bücher füllen, oder aber unsere altruistischen Instinkte in Verträge und bindende Versprechen hüllen. Wir können uns natürlich auch überlegen, daß vorsteinzeitliche Verhaltensmuster einer Nation schlecht zu Gesicht stehen, die über atomare Sprengköpfe verfügt (wobei es hoffentlich nicht zu einer besonderen Form der natürlichen Selektion kommt). Resümierend kann man sagen, daß all diese Fähigkeiten in den Menschen stecken, weil sie ihnen in der Vergangenheit geholfen haben, »fit« zu sein – und somit zu überleben.

Viele Menschen (vermutlich sogar die meisten) wollen auch nur sehr ungern akzeptieren, daß selbst Verhaltensweisen wie Selbstaufopferung und Märtyrertum genetisch determiniert sind. Diese Denkart veranlaßte einige Soziobiologen zu der interessanten Behauptung, das Phänomen der Selbsttäuschung (d.h., sich bei einer bestimmten Handlung einzureden, man maximiere ja gar nicht seinen Vorteil) sei möglicherweise gleichzeitig mit dem Altruismus entstanden. In diesem Zusammenhang darf man genetische Selbstaufopferung nicht mit Selbstaufopferung im landläufigen Sinne verwechseln: Ein einzelner Vogel, der beispielsweise durch einen Warnruf seine Artgenossen vor der Katze warnt und dann von ihr gefressen wird, handelt auf genetischem Niveau durchaus egoistisch, da er durch sein Verhalten den Weiterbestand seiner Gene in anderen Vögeln gewährleistet. Wenn er wüßte, was sich bei seinen Genen abspielt, würde er vielleicht sogar anders handeln. Nach den Aussagen Alexanders existiert beim Menschen die paradoxe Situation, daß seine Gene wie bei allen anderen Arten selbstsüchtig sind, er aber dennoch zum Überleben auf soziale Gruppen angewiesen ist. Wie kann der Mensch gleichzeitig egoistisch und ein soziales Wesen sein? Warum gibt es überhaupt selbstlose Helden und Märtyrer, die ihren letzten Blutstropfen hergeben, damit Kopien ihres Erbgutes in anderen Menschen fortbestehen können? Eine denkbare Lösung dieses kniffligen Problems wäre tatsächlich der Selbstbetrug; so wie man davon ausgeht, daß die überzeugendsten Lügner ihre eigenen Lügen für wahr halten, könnte man auch annehmen, daß die besten Altruisten in dem Glauben handeln, dies alles geschähe ausschließlich zum Nutzen anderer Menschen.

Moralvorstellungen und Religionen haben den menschlichen Altruismus geschickt auszunutzen gewußt. Wir reden uns ein, nach einem bestimmten Moralkodex oder göttlichen Geboten leben zu müssen – Anweisungen, die den relativ neu enstandenen reziproken Altruismus bekräftigen und den entwicklungsgeschichtlich älteren, egoistischen Instinkt unterdrücken sollen. Der Mensch wird deshalb nicht weniger menschlich bzw. handelt nicht weniger altruistisch, da der Altruismus wie alle anderen menschlichen Eigenschaften in seinem Erbgut verankert ist. Es stimmt zwar, daß alle Informationen in der DNS stecken, so wie auch alle Menschen aus einer befruchteten Eizelle hervorgegangen sind, die den genetischen Code enthält; Doch werden wir Menschen nicht wie Ameisen von einem instinktiven Computerprogramm durch das Leben getrieben, sondern besitzen bestimmte alternative Verhaltensformen, für die wir uns entscheiden können. Zu diesen natürlichen Gaben gehören Intelligenz – die sich unter optimalen Bedingungen (Milieu, bestimmte Reize) auch entfalten kann – wie auch Altruismus, der uns vorgibt, nett zu einander zu sein oder unseren Nächsten zu lieben. Menschliche Gefühle wie Liebe, Zuneigung und Freundschaft spielen dabei ebenfalls eine wichtige Rolle, doch sind sie genauso wie die Anatomie des menschlichen Körpers ein Produkt der Erbinformation, die von Generation zu Generation weitergegeben wird. Die Gesetzmäßigkeiten von Ethik und Moral wie auch die Lehren der Weltreligionen haben das Sozialverhalten des Menschen entscheidend beeinflußt, denn sie besitzen eine nicht subjektive, allgemeine Gültigkeit, da sie im evolutionären »Kampf ums Dasein« erprobt wurden und sich dabei bewährt haben. Frieden auf Erden, Teamwork, die Pflege der Kranken und Schwachen sind äußere Erscheinungen eines »Genpakets«, das im Rahmen der natürlichen Selektion entstanden ist. Und dies ist der Grund, warum die Menschen eigentlich nett zueinander sind.

Somit wären die Spielregeln der *Comedie humaine* festgelegt; zwar ist der Mensch zu 99 Prozent Affe, doch liegt der besondere Vorteil des einprozentigen Unterschieds darin, daß er ein altruistischer Affe ist. Sein Verhalten wird von Eigennutz getrieben, doch meistens in einer kultivierten Form. Mit diesem Hintergrundwissen läßt sich nun manche menschliche Beziehung erklären.

Teil III

Liebe, Lust und Kindermord: Menschliche Verhaltensweisen?

6
Das Spiel der Geschlechter

»Der Sinn und Zweck der geschlechtlichen Vermehrung«, so Robert Trivers, »ist eines der größten Rätsel der Biologie.«[1] Selbstverständlich drehte sich das Leben schon immer um das Thema Fortpflanzung und Vermehrung – lange bevor Darwin seine Theorien entwickelte. Lebewesen vermehren sich, indem sie (nicht unbedingt identische) Kopien ihrer selbst anfertigen. In der modernen Biologie wird die Vermehrung vor allem auf molekularer Ebene betrachtet: lebende Zellen kopieren ihre DNS und geben diese (in leicht modifizierter Form) an die nächste Zellgeneration weiter. Doch warum müssen an diesem Kopiervorgang, in dessen Verlauf ein neues Lebewesen entsteht, das jeweils den halben DNS-Satz der ursprünglichen Organismen besitzt, zwei Organismen beteiligt sein? Oberflächlich betrachtet, würde dieser Kopierprozeß doch viel wirksamer verlaufen, wenn der neue Organismus durch ungeschlechtliche Vorgänge entstünde – wie beispielsweise bei den Erdbeerpflanzen, die oberirdische Ausläufer ausbilden, an denen neue Pflanzen entstehen, die den kompletten Gensatz der »Mutterpflanze« besitzen. Aus welchen Gründen ist die geschlechtliche Vermehrung überhaupt entstanden, und wieso hat sie sich bis heute gehalten?

Der Fairneß halber müssen wir – und dies läßt Trivers Bemerkung schon vermuten – auf diese Fragen entgegnen, daß wir die exakte Antwort nicht kennen. Trotz zahlreicher Versuche, unzähliger mathematischer Modelle und der mittlerweile recht fundierten Kenntnisse der Molekulargenetik haben die Biologen ziemliche Schwierigkeiten, ein künstliches biologisches System zu entwickeln, in dem die geschlechtliche Vermehrung der ungeschlechtlichen (vegetativen) eindeutig überlegen ist. Sollte ihnen aber doch mal ein solches hypothetisches Modell gelingen, so besitzt es meist nur wenig oder überhaupt keine Ähnlichkeit mit lebendigen, reellen Systemen. Der Vorteil der vegetativen Methode beruht auf der zweifachen Effizienz beim Kopieren der Nukleinsäuren. Denn ein einzelnes Lebewesen, das sich mit einem anderen Artgenossen paaren muß, um überhaupt Nachkommen zu bekommen, ist zahlreichen Unsicherheiten und brenzligen Situationen ausgesetzt: Zunächst muß es einen passenden Partner finden, diesen in komplizierten Balzritualen umwerben, wobei es außerdem Gefahr läuft, im Liebesrausch von einem Raubtier überrascht zu werden und so weiter und so fort. Ausschlaggebend ist jedoch, daß man mindestens zwei Nachkommen haben muß, damit Kopien des kompletten Genoms vererbt werden, da ja pro Erbgang nur der halbe Chromosomensatz weitergegeben wird. Anhand dieser Rechenbeispiele soll verdeutlicht werden, daß unter so hochspezialisierten Lebewesen wie beispielsweise Menschen, Tulpen, Fröschen und Antilopen nur eine einzige Mutante aufzutauchen braucht, die sich vegetativ vermehrt (zum Beispiel ein Weibchen, das exakte Kopien seiner selbst zur Welt bringt, die wiederum aus unbefruchteten Eiern entstehen), und bereits nach einigen Generationen hätten ihre Nachkommen die gesamte alte Population, die sich sexuell vermehrt, erfolgreich verdrängt. Dieses Phänomen kann man bei einigen Pflanzen beobachten, wie z. B. dem Löwenzahn; diese Pflanzen haben die sexuelle Fortpflanzung gänzlich abgebaut und verbreiten keimfähige Samen, die aus unbefruchteten Eizellen entstanden sind. Und wie jeder Gärtner weiß, ist der Löwenzahn eine Pflanze, die sich durchsetzen kann.[2]

Aufgrund dieser Fakten und der bereits erwähnten mathematischen Modelle könnte man annehmen, daß die Evolution in der sexuellen Fortpflanzung theoretisch eigentlich keinen Vorteil mehr sieht. Möglicherweise war diese Art sich fortzupflanzen vor langer Zeit unter völlig anderen Bedingungen sinnvoll – so sinnvoll, daß aus einigen urtümlichen Arten, die diese Form der Fortpflanzung praktizierten oder entwickelten, die enorme Vielfalt der rezenten, sich gleichfalls sexuell vermehrenden Arten zustande kam, obgleich sich die günstigen Bedingungen geändert haben. So gesehen ist Sexualität das Relikt eines Evolutionshöhepunktes – und Arten, die sich geschlechtlich vermehren, wären tatsächlich den asexuellen Mutanten auf Gedeih und Verderb ausgeliefert. Doch während derartige Mutationen bei Pflanzen relativ häufig vorkommen (so findet man diese sogenannten Apomixis nicht nur beim Löwenzahn, sondern auch bei Habichtskräutern und Brombeeren), ist dies bei Säugetieren mit ihren hochspezialisierten Geschlechtsorganen unmöglich. Auf dieser Überlegung basiert die ketzerische Hypothese, daß Männer strenggenommen im Evolutionsprozeß überflüssig geworden sind, sobald die Frauen geeignete Methoden entwickelt haben, um ähnlich wie der Löwenzahn unbefruchtete, aber dennoch fruchtbare Eier zu bilden.[3, 4]

Da die Erklärung der Ursprünge der Sexualität den Rahmen dieses Buches sprengen würde, soll die Beantwortung dieser sicherlich interessanten Frage den Fachleuten überlassen werden. Für unsere Belange ist allein entscheidend, daß sich die Menschen sexuell vermehren und man eine Frau und einen Mann benötigt, um einen neuen Menschen zu schaffen. Diese genetische Grundvoraussetzung ist neben der langen Kindheitsphase des Kindes, das dieser Verbindung entspringt, die bedeutendste Einzelkomponente, die Gesellschaft und Verhalten des Menschen beeinflußt. Selbst der engstirnigste Gegner der Soziobiologie kann die Tatsache nicht übersehen, daß in dieser Welt Frauen und Männer leben, und daß dies bestimmte soziale Konsequenzen hat. Doch bevor wir uns diesen sozialen Aspekten widmen, sollten wir vielleicht einen Blick auf die biologischen Grundlagen werfen.

Ursprünge der Sexualität

Der Sinn des Lebens und der Evolution besteht also offenbar darin, Duplikate seines Erbguts an die nachfolgende Generation weiterzugeben. Im Verlauf dieses Prozesses verdrängen erfolgreiche Gene (d.h. solche, die ihren Träger im Darwinschen Sinne stärker machen oder besser mit einer Situation zurechtkommen lassen) die erfolglosen Erbanlagen. Auf den Menschen bezogen wäre eine Frau dann erfolgreich, wenn sie das fortpflanzungsfähige Alter erreicht hat. Wären die Töchter exakte genetische Kopien (Klone[5]) ihrer Mutter, dann müßten sie genauso erfolgreich sein. Weshalb sollte man sich also damit belasten, dieses eigentlich »perfekte« Produkt noch zur Hälfte mit dem Genom eines Mannes aufzufüllen?

Das auffallendste Ergebnis dieser Vermischung ist die genetische Variabilität; denn anstatt nun Töchter zu klonieren, die völlig identisch mit ihrer Mutter sind, bringt diese Kinder mit gänzlich neuen Genkombinationen (genauer Allelkombinationen) auf die Welt. Diese Kinder unterscheiden sich genetisch sowohl untereinander als auch von ihren Eltern. Die Variabilität ist ein so charakteristisches Merkmal der sexuellen Vermehrung, das sie sehr wahrscheinlich eng mit den Ursprüngen dieser Methode verknüpft ist. Sie kann insbesondere dann sehr vorteilhaft sein, wenn sich die Umwelt verändert und die neuen Genkombinationen Phänotypen hervorbringen, die besser mit der neuen Situation klarkommen. Diese Vorteile sind jedoch für gewöhnlich sehr gering und wiegen nur unter besonderen Umständen den doppelten Profit auf, den die vegetative Vermehrung bietet. Diese Umstände treffen für die überwiegende Mehrheit der global bekannten Arten – somit auch für *Homo sapiens* – nicht zu!

Allgemein formuliert, treibt sexuelle Fortpflanzung die Evolution voran. Doch dies ist nur vorteilhaft, wenn die Evolution tatsächlich rasch verlaufen muß. Das mag gelegentlich in der Vergangenheit zugetroffen haben, wenn sich z. B. die Umwelt deutlich veränderte. So belegen unzählige Fossilien, daß die Erde und ihre Lebensformen wiederholt von sogenannten Massensterben heimgesucht wurden. Diese Katastrophen, wie beispielsweise das Aussterben der Dinosaurier vor mehr als 65 Millionen Jahren, können durch außerirdische Phänomene (zum Beispiel

Supernovae oder der Einschlag eines Kometen), aber auch durch Naturereignisse wie etwa Eiszeiten verursacht worden sein. Im Anschluß an ein solches Massensterben stellte die sexuelle Vermehrung einen so gewaltigen Vorteil dar, daß die damals entstandenen Arten auch in späteren ruhigen Zeiten an diesem Erfolgsrezept festhielten und Mutationen mit ungeschlechtlicher Fortpflanzung keine Chance hatten, sich durchzusetzen. Falls morgen ein ähnlicher Vernichtungsschlag die Erde träfe, würde der Löwenzahn sicherlich aussterben und seine ökologische Nische von einer anderen überlebenden Art neu besiedelt werden, sobald die Umwelt sich von der Katastrophe erholt hätte. Doch mehrere Millionen Jahre später könnte wieder eine Mutante mit ungeschlechtlicher Vermehrung heranwachsen und sich unter stabilen Verhältnissen durchsetzen.

Am besten kann man mögliche Vorteile einer schnell verlaufenden Evolution jedoch daran erkennen, wie sich Beutegreifer und Krankheiten auf andere Tiere und Pflanzen auswirken. Einige besonders aktuelle Erkenntnisse über die Rolle der Sexualität innerhalb der Evolution ergeben sich aus den Beziehungen zwischen großen Tieren (wie beispielsweise dem Menschen) und winzigen pathogenen Lebensformen (Bakterien und Viren, die Krankheiten hervorrufen). Diese Krankheitserreger besitzen einen raschen Entwicklungszyklus und vermehren sich explosionsartig innerhalb weniger Minuten. Aus diesem Grunde können sie aus ihren alten Formen ständig neue Variationen entwickeln – mithin ein Grund, warum alljährlich neue Grippevirenstämme entstehen und über den Globus wandern. Gleichzeitig müssen sich aber die Abwehrkräfte der befallenen Körper genau so rasch neu formieren, um die infektiösen Eindringlinge abwehren zu können. Andernfalls werden sie von diesen überrumpelt, und alle genetisch identischen Tiere einer Art, die infolge der Infektion krank geworden sind, werden möglicherweise ausgerottet. Vielleicht ist dies ein Grund dafür, daß die geschlechtliche Fortpflanzung auch heute noch existiert, da sie eine hohe Variabilität der Immunsysteme ermöglicht.

Ironischerweise waren unsere Vorfahren irgendwann ebenfalls einmal Mikroorganismen wie die heutigen (gelegentlich tödlich wirkenden) Einzeller und Bakterien. Die Sexualitat begann in dem Augenblick, als bestimmte Urbakterienzellen quasi die »Erfindung« machten, sich paarweise zusammenzuschließen und ihr Erbgut auszutauschen, anstatt sich in bekannter Manier zu teilen und den Genbestand komplett und unverändert auf die Nachkommen zu verteilen. Auch hier sind die genauen Ursachen oder Auslöser für dieses Verhalten letztendlich unbekannt. Denkbar wäre allerdings, daß diese »Zellpioniere« durch die Paarung ihrer Gene mögliche Erbgutdefekte »ausbügeln« konnten: So setzt sich in einer Zelle eine Erbanlage für tödliche Fehlfunktionen nicht durch, wenn sie die Zelle den entsprechenden, jedoch »gesunden« Genabschnitt aus einer anderen übernommen hat. Auf alle Fälle führte die weitere Entwicklung der geschlechtlichen Fortpflanzung dazu, daß im Laufe der Jahrmillionen zwei verschiedene Geschlechter mit jeweils unterschiedlichem Sexualverhalten entstanden sind.

Persönlich glauben wir allerdings, daß die Entstehung der sexuellen Vermehrung höchstwahrscheinlich folgendermaßen verlief: Aus unbekannten Gründen fanden zwei mehr oder weniger gleichartige Zellen zueinander, tauschten ihr Genmaterial aus und teilten sich anschließend in zwei oder mehr Tochterzellen, die genetisch unterschiedlich zusammengesetzt waren (zueinander wie auch gegenüber ihren Eltern). Dies ist zwar eindeutig ein sexueller Vorgang, doch haben wir es nur mit einem einzigen Geschlecht zu tun, denn alle Zellen sind im wesentlichen gleich. Glücklicherweise benötigen wir nicht die mathematische Spitzfindigkeit eines John Maynard Smith, um den Selektionsdruck herauszufinden, der die Nachkommen dieser beiden Zellen in zwei verschiedene Entwicklungsrichtungen trieb.

Unter den eben geschilderten Umständen gibt es nur zwei erfolgversprechende Alternativen, um tatsächlich lebensfähigen Nachwuchs hervorzubringen. Wenn sich diese Fortpflanzungsmethode etabliert hat, muß man zum einen unbedingt einen

Partner finden, da andernfalls die Vermehrung ausgeschlossen ist. Zum anderen ist es unerläßlich, große Mengen an Nährstoffreserven für die nächste Zellgeneration bereitzustellen, damit die neuen Individuen überleben können und voll funktionstüchtig sind. Im Grunde genommen schließen sich diese Anforderungen gegenseitig aus: Eine winzige agile Zelle ist zwar in der Lage, rasch durch die Ursuppe zu schwimmen und einen passenden Partner zu finden, kann dann aber nur wenige Reservestoffe für die Nachkommenschaft speichern. Andererseits stellt eine große, fette Zelle der nächsten Generation ein reichhaltiges Nährstoffangebot zur Verfügung, kann sich jedoch aus dem gleichen Grund kaum von der Stelle rühren und muß daher warten, bis die »Traumzelle« zu ihr kommt. Zudem werden aus kleinen beweglichen Zellen wiederum nur kleine, evtl. sogar noch winzigere Tochterzellen hervorgehen, die möglicherweise sofort von größeren Mikroorganismen aufgefressen werden, und eine große, unbewegliche Zelle kann unter Umständen sogar vergeblich auf ihren Partner warten. Und hier sieht man auch schon die ersten Tendenzen, daß sich zwei Geschlechter entwickeln – ein weibliches, das große (meist unbewegliche) Eier produziert, und ein männliches, das zu diesem Prozeß nur etwas Sperma beisteuert.

Obwohl wir diesen komplizierten Prozeß nur sehr grob beschrieben haben, sollte klargeworden sein, daß die Entwicklung der beiden Geschlechter auch automatisch zwei jeweils verschiedene Rollen mit sich brachte: das Weibchen stellt eine große Eizelle und das Männchen eine ausreichende Anzahl Spermien zur Verfügung. Diese Verteilung soll nicht zwangsläufig bedeuten, daß das Weibchen sich auch allein um den Nachwuchs kümmern und diesen ernähren muß: So bewahrt beispielsweise das männliche Seepferdchen die befruchteten Eier in einer Bruttasche auf, bis die Jungfische schlüpfen, und auch die Männchen der im Wasser lebenden Riesenwanzen schleppen ihre befruchteten Eier auf dem Rücken mit. Die heutigen Frauen müssen zwar immer noch ihr Baby neun Monate lang austragen, doch sind einige Männer mittlerweile auch bereit, nach der Geburt einen Teil der Kindererziehung zu übernehmen. Dies ändert jedoch nichts an der biologischen Tatsache, daß Frauen die größeren Geschlechtszellen oder Gameten (kurz gesagt, Eizellen) zur Verfügung stellen. Die verbleibenden Unterschiede können jedoch das jeweilige Verhalten von Männern und Frauen entscheidend beinflussen, da beide Seiten durch die Evolution so programmiert sind, daß sie möglichst viele Nachkommen bekommen wollen.

Geschlechtsspezifische Rollen und Geschlechterverhältnis

An dieser Stelle soll erneut betont werden, daß typisch menschliche Verhaltensweisen und die Gründe für ihre Entstehung nichts mit dem quasi triebhaften Befolgen dieser Verhaltenszwänge zu tun haben. Im Verlauf der Evolution wurden Frauen mit allen »technischen Mitteln« ausgestattet, um Kinder auszutragen und zu säugen, so daß es bis vor einigen Jahrzehnten einem Mann unmöglich war, einen nicht abgestillten Säugling aufzuziehen. Dieses entwicklungsgeschichtliche Faktum kann die moderne Menschheit mit Hilfe von Intelligenz, technischem Fortschritt und verändertem Sozialverhalten umgehen, da beispielsweise ein alleinstehender Vater heute durchaus in der Lage ist, ein wenige Wochen altes Baby zu ernähren, weil sich Muttermilch auch synthetisch aus Kuhmilch herstellen läßt.

Doch zurück zu den – trotz alledem nicht uninteressanten – biologischen Grundlagen: Analoge Evolutionsprozesse, die aus Frauen gebärfähige Wesen machten, haben aus anderen Gründen Torso und Arme des Menschen so modelliert, daß er sich von Ast zu Ast hangeln konnte. Die genetischen und entwicklungsgeschichtlichen Wurzeln dieser Bewegungsweise, die man auch als brachiatorische Fortbewegung bezeichnet, sind klar; allerdings verlangt dieses Merkmal nicht automatisch, daß wir Menschen ein Leben lang turnen müssen. Ähnlich verhält es sich mit anderen Körpermerkmalen und Verhaltensweisen, die im Laufe der Evolution des Menschen entstanden sind: wenn Männer beispielsweise genetisch programmiert sind, mehr als eine Sexualpartnerin zu »besitzen«, müssen sie sich deshalb nicht ausnahmslos promiskuitiv verhalten. Im Schlepptau der menschlichen Intelligenz befinden sich neue Erkenntnisse, Gesellschaftsformen und Verhaltensmuster. Doch sollten sich Männer und Frauen ihrer genetischen Imperative bewußt sein (in diesem Fall handelt es sich um den Sexualtrieb), die zweifellos unterschiedliche Ansichten über das Thema Sexualität beinhalten, damit sie sich an die Spielregeln der modernen Gesellschaft halten und sich nicht aufführen, als ob sie immer noch als primitive Hominiden in der afrikanischen Savanne lebten.

Die Fortpflanzung ist eng an den Evolutionsprozeß gekoppelt, und aus diesem Grund reagieren auch unterschiedliche Vermehrungsstrategien besonders empfindlich auf einen gegebenen Selektionsdruck. Demzufolge, so David Barash, gehört die genaue Analyse dieser Mechanismen zu den ergiebigsten Bereichen der Soziobiologie.[6] Aus diesem reichhaltigen Angebot wollen wir nur diejenigen Beispiele untersuchen, die für den Menschen relevant sind. Wie es der Zufall will, nehmen wir Menschen innerhalb der Säugetiere eine Sonderstellung ein, und unsere außergewöhnlichen Merkmale beruhen sehr wahrscheinlich auf der verhältnismäßig langen Jugendzeit, in der wir von unseren Eltern erzogen und umsorgt wurden – doch darüber mehr im nächsten Kapitel. Doch ähnelt unsere Form der Fortpflanzung in ihren Grundzügen vielmehr derjenigen der Vögel, denn auch dort müssen die Eltern sehr viel Zeit und Energie bei der Brut und Aufzucht aufwenden, bis die Jungen selbständig sind. Im Gegensatz zum Menschen, der hauptsächlich in monogamen Partnerschaften lebt, bevorzugen viele Säugetiere (vor allem die Huftiere), eine polygame Lebensweise, bei der ein Harem aus mehreren weiblichen Tieren von einem oder mehr Männchen beherrscht wird. Diese Tatsache entfachte witzigerweise die Entrüstung einiger Mitmenschen, die den Soziobiologen, prompt unterstellten, sie hielten die Männer an, sich ebenfalls mit einem Harem zu umgeben. Doch beinhaltet dieses Fortpflanzungssystem eine weitere interessante Frage, die seinerzeit auch Darwin verblüffte, die wir heute jedoch ganz einfach beantworten können.

Zunächst haben wir das eigentliche Problem am Beispiel des Menschen: Im Vergleich zum Fortpflanzungspotential eines einzelnen Mannes können Frauen aus rein physischen Gründen nur eine begrenzte Anzahl von Nachkommen bekommen. In Zahlen ausgedrückt, wären für eine äußerst fruchtbare Mutter selbst bei einer Geburt pro Jahr (d.h. neun Monate Schwangerschaft plus drei Monate »empfängnisfreie« Zeit) 50 Nachkommen äußerst unrealistisch, während 25 Kinder schon eher möglich wären. Andererseits könnte ein gesunder Mann in der Blüte seiner Jahre theoretisch an jedem Tag des Jahres mit einer anderen Frau ein Kind zeugen. Das Beispiele ist extrem und äußerst unwahrscheinlich, doch erläutert es unseren Standpunkt: Ein Mann kann im Verlauf weniger Jahre genausoviel Nachkommen haben wie eine Frau während ihres gesamten Lebens – und der absolute Vaterschaftsrekord, der aus einem fernöstlichen (allerdings historischen) Harem bekannt ist, liegt tatsächlich bei mehreren hundert Kindern.

Erscheint es deshalb eigentlich nicht sinnvoll, daß eine Population nur wenige zeugungsfähige Männchen enthält, da ja mehr Weibchen benötigt werden, um die nächste Generation auf die Welt zu bringen? Diese Idee ist allerdings falsch, denn sie bietet nur der Gruppe Vorteile, nicht aber dem Individuum – und wie sich herausstellte, schreibt die optimale Vermehrungsstrategie einem Einzelwesen unter den meisten Umweltbedingungen vor, möglichst genauso viele weibliche wie männliche Nachkommen zu bekommen.

Schon Darwin grübelte über dem Phänomen, daß bei vielen Arten – also auch beim Menschen – ein nahezu ausgeglichenes Geschlechterverhältnis vorliegt. Seiner Auffassung nach müßte es für die Evolution doch völlig unerheblich sein, ob ein Mensch nur Söhne, nur Töchter oder eine zufällig zusammengesetzte Nachkommenschaft hinterläßt. Erst in den 30er Jahren dieses

Jahrhunderts konnte der Mathematiker R.A. Fisher dieses Problem lösen, indem er die zweite Generation der Nachkommen – also die Enkel der Ausgangsindividuen – untersuchte.

In seinem Gedankenexperiment geht er von einer Art aus, in der bevorzugt Weibchen geboren werden, so daß in der ersten Nachwuchsgeneration (F_1-Generation) drei Weibchen auf ein Männchen kommen. Dieses Männchen hat nun einen (theoretisch) dreimal höheren Fortpflanzungserfolg als seine Schwestern. Falls diese Art in strenger Einehe lebt, hätten außerdem zwei Drittel der Weibchen keine Chance, sich fortzupflanzen. Die gegenteilige Situation (d.h. extreme Promiskuität) bedeutete zwar für die Weibchen, daß sie begattet würden und Nachwuchs bekämen, gleichzeitig stiege aber der durchschnittliche Fortpflanzungserfolg eines Männchens (also auch die Verbreitung seines Genoms), das sich nun mit drei anstatt mit nur einem Weibchen gepaart hat, ebenfalls um das Dreifache.

Solange die Vermehrungsstrategie der Population vorwiegend auf weibliche Nachkommen ausgerichtet ist, werden sich alle Mutanten behaupten können, die mehr Söhne zur Welt bringen, da sich die Gene der Söhne dreimal so schnell ausbreiten wie die der Weibchen und daher das mutante Gen für »Mehr-Männchen« in der Population verbreitet wird.

Im völlig umgekehrten Fall betrüge das Geschlechterverhältnis ein Weibchen auf drei Männchen. Dann besäßen die Weibchen einen Evolutionsvorteil, und alle genetischen Mutationen, die einen weiblichen Überschuß produzierten, könnten sich nach gleicher Manier wie beschrieben ausbreiten. Aus diesem Grund ist die einzige Evolutionsstabile Strategie (ESS) ein Geschlechterverhältnis von 1:1.

Erstaunlicherweise trifft dies auch für polygame Arten zu, wie das folgende hypothetische Beispiel erläutern soll: Ein Männchen ist der »Platzhirsch« eines zehnköpfigen weiblichen Harems, den es gegen jeden anderen männlichen Artgenossen rigoros verteidigt. Man könnte nun mutmaßen, daß die einzig wahre Fortpflanzungsstrategie für ein Weibchen lautet, für jeden

Sohn zehn Töchter zu gebären, da jeder weitere Sohn eine genetische und entwicklungsgeschichtliche Fehlinvestition wäre. Allerdings begattet jeder erfolgreiche Mann zehn Weibchen; somit decken sich seine Erfolgschancen mit seinem Gewinn, weil seine Aussichten, den Harem zu erobern, bei 1:10 liegen, seine »Gewinndividende« jedoch 10:1 ausfällt. Unterm Strich betrachtet, lautet die ESS für ein Weibchen daher auch hier, im Durchschnitt genauso viele männliche wie weibliche Nachkommen zu haben. Denn alle ihre Töchter werden sich sowieso fortpflanzen, und diejenigen ihrer Söhne, denen es gelingt, sich fortzupflanzen, werden dann zehnmal soviel Nachwuchs wie jede einzelne ihrer Schwestern zeugen.

Dieses ausgeglichene Geschlechterverhältnis finden wir übrigens nicht nur bei Säugern, sondern bei nahezu allen Wirbeltieren. Es gibt jedoch Ausnahmen, die die Theorie der Soziobiologie und der ESS wunderbar bestätigen. Ameisen besitzen untereinander z. B. die gleichen Verwandtschaftsgrade wie die Bienen. Weibliche Arbeiterinnen teilen sich 3/4 ihrer Gene mit den Schwestern, aber nur 1/4 mit ihren Brüdern. Folgt man den Argumenten, die Fischer vor 50 Jahren aufstellte, ist vorherzusagen, daß in einem Nest, in dem Arbeiterinnen den Nachwuchs aufziehen, dreimal soviel Schwestern wie Brüder großgezogen werden. Nur bei diesem Geschlechterverhältnis wird durch den größeren Fortpflanzungserfolg der Männchen ausgeglichen, daß sie nur 1/3 derjenigen Gene mit den Schwestern gemeinsam haben, die diese miteinander teilen. Die klassische Vorhersage von Trivers und Hope Hare konnte durch ein Zählen der Männchen und Weibchen in Ameisenstaaten bestätigt werden. Der Erfolg der Prognosen stärkt das Vertrauen in die ESS und die Soziobiologie.

Die Tatsache, daß es den Menschen (und nicht nur ihn) als Männlein und Weiblein gibt, wirft ferner die Frage auf, warum er einen Partner finden muß, um Kinder aufzuziehen. Eine romantische Seele könnte meinen, dies alles sei durch die wahre, immerwährende Liebe möglich; doch ist diese letztlich nur als besondere Ausdrucksform einer Paarbildung und als ein Produkt der Evolution zu verstehen, das den Erfolg der heutigen Menschheit erst möglich machte. In einer stabilen Zweierbeziehung, in der sich beide Partner lieben und achten, werden nämlich mehr Kinder großgezogen als in anderen Formen des menschlichen Zusammenlebens, so daß sich die Gene für »Verlieben« stärker ausbreiten können. Vielleicht können wir unseren Standpunkt am Beispiel des Geschlechtsverkehrs noch klarer darstellen: Viele Menschen haben Spaß an Sex, vor allem mit dem richtigen Partner (obgleich der eine oder andere nicht sehr wählerisch zu sein scheint). Möglicherweise empfanden unsere Vorfahren nicht viel Vergnügen beim Sex und hatten einen eher triebhaften, instinktiven Geschlechtsverkehr, wie er offenbar auch bei vielen anderen Tieren praktiziert wird. Allerdings scheinen manche Arten, wie etwa die Menschenaffen, ebenfalls recht gerne miteinander zu kopulieren, während beispielsweise Bienen und Frösche den Geschlechtsakt anscheinend eher lustlos und nur vom Instinkt getrieben durchführen. Auch erkennen wir Parallelen im Verhalten von Menschen und Menschenaffen; doch haben wir das Vergnügen am Sex (und die daraus resultierende manchmal recht große Kinderschar) wahrscheinlich unserem vergleichsweise großen Gehirn zu verdanken, da dieses vermehrt Freude empfinden kann – und jemand, der keine Freude am Beischlaf empfindet, wird wohl kaum zahlreichen Nachwuchs bekommen.

Die Begründung der Monogamie

Nirgendwo im Tierreich zeigt sich der Unterschied zwischen den beiden Geschlechtern so krass wie bei den Säugetieren. Obwohl beide Elternteile zur Hälfte am Erbgut der befruchteten Eizelle beteiligt sind, hat das Männchen nach wenigen Minuten und mit ein paar Spermien seine Schuldigkeit getan. Hingegen muß das weibliche Tier wochen- oder monatelang den Fetus austragen und auch noch nach der Geburt für eine gewisse Zeitspanne säugen – selbst wenn es sich um sogenannte Nestflüchter wie beispielsweise das Hirschkalb handelt, das unmittelbar nach der Geburt bereits im Herdenverband laufen kann. Weibchen betreiben also einen immens höheren Aufwand mit ihrem Nachwuchs als ihre männlichen Partner. Deshalb stellen sie für die Männchen ein riesiges Potential dar, um das erbittert gekämpft wird – insbesondere, wenn wie in unserm Fallbeispiel zehn Damen als Belohnung auf den Sieger warten. Allerdings kann im wirklichen Leben der Kampf um das Paarungsmonopol noch wesentlich brutaler verlaufen.

Bei den meisten Tieren zeigen beide Geschlechter auch ein unterschiedliches Verhalten bei der Partnerwahl, wobei das Weibchen meist wählerischer ist und sich den geeigneten Kandidaten aus mehreren Konkurrenten heraussucht. (Dies gilt übrigens auch für polygame Arten, zum Beispiel Hirsche, deren Harems durch Rivalenkämpfe der Männchen zusammengehalten werden – dort suchen sich die Hirschkühe den erfolgreichsten Kämpen aus und lassen sich dann von ihm »beschlagen«.) Daher kann ein Männchen, meist der Gewinner, durchaus in den Genuß mehrerer Weibchen geraten, während die Verlierer völlig leer ausgehen und sich nicht fortpflanzen können. Infolgedessen sind männliche Tiere in der Partnerwahl oft nicht sehr wählerisch und nutzen jede sich bietende Gelegenheit, um sich rasch zu vermehren, anstatt mühsam ihre Zeit damit zu vergeuden, eine unwillige oder ungeeignete Partnerin zu umwerben. Diese Partnerwahl kann recht bizarre Formen annehmen: so greifen beispielsweise die Männchen des Ochsenfrosches während der Laichzeit wahllos nach allem, was an einen weiblichen Frosch erinnert, und mitunter kann dies auch die Kappe eines Gummistiefels sein, in dem man durch den Froschtümpel stapft. Die Gerbils (oder Wüstenrennmäuse) der Sahara sind ein weiteres Beispiel dafür, daß die Männchen Kopf und Kragen riskieren, um sich paaren zu können, während die Weibchen vorsichtiger sind. Einzelne weibliche Rennmäuse besitzen ein kleines Territorium, in dem es gerade ausreichend zu fressen gibt, und verteidigen dies gegen jeden Eindringling – man kann sie also dort antreffen, wo es Nahrung gibt. Das Männchen wird aber nicht nur vom Hunger, sondern auch von seinem Fortpflanzungsdrang getrieben. Daher sucht es sich eine Stelle, von wo aus es optimal mehrere Weibchen erreichen kann, obwohl sein Nahrungsangebot dadurch möglicherweise begrenzt ist. Sein Aufenthaltsort richtet sich also nach dem Verbreitungsgebiet der Weibchen. Infolge dieser gefährlichen Lebensweise – die halbverhungerten Mäusemännchen müssen oft etliche hundert Meter offenes Gelände durchqueren – werden sie meist nur wenige Monate alt, während die Gerbilweibchen ein Jahr und mehr erreichen, obgleich sie viel Aufwand betreiben müssen, um ihre Jungen aufzuziehen.[7]

Von ihrer Biologie her verhalten sich Weibchen demnach vorsichtig und kümmern sich mit Sorgfalt um einige wenige Nachkommen, für die sie sich zuvor den ihrer Meinung nach am besten geeigneten Vater ausgesucht haben. Aus den gleichen biologischen Gründen müssen männliche Tiere in ständiger Gefahr und außerdem promiskuitiv leben und sich wahllos paaren; im Grunde genommen brauchen sie sich auch nicht um ihren Nachwuchs zu scheren, da sie ihn meist nie zu Gesicht bekommen und es lediglich wichtig ist, daß einige ihrer Sprößlinge bis zur Geschlechtsreife gelangen, damit die väterlichen Gene garantiert auch weitergegeben werden. Wenn diese Regel für die Mehrheit der Tiere gilt, warum sollte der Mensch dann in diesem Punkt eine Ausnahme bilden?

Der Europäische Rothirsch, dessen Verhalten durch Tim Clutton-Brock und seine Mitarbeiter von der University of Cambridge genauestens untersucht wurde, liefert das klassische Beispiel für die Fortpflanzungsstrategie der Säuger.[8] Männliche Hirsche sind wesentlich größer als Hirschkühe und haben bekanntlich ein gewaltiges Geweih, das sie im Kampf gegen Rivalen einsetzen. Rothirschkühe bilden ein Rudel aus bis zu 20 Alttieren, das von einem sogenannten Platzhirsch dominiert wird, welcher gleichzeitig auch Vater aller geborenen Kälber ist. Aus den sich zwangsläufig ergebenden Konkurrenzkämpfen um diesen Harem gehen meist die älteren, größeren Hirsche mit ihren entsprechend ausladenden Geweihen als Sieger hervor. Der Platzhirsch erzielt eine hohe Fortpflanzungsquote, da er innerhalb von drei bis sechs Jahren bis zu 20 Kälber zeugen kann. Im Alter von zehn bis elf Jahren lassen seine Kräfte nach, und die Herrschaft über den Harem wird von einem jüngeren, stärkeren Hirsch übernommen. Daher kommen auf einen Platzhirsch knapp zwei Dutzend Nachkommen; demgegenüber steht eine große Zahl männlicher Hirsche, die keine Chance hatten, Nachwuchs zu zeugen.

Ganz anders sieht die Situation bei den Weibchen aus: Da praktisch jede Hirschkuh, sofern sie die Geschlechtsreife erreicht, pro Jahr ein Kalb gebären kann, wird sie in ihrem ganzen Leben, das 12 bis 15 Jahre dauert, maximal ein gutes Dutzend Nachkommen haben – also etwa halb soviel wie ein Platzhirsch. Allerdings lebt sie länger als dieser und braucht sich auch nicht in Revierkämpfen aufzureiben. Beide Lebensweisen sind charakteristisch für die Vermehrungsweise der Säugetiere: zum einen haben wir Männchen, die in Vielweiberei leben, da ihnen dieses System bei Erfolg die meisten Nachkommen beschert, während es andererseits den Weibchen egal ist, ob sie polygam oder in Einehe leben – allerdings unter der Voraussetzung, daß der Vater im Sinne der Evolution »voll funktionstüchtig« ist. (Selbstverständlich ist es für ein Weibchen von Vorteil, wenn ihr männlicher Partner Eigenschaften wie Stärke, Robustheit und Größe aufweist, da ihre potentiellen Söhne diese Anlagen erben werden, sich daher evtl. besser behaupten und somit auch das Erbgut der Mutter weitergeben können. Deshalb verwundert es nicht, daß manche Weibchen evolutionsbedingt »freiwillig« in einem Harem bleiben.)

Dieser letzte Punkt erklärt auch das Verhalten, das man gelegentlich bei Löwenrudeln beobachtet. Das Rudel besteht aus mehreren geschlechtsreifen Löwinnen, ihren Jungen und ein oder zwei »Löwenpaschas«. Junge Löwenmännchen werden vor der Geschlechtsreife aus dem Rudel vertrieben, so daß das dominierende Männchen Vater aller übrigen Jungen ist – bis es selbst, altersschwach geworden, seinen Thron an jüngere, kräftigere Löwen abgeben muß, die in sein Revier eingedrungen sind. Ummittelbar nach diesem Machtwechsel kommt es zu einem großen Massaker: der neue Pascha tötet alle vorhandenen Löwenjungen. Anschließend paart er sich mit allen geschlechtsreifen Weibchen. Diese brutalen Maßnahmen sind aus der Sicht des Löwenmännchens selbstverständlich. Zum einen sind die getöteten Jungen nicht seine eigenen, sondern tragen die Gene seines Vorgängers und Rivalen, weswegen sie die Verbreitung seines Erbguts nur behindern; zum anderen bewirkt der Verlust der Jungen, daß die Löwin wieder »rollig« wird. Warum sollte sie aber geduldig hinnehmen, daß ihre Jungen hingemeuchelt werden, an deren Weiterleben sie ja eigentlich interessiert sein sollte?

Die Löwin »möchte« zwar, daß ihre Jungen überleben, doch »ist es ihr im Prinzip gleichgültig«, wer der Vater ist – allerdings unter der Prämisse, daß er sich bewährt hat – und genau das hat der neue »Löwenpascha« soeben bewiesen. Die optimale Strategie für die Löwin besteht darin, angesichts ihrer toten Jungen schnellsten wieder trächtig zu werden. Nach Meinung der Autoren bietet dieses Beispiel für stiefväterliches Verhalten bei Löwen interessante Parallelen zum menschlichen Miteinander, und die Figur der bösen Stiefmutter, wie man sie beispielsweise aus dem Märchen vom Aschenputtel kennt, beruht sicherlich auf zahlreichen tatsächlichen Begebenheiten.

Da die Gründe, warum die Polygamie, insbesondere die Vielweiberei, für Säugetiere eine ideale Fortpflanzungsstrategie darstellt, eindeutig zu erkennen sind, konzentrieren sich die Biologen verständlicherweise auf die Ausnahmefälle innerhalb dieser Tiergruppe, sprich die Monogamie oder Einehe. Dabei interessiert uns natürlich besonders, inwieweit unsere Lebensweise von dieser Form der Partnerschaft beeinflußt wird.

Interessante Parallelbeispiele findet man wieder einmal im Tierreich. Der Biologe Burney Le Boeuf von der University of California in Santa Cruz hat das Paarungsverhalten beim See-

Elefanten, dessen Männchen sehr große Harems besitzen, mit dem monogam lebender Krabbenfresserrobben und Sattelrobben verglichen. Der See-Elefant stellt ein sehr imponierendes Beispiel einer extrem polygyn lebenden Art dar (d.h. ein einziges Männchen verfügt über eine sehr große Anzahl Weibchen). See-Elefantenbullen können bis zu vier Meter lang und drei Tonnen schwer werden und sind fast fünf Mal so groß wie weibliche See-Elefanten. Generell ist ein derartig auffälliger Sexualdimorphismus (d.h. in diesem Fall ein gewaltiger Größenunterschied zwischen den Geschlechtern) im Tierreich ein Hinweis auf polygyne Lebensweise. Dabei gilt offenbar die Faustregel: Je größer der Bulle, desto mehr Weibchen in seinem Harem. Selbstverständlich korrelieren die körperlichen Ausmaße des Bullen auch mit seinem Fortpflanzungserfolg. See-Elefanten paaren sich an bestimmten Stränden; diese befinden sich auf den Inseln, die der kalifornischen und mexikanischen Küstenlinie vorgelagert sind. In einer solchen See-Elefantenkolonie liegen die Weibchen wie die Ölsardinen dicht gepackt am Strand, auf dem einzelne Männchen erbitterte Duelle ausfechten, aus denen nur jeweils einer als Sieger und künftiger Beherrscher eines gewaltigen Harems hervorgeht.

See-Elefanten gehören zur Ordnung der Robbenverwandten oder Flossenfüßer (wissenschaftlich Pinnipedia), die insgesamt 31 Arten umfaßt. Gut zwei Drittel dieser Arten ziehen ihre Jungen in abgelegenen Kolonien auf dem Festland groß. Diese Robben leben mit Ausnahme von drei Arten polygam. Über die restlichen Arten, die ihre Jungen auf dem Packeis zur Welt bringen und aufziehen, weiß man zwar weniger, immerhin jedoch, daß die meisten in Einehe leben. Während der Fortpflanzungsperiode sieht man einzelne Paare und häufig Dreiergruppen, die aus einem Weibchen, ihrem vorjährigen Jungen sowie ihrem Partner bestehen. An allen Orten, an denen sich weibliche Robben in großer Zahl versammeln, bricht bei den Bullen das typische Paschaverhalten durch, und sie sammeln große Harems. Anders ist die Situation auf dem Eis: diese Robbenweibchen bilden niemals Gruppen, da dies zu gefährlich ist, denn die Herde könnte leicht einen Eisbären anlocken, dem die Tiere an Land nur schwer entkommen könnten, da die Jungen nicht ins Wasser fliehen können. Die Vorfahren der See-Elefanten und der anderen Robbenarten waren Landtiere und auch ihre Nachkommen suchen zur Geburt das Festland auf. Da nur wenige feindfreie Strände und Inseln hierfür geeignet sind, drängen sich die Weibchen hier zusammen, so daß sich als weitere Konsequenz bei diesen Arten die Vielweiberei entwickelte. Die Robbenarten, die auf dem Eis ihre Jungen gebären, verfolgen eine andere Strategie: Weil die Eisflächen im Verhältnis zu den Stränden viel mehr Raum bieten, können sich die Weibchen über ein großes Areal ausbreiten und gleichzeitig noch Fische für ihren Nachwuchs fangen. Da das Packeis im Frühjahr auseinanderbricht, bleibt nur wenig Zeit für eine ungefährdete Geburt und Aufzucht der Jungen. Tatsächlich werfen alle Robbenweibchen zur selben Zeit, so daß auch alle zum gleichen Zeitpunkt begattet worden sein müssen. Und da die Population der Weibchen sehr weit auseinandergezogen lebt, bedeutet dies automatisch, daß sich jedes Männchen nur mit einer einzigen weiblichen Robbe paart.

Aus dem Beispiel der Robben geht hervor, daß die jeweilige Form der Partnerschaft u.a. von den Umweltbedingungen abhängt. Unter diesen Umständen konnte sich aus der reinen Polygamie, speziell der Vielweiberei, eine reine Monogamie entwickeln, wie man sie beispielsweise bei den Robben beobachten kann, deren Geburtsplätze auf dem Eis liegen. Obwohl die Vielehe von den Soziobiologen als die ursprüngliche Partnerschaft der Säugetiere angesehen wird, braucht dies nicht zwingend für den Menschen zuzutreffen. Denn er ist wie die oben erwähnte Krabbenfresserrobbe ein Sonderfall und eher monogam, obwohl von Zeit zu Zeit wieder Reste seines polygynen Erbgutes zutage treten.

In keiner anderen Tiergruppe findet man so viele monogame Arten wie bei den Vögeln, von denen über 95 Prozent in Einehe leben. Der Grund für dieses Verhalten liegt offenbar in dem gewaltigen Vorteil, den die gemeinsame Aufzucht der Brut durch beide Elternteile mit sich bringt. Selbstverständlich gibt es auch polygame Arten, zum Beispiel viele Hühnervögel, und bei anderen Arten versucht gelegentlich auch mal ein Männchen, seine Nachbarin in Abwesenheit des Nistpartners zum »Ehebruch« zu bewegen; doch in der Regel sind die meisten Vögel streng monogam. Auffällig ist bei solchen Arten, daß beide Geschlechter entweder nahezu gleich aussehen (wie beispielsweise beim Schwan, wo man Männchen und Weibchen kaum auseinanderhalten kann) oder aber ungefähr gleich groß sind. Dies beobachtet man meist bei den Vogelarten, deren Männchen ein buntes Gefieder besitzen, das zur Werbung um das Weibchen eingesetzt wird. Wahrscheinlich kam es zu keinem Größenunterschied, weil die Männchen nicht um einen Harem kämpfen müssen.

Der Mensch hat nun den vorgegebenen Evolutionspfad der Säugetiere verlassen und eine Form der Partnerschaft entwickelt, die der vieler Vögel ähnelt, und vermutlich aus den gleichen Gründen: Beide Elternteile können und müssen Hand in Hand arbeiten, damit ihre Nachkommen bis zur Geschlechtsreife gelangen und sich wiederum fortpflanzen können. Doch im Gegensatz zu den meisten Vögeln besitzt der Mensch einen Sexualdimorphismus, d.h. von ihrer Größe her weisen Mann und Frau deutliche Unterschiede auf: Im Durchschnitt sind Männer etwa um acht Prozent größer als Frauen. Bei jeder anderen Art würde ein Biologe sofort davon ausgehen, daß ein Mann gegen andere Rivalen um eine Frau kämpfen muß. Außerdem müßte der Sieger mit mindestens zwei bis drei Ehefrauen belohnt werden, während andere nur eine Frau und eine beträchtliche Anzahl Männer überhaupt keine Partnerin bekämen. Für die westliche Welt trifft dies eindeutig nicht zu, da man hier die »treue Einehe« pflegt – obgleich zahlreiche Scheidungen, erneute Heirat oder »wilde Ehen« mit wechselnden Partnern einen anderen Eindruck erwecken. Die Frage, ob die unterschiedliche Größe der Geschlechter wohl doch etwas mit Vielweiberei zu tun hat, müßte man vermutlich bejahen.

Diese besondere Form des Sexualdimorphismus beim Menschen läßt auf einen Selektionsdruck schließen, der bis vor noch nicht allzu langer Zeit Vielweiberei in gemäßigter Form förderte. Selbst wenn die Lebensgewohnheiten der modernen Zivilisation dieser Art des Zusammenseins entgegenstehen, ist im menschlichen Genom immer noch festgelegt, daß Männer größer als Frauen sind und mit anderen Männern um diese kämpfen müssen. Und sicherlich wird es noch viele Generationen dauern, bis die Erbanlagen für diesen Geschlechtsunterschied schwächer werden und schließlich verschwunden sind. Selbstverständlich braucht man keine blühende Phantasie, um sich seine Entstehung auszumalen: Die überlebensfähige Urfamilie bestand vermutlich aus zwei Frauen, die am heimischen Feuer saßen und die Kinder hüteten, und einem Mann, der diese Kinder gezeugt hatte und die Gruppe gegen mögliche Rivalen verteidigen mußte. Nun soll selbstverständlich den armen, schwachen Frauen nicht unterstellt werden, daß sie von diesem Mann (in seiner Rolle als Beschützer und Ernährer der Familie) voll und ganz abhingen – obgleich einer der beiden Autoren (zähneknirschend) eingestehen muß, daß eine Frau im letzten Drittel ihrer Schwangerschaft auf die Hilfe eines Dritten angewiesen ist. Die Möglichkeit, daß dieser Dritte durchaus eine andere Frau gewesen sein kann, rückt die wahre Bedeutung diese Dreierbeziehung in ein anderes Licht und läßt den Mann überhaupt nicht mehr als den großen Beschützer erscheinen. In einem Familienverband könnten sich nämlich zwei bis drei Frauen sehr gut selbständig ernähren und um ihre Kinder kümmern, indem sie den einzigen Mann, den sie als Vater für ihre Kinder benötigen, als notwendiges Übel erdulden und ihn ansonsten so oft wie möglich in die Savanne schicken, damit er dort nach Herzenslust jagen und sich mit anderen Männern herumprügeln kann. In dieser hypothetischen Urfamilie benötigen die Frauen den Mann also primär als Kindsvater und erst in zweiter Linie als Aushilfskraft bei der Nahrungssuche.

Mit der kulturellen Entwicklung kamen zwei Trends auf, die gegen diese Urfamilie arbeiteten. Zum einen waren dank der landwirtschaftlichen und technischen Fortschritte nun Einzelpaare (d.h. ein Mann und eine Frau, oder besser gesagt, eine Frau allein) in der Lage, mehrere Kinder gemeinsam großzuziehen. Zum anderen nimmt genau diese Gesellschaft – in Form von Kinderkrippen, Kindergärten und Schulen – der Mutter einen großen Bereich ihrer Aufgaben ab, für die sie als weibliches Säugetier eigentlich von ihren Genen vorgesehen ist.

In ihrem Buch »Sex, Evolution and Behavior« belegen Martin Daly und Margo Wilson dies an mehreren Beispielen: In allen menschlichen Gesellschaftsformen kommt Polygynie (Vielweiberei) relativ häufig vor, Polyandrie (eine Frau hat mehrere Männer) hingegen viel seltener. In 849 untersuchten Gesellschaftstypen gibt es 708 mit Polygynie, die in etwa 50 Prozent dieser Volksgruppen und Nationen häufig und beim Rest selten praktiziert wird. Monogamie wird hingegen in etwa 137 Gesellschaftsformen gefunden, und Polyandrie gibt es nur bei vier Gruppen, die von den Biologen als Sonderfälle eingestuft werden.

Ähnliche Studien machen auch auf andere Charakterzüge der menschlichen Partnerschaft aufmerksam. Während sexuelle Beziehungen bei den meisten Säugetiere im großen und ganzen unpersönlich verlaufen und die Verbindung zwischen Männchen und Weibchen zeitlich begrenzt ist, kommt es in keiner menschlichen Kultur zu derart beiläufigen sexuellen Verbindungen, sondern immer zu Ehen und eheähnlichen Gemeinschaften. Ähnlich wie bei anderen monogamen Säugetieren fällt daher die Zahl der Junggesellen höher aus als die der »alten Jungfern«. Obgleich die Mehrzahl der Kulturen Vielweiberei duldet (die allerdings nur von sehr reichen Männern praktiziert wird, welche sich viele Ehefrauen leisten können), leben die meisten Ehepaare monogam. Und auch bei der Partnerwahl läßt sich das Verhalten von Männern und Frauen wie bei den entsprechenden Geschlechtern anderer Arten ziemlich genau vorhersagen.

Partnerwahl

Die Entstehung der Ehe als gesellschaftliche Institution beweist wieder einmal die Intelligenz unserer Vorfahren, die sich (instinktiv) an soziobiologische Vorgaben hielten, obwohl sie weder über diese Wissenschaft noch über Gene Bescheid wußten. Als die ersten menschlichen Stämme und Dorfgemeinschaften entstanden, muß den damaligen Anführern und Ältesten rasch klargeworden sein, daß junge ungebundene Burschen eine Quelle ständigen Ärgernisses waren: Sie gerieten dauernd aneinander, stellten den Mädchen nach und gebärdeten sich auch sonst als Störenfriede. Auf der anderen Seite wurden Männer, die mit einer Partnerin eine Familie gegründet hatten, zu zuverlässigen, arbeitswilligen Mitgliedern der Gesellschaft. Da beide Geschlechter auch damals etwa gleich stark vertreten waren, war die beste Lösung, jeden jungen Mann möglichst bald zu verheiraten, damit er in der Ehe ruhig gestellt wurde. Gesellschaftlich betrachtet ist diese Politik nachvollziehbar, doch läuft sie im Grunde genommen den menschlichen Erbanlagen zuwider. Denn da der Mensch sich nicht von allein (d.h. von seinen Genen gesteuert) in eine lebenslange Einehe fügt, wie beispielsweise der Schwan, wurde die Ehe zur Institution mit tausend Rechten und Pflichten erhoben. Derartige Erkenntnisse verdanken wir der Soziobiologie, die der Menschheit hoffentlich auch in Zukunft vernünftige und maßgeschneiderte Konzepte für alle sozialen Belange liefern wird.

Ein interessantes und faszinierendes Thema ist auch die Einstellung der Gesellschaft zum Inzest. Aus guten biologischen Gründen sollte jedes Individuum diese Form der Partnerwahl vermeiden: Da die Nachkommen derselben Eltern die gleichen Erbanlagen tragen, können sich bei einer Geschwisterehe möglicherweise genetische Defekte oder rezessive Gene für bestimmte Erbkrankheiten durchsetzen, so daß Nachkommen aus dieser Verbindung krank oder verunstaltet wären, vielleicht sogar früh sterben müßten. Daher hat die Evolution bei vielen Tieren Sperrmechanismen gegen Inzestverhalten entwickelt, so daß sich geschlechtsreife Individuen nur mit nicht blutsverwandten Artgenossen paaren. Auf diese Weise bleiben die folgenden Generationen gesünder und sind – im Darwinschen Sinne – besser für das Leben gerüstet.

Diese Mechanismen können sehr unterschiedlich aussehen und funktionieren. Deutlich wird dies z. B. an der Vertreibung der jungen fast geschlechtsreifen Löwenmännchen durch den Pascha. Dieses Beispiel ist insofern interessant, da hier zwei entwicklungsgeschichtliche Probleme mit einem Schlag gelöst werden. Das dominante Männchen vertreibt seine potentiellen Rivalen und vermeidet zugleich das Risiko des Inzests. Hiermit soll den menschlichen Vorfahren nun nicht unterstellt werden, sie hätten ihre Söhne zur Vermeidung potentieller Geschwisterehen aus der Sippe vertrieben. Doch sobald sich derartige Verhaltensmuster entwicklungsgeschichtlich bewährt haben, werden sie immer wieder bestätigt, da sie auf ihre Weise den Austausch der Gene fördern.

Andere Arten, wie beispielsweise Ratten und Mäuse, paaren sich ebenfalls nicht mit ihren Wurfgenossen, die sie vermutlich am Geruch erkennen. Bei vielen Tieren, die mehrere Nachkommen gleichzeitig aufziehen, sind innerfamiliäre sexuelle Verbindungen verpönt, und auch der Mensch bildet in diesem Punkt keine Ausnahme. So kommt es fast nie vor, daß Kinder, die ungezwungen zusammen aufgewachsen sind, einander später heiraten, wie Beispiele aus israelischen Kibbuzen zeigen. Dort werden die Kinder vieler (nicht blutsverwandter) Eltern gemeinschaftlich wie in einer großen Familie erzogen. Trotz sicherlich zahlreicher Hoffnungen und Wunschvorstellungen seitens der älteren Kibbuzniks ist kein Fall bekannt, in dem sich junge Leute, die aus demselben Kibbuz stammen, gemeinsam unter dem Traubaldachin wiederfanden. Offensichtlich funktioniert der menschliche Sperrmechanismus gegen Inzestverhalten nicht etwa über den Geruchssinn, sondern in der Weise, daß Kinder ihre gemeinsamen Spielgefährten später als Erwachsene nur selten als Sexualpartner auswählen.

Dieser Aspekt ist besonders interessant, da beispielsweise in den bekanntlich recht prüden viktorianischen Zeiten nicht einmal Brüder und Schwestern derselben Familie als Kinder miteinander spielen durften. Auf diese Weise wurde aber vielleicht die beabsichtigte Wirkung genau ins Gegenteil verkehrt, da diese Kinder niemals die »Botschaft« erhielten, daß ihre Geschwister als zukünftige Ehepartner tabu waren.

Dieses Thema hat für die moderne Gesellschaft noch andere Auswirkungen. Dank der modernen Empfängnisverhütung besteht eigentlich kein Grund mehr, warum Bruder und Schwester nicht miteinander schlafen sollten, wenn sie es wünschen – und aufgrund der Fortschritte in den Bereichen genetische Beratung und Genmanipulation könnten beide auch Eltern von gesunden Kindern werden. Innerhalb der Gesellschaft ist das Inzest-Tabu in erster Linie entstanden, weil die instinkive Verhaltensblockierung der Kinder gegen Inzest durch ihre Erziehung teilweise aufgehoben wurde; und da sich die Gesellschaft weiter verändern wird, ist dieses Tabu ebenfalls überflüssig geworden. Hier können soziobiologische Erkenntnisse helfen, die Spielregeln der Gesellschaft zu verändern (ähnlich wie beispielsweise in Schweden), damit einigen ihrer Mitglieder mehr Glück und weniger Elend zuteil wird.

Abgesehen von seinen engsten Verwandten scheint der Mensch jedoch ansonsten jeden nächstbesten Kandidaten als Ehepartner zu akzeptieren. Dieser sachlich-nüchterne Ausspruch stammt von David Buss von der Harvard University, der unzählige Untersuchungen zu diesem Thema durchgeführt hat. Der Mensch neigt offenbar dazu, seinen Partner unter denjenigen Mitmenschen auszusuchen, die er oft sieht – Nachbarn, Berufskollegen, Kommilitonen. Bei diesen Studien stellte sich aber auch heraus, daß der alte Spruch von den »Gegensätzen, die sich anziehen« wahrscheinlich nicht zutrifft; nein, ganz im Gegenteil, denn die Menschen suchen sich meist einen Partner, der ihnen in den Punkten Intelligenz, Sozialstatus, ja sogar Aussehen, so ähnlich wie möglich ist – manche Wissenschaftler bezeichnen daher diese ausgeprägte Neigung, quasi ein Spiegelbild der eigenen Person zu finden, als »assoziativen Narzismus«. Dennoch fallen die Auswahlkriterien bei Mann und Frau unterschiedlich aus. Bei einer Umfrage legten mehr Frauen als Männer besonderen Wert darauf, daß der Partner ein gutes Einkommen und einen festen Beruf hat, aus guter Familie stammt und sich freundlich und zuvorkommend verhält. Männer wiederum achteten eher auf eine anziehende äußere Erscheinung, Sparsamkeit und gute hausfrauliche Qualitäten. Diese Präferenzen decken sich widerspruchslos mit den unterschiedlichen Fortpflanzungsstrategien von Männern und Frauen, so daß sich ein Kommentar erübrigt. Doch ein Punkt sollte noch gesondert erwähnt werden.

Den besten Fortpflanzungserfolg erzielt ein Mann mit einer Partnerin, die Jugend und Gesundheit in sich vereint, da sie ihm nur so viele Kinder gebären kann. Im Laufe unzähliger Generationen haben sich daher die Männer mit derartigen Partnerinnen stärker vermehrt als solche, die ältere Frauen bevorzugten. Deshalb fühlen sich verständlicherweise heute sehr viele Männer (sprich die Nachkommen der ersten Gruppe) zu ganz jungen Frauen hingezogen, die gerade die Pubertät hinter sich haben. Andererseits benötigte eine Frau bis vor noch nicht allzu langer Zeit einen Partner, der im Darwinschen Sinne lebenstüchtig ist. Diese Tüchtigkeit bewies er zum einen durch sein bisher erreichtes Alter, zum anderen durch sein Vermögen oder Prestige, das er sich innerhalb der Gesellschaft erworben hatte. Daher liegt die Nachkommenzahl einer Frau mit einem erfolgreichen älteren Partner wahrscheinlich höher als bei einer Geschlechtsgenossin, die einen unerfahrenen, aber dafür jungen Mann hat.

Obgleich diese Form der Partnerschaft (ältere Männer mit jüngeren Frauen) in der Vergangenheit ihren entwicklungsgeschichtlichen Zweck erfüllt hat, trifft sie für die heutige Gesellschaft nicht mehr zu. Doch fühlen sich ältere Männer nach wie vor zu jüngeren Frauen hingezogen und umgekehrt – und natürlich gibt es auch jüngere Männer, die ältere Frauen attraktiv finden (doch sind sie meist zu wenige, als daß die Aussagekraft dieser Argumentation eingeschränkt wäre).

Die oben geschilderte männliche Vorliebe wird in der modernen Gesellschaft, speziell in der Werbebranche, häufig mißbraucht. Einige Kampagnen, bei denen solche Kindfrauen zu reifen Frauen herausstaffiert werden und für bestimmte Produkte werben, sind ins öffentliche Kreuzfeuer geraten; man lastet ihnen nämlich nicht nur an, daß diese Art Werbung manche Männer dazu animiere, Frauen als Sexualobjekte anzusehen, sondern versucht auch, einen direkten Zusammenhang mit dem Anstieg der Fälle von sexuellem Kindesmißbrauch herzustellen. Die soziobiologischen Erkenntnisse können dieses Argument nur unterstützen. Im Laufe seiner Evolution wurde der Sexualtrieb des Mannes permanent darauf konditioniert, vor allem auf die sexuellen Schlüsselreize besonders junger Frauen zu reagieren. Deshalb verwundert es kaum, daß derart verkleidete Kindfrauen, die älter erscheinen als sie tatsächlich sind, bei manchen Männern Kurzschlußreaktionen auslösen, weil die Reizüberfütterung für sie einfach zu groß war; die Katastrophe ist demnach also vorprogrammiert. Andererseits würde die Werbung aber auch keine sexuellen Schlüsselreize einsetzen, wenn sie nicht wüßte, daß Männer junge Frauen attraktiv finden.

Wahrscheinlich wird es bei den meisten Männern nie zu einer derartigen Überreaktion kommen; doch so wie es Männer gibt, die auf ältere Frauen »fliegen«, reagieren einige Männer eben auch sehr stark auf besonders junge Mädchen. Die Gesellschaft sollte dafür Sorge tragen, daß diese Menschen nicht noch zusätzlich in Konflikte gestürzt werden, und deshalb halten die Autoren aus soziobiologischer Sicht die oben geschilderte Art der Werbung für bedenklich.

Das Phänomen, daß sich vorzugsweise Menschen mit ähnlichen Interessen und Ansichten zusammentun, bringt auch neue Erkenntnisse über die jüngere Entwicklung von *Homo sapiens*. Diese besondere Form der Gattenwahl (engl. *assortative mating*) sorgt dafür, daß bestimmte Genotypen häufiger zueinanderfinden, so daß auch außergewöhnliche Eigenschaften (zum Beispiel Körpergröße) öfter ausgebildet werden, während gleichzeitig durchschnittliche Merkmale zurückgehen. So findet man sehr häufig daß sich sowohl sehr große als auch sehr kleine Männer und Frauen zusammentun, deren Kinder wiederum die jeweilige Größe ihrer Eltern erreichen. Würde ein Riese beispielsweise eine Zwergin heiraten, dann wäre der Größenunterschied in der nächsten Generation vermutlich ausgeglichen, die Statur der Kinder läge zwischen denen beider Elternteile.

Derartig kleine Faktoren können demnach im Verlauf mehrerer Generationen eine spürbare Wirkung zeigen und die Unterschiede zwischen einzelnen Menschengruppen vertiefen. Da in der heutigen Zeit die Menschen mobiler geworden sind, stoßen sie auch auf mehr Menschen als ihre Altvorderen; deshalb bietet sich ihnen häufiger die Gelegenheit, sich mit anderen Menschen zusammenzutun, die ihnen sehr ähnlich sind. Demnach könnte die erhöhte Beweglichkeit des modernen Menschen indirekt (nämlich infolge der Gattenwahl) seine genetische Variabilität einschränken, anstatt sie zu fördern!

Über die Zukunft von Frauen und Männern

Wie die Soziobiologie und auch die Evolutionstheorie feststellen, bestehen zwischen Männern und Frauen außer den rein körperlichen auch noch andere Unterschiede. Obgleich diese in der heutigen Zeit vielleicht keinen Vorteil mehr bieten, muß der Mensch sie als genetisches Vermächtnis mit sich tragen – denn in der Vergangenheit waren diese Eigenschaften einmal von Nutzen. So besitzen Frauen beispielsweise bessere pädagogische Fähigkeiten als Männer, sind wesentlich fürsorglicher und gehen auch seltener ein Risiko ein. Männer hingegen lieben es, riskante Situationen zu erleben, anzugeben und mit anderen Männern zu rivalisieren. Außerdem sind sie in der Regel sexuell promiskuitiver als Frauen, verzeihen es andererseits aber seltener, wenn ihre Partnerin einen Seitensprung begeht. Diese Thematik wird in vielen Volksliedern und Klassikern der Literatur wiedergegeben. Offenbar hängt all dies damit zusammen, daß der Mensch im Prinzip die Fortpflanzungsstrategie eines normalen Säugetiers verfolgt: Ein Mann darf es zwar munter außerhalb des Ehebetts treiben, wenn er regelmäßig zurückkehrt und ansonsten seine Aufgaben als Ernährer und Vater seiner Kinder wahrnimmt; falls jedoch eine Frau fremdgeht, kann sie möglicherweise ein Kind bekommen, das nicht von ihrem Partner stammt, dieser muß aber viel für die Erziehung eines derartigen »Wechselbalgs« aufwenden, der nicht einmal seine eigenen Gene trägt. Ihre Nachkommen hätten möglicherweise jedoch einen genetischen Vorteil, wenn diese Frau beispielsweise mit einem erfolgreichen, potenten Mann fremdginge und es ihr gelänge, das Kind aus dieser Liaison ihrem (vom Status her niedriger stehenden) gehörnten Gatten als sein eigenes unterzuschieben und von ihm großziehen zu lassen. Dies soll nicht als Appell gewertet werden, derartige Praktiken anzuwenden, die sicherlich in der heutigen Zeit keinerlei Evolutionsvorteil darstellen. Doch müssen sie den menschlichen Vorfahren in irgendeiner Weise praktische Vorteile geboten haben, und daher bleibt auch dem heutigen Menschen nichts anderes übrig, als diese »überholten Verhaltensprogramme« weiter mit sich herumzutragen – denn schließlich ist seine DNS zu 99 Prozent immer noch die eines Affen.

Die Gesellschaft hat bestimmte Spielregeln und Institutionen wie die Ehe entwickelt, um den Menschen bei der Überwindung seiner genetischen Barrieren und Sperrprogramme zu helfen. Auf diese Weise kann er sich leichter an Verhaltensweisen gewöhnen, die den heutigen Sitten und Gepflogenheiten entsprechen und die seine Erbanlagen erst noch entwickeln müssen. Die Soziobiologie kann dem modernen Menschen sicherlich in zweifacher Hinsicht das Leben erleichtern: Zum einen kann sie ihm die Notwendigkeit dieser Spielregeln verständlich machen und andererseits den Trieb mancher Zeitgenossen erklären, die diese Regeln brechen wollen.

Die Grundstrategie, durch hohen Einsatz maximalen Gewinn zu erzielen, kennzeichnet auch das männliche Verhalten in fast allen anderen Lebensbereichen. In jedem Lebensalter stellt man bei Männern auch eine deutlich höhere Sterblichkeitsrate als bei Frauen der jeweils gleichen Altersklasse fest; dies gilt als eine direkte Folge des erhöhten Testosteronspiegels im männlichen Organismus, wodurch Männer aggressiver und risikofreudiger werden und ihre körperlichen Reserven auch rascher »verbraten«. Besonders deutlich wird dies an medizinischen Untersuchungen von Kastraten, die kein so hektisches Leben wie »unbehandelte« Männer führen: Die durchschnittliche Lebenserwartung für kastrierte männliche Insassen aus amerikanischen Heimen für geistig Behinderte lag bei 69,3 Jahren, während sich die Lebenserwartung von Mitgliedern einer sorgfältig ausgesuchten »normalen« Kontrollgruppe bei 55,7 Jahren bewegte. Die Heiminsassen wurden damals von den amerikanischen Gesundheitsbehörden übrigens aus genau diesem Grund sterilisiert, weil sie nämlich nach dem Eingriff umgänglicher und sanfter waren.[9] Ein ähnliches Verhalten läßt sich bei Hauskatzen beobachten; dort führt der nicht sterilisierte Kater ein unstetes Leben als Abenteurer und Hinterhofcasanova, während sein kastrierter Wurfgenosse faul und friedlich vor dem Kaminfeuer döst. Zwar ist Testosteron der Motor des aggressiv-männlichen Verhaltens, doch konnte dieses in seiner heutigen Form nur entstehen, weil es in der Vergangenheit die ideale Fortpflanzungsstrategie für den Mann und sein Genom darstellte. Die damit zusammenhängende kürzere Lebensdauer wurde dadurch wieder wettgemacht, daß diese Lebensform den Männern häufiger Gelegenheit bot, sich zu paaren.

Männer kommen nicht nur häufiger als Frauen bei Unfällen ums Leben, sondern werden auch viel öfter krank. Auch hier sind die Gründe aus heutiger Sicht einleuchtend: Wenn in einer frühen Gesellschaftsform eine schwangere Frau erkrankte, lief sie Gefahr, ihr Kind zu verlieren, selbst wenn sie rasch wieder gesund wurde – und dies wäre nach ihrer Fortpflanzungsstrategie ein sehr gravierender Verlust gewesen. Ein kranker Mann hingegen hätte nach einer Woche Bettruhe wieder aufstehen und sofort ein Kind zeugen können. Auch für den Säugling wäre es schwerwiegender gewesen, die Mutter als den Vater zu verlieren, da mit dem Tod der Mutter gleichzeitig auch seine Nahrungsquelle versiegt wäre. Deshalb wurde ein starker Selektionsdruck auf Frauen ausgeübt, rundum gesund zu sein, während bei Männern diese extreme Notwendigkeit nicht bestand.

Besonders extrem sind die unterschiedlichen Muster des männlichen und weiblichen Sexualverhaltens bei homosexuellen Menschen ausgeprägt. Während homosexuelle Männer meist sehr promiskuitiv sind und viele Sexualpartner haben wollen, bevorzugen homosexuelle Frauen oft nur wenige oder lediglich einen Sexualpartner und neigen auch zu dauerhaften Beziehungen. Die genauen Gründe für Homosexualität sind bisher unbekannt, und es liegt auch nicht im Interesse der Autoren, mit den entsprechenden Experten eine Diskussion über das Thema zu entfachen. Doch scheinen auch in dieser Verhaltensweise die grundlegenden Muster der männlichen und weiblichen Sexualität durchzubrechen, allerdings ohne die üblichen »Sach- und Situationszwänge«, die sich in einer heterosexuellen Beziehung automatisch ergeben.

Was kann man also in der heutigen Zeit mit den Unterschieden zwischen Mann und Frau anfangen? Zunächst wollen wir nicht unterstellen, daß sie heute noch gerechtfertigt sind, doch handelt es sich durchaus um bewährte Fortpflanzungsstrategien, die im Verlauf der menschlichen Evolution entstanden sind. In der heutigen Gesellschaft können die Beziehungen zwischen Männern und Frauen (und zwischen Mitgliedern des gleichen Geschlechts) die verschiedensten Formen annehmen, und trotzdem werden immer noch gesunde Kinder geboren, die wiederum aufwachsen und eigene Nachkommen in die Welt setzen. Die Soziobiologie hat erkannt, daß Männer und Frauen bestimmte angeborene Fähigkeiten besitzen, die sich im großen und ganzen mit den klassischen maskulinen und femininen Rollen decken.

Die Gesellschaft versucht (auch heute noch), diese Unterschiede zu betonen, so daß Männer noch maskuliner und Frauen noch femininer werden. Jedoch sind diese klassischen Rollen in der heutigen Gesellschaft im wesentlichen überholt oder gar überflüssig geworden: eine Frau kann genauso gut eine Firma leiten oder einen Jumbo Jet fliegen wie ein Mann im Kindergarten arbeiten oder Hausmann werden kann – wenn es in der Realität allerdings auch weitgehend anders aussieht.

Der Schlüssel für ein glückliches Miteinander von Männern und Frauen in der Gesellschaft liegt in der Bereitschaft, die genetische Prägung auf typisch männliches oder weibliches Rollenverhalten zu überwinden. Diese Veranlagung ist tatsächlich nur sehr gering, wie man in einigen Studien mit Kindern festgestellt hat; hierbei waren sowohl Jungen untersucht worden, deren Beschneidung unglücklicherweise mißglückt war und die anschließend als Mädchen aufgezogen wurden, als auch junge Patientinnen, die vom Genom her Mädchen waren, jedoch aus verschiedenen Gründen als Fetus mit einer Überdosis männlicher Hormone behandelt wurden. Die Unterschiede zwischen den Geschlechtern sind real, doch sehr gering – oder um es mit den Worten des Soziobiologen E.O. Wilson zu formulieren: »Schon bei der Geburt ist der Zweig leicht gebogen«.[10] Doch sind diese Unterschiede in den verschiedensten Gesellschaftsformen gewaltig hochstilisiert worden, und das obige Beispiel zeigt, wie entscheidend die kulturelle Prägung sein kann, um »Jungen« in der »Frauenrolle« zu unterrichten. Offenbar wirkt nicht nur die Natur, sondern auch das Milieu prägend auf die Entwicklung eines erwachsenen Menschen. Laut Wilson ist zwar »die Arbeitsteilung der Geschlechter kein Unfall der kulturellen Evolution«, doch können offenbar kulturelle Faktoren die maskulinen oder femininen Seiten eines Menschen während seiner Entwicklung beeinflussen.

Die Gesellschaft wurde und wird von Männern bestimmt, und sie hat sich auch in ihren Verhaltensweisen von diesen überzogenen sexuellen Unterschieden beeinflussen lassen. Mancher Frau, die in dieser Männergesellschaft eine führende Position errungen hat, gelang dies nur, weil sie offenbar noch »männlicher« als ihre Kollegen war. So wurde während des Falklandkrieges Margaret Thatcher, *der* damalige weibliche Premier Großbritanniens, in der Presse als »einzige Person bezeichnet, die im Kabinett die Hosen anhat«. Nach Meinung der Autoren könnte die Gesellschaft die soziobiologischen Erkenntnisse über den natürlichen Ursprung der klassischen Rollenverteilung in geeignete Maßnahmen umsetzen, um diese Unterschiede abzubauen. Eine Gesellschaft, in der Männer und Frauen völlig gleichgestellt sind, kann dies nicht nur durch Verabschiedung von Gesetzen zur Gleichberechtigung erreichen, sondern muß bei der Erziehung künftiger Generationen ansetzen. Jungen und Mädchen sollten in Kindergärten und Schulen angehalten werden, auch Spiele und Rollen zu lernen, die traditionell dem jeweilig anderen Geschlecht zugerechnet werden. Nur so können wir unseren genetisch minimalen Vorsprung gegenüber dem Affen richtig anwenden, um unsere »tierischen« Gene auszutricksen. Allerdings verspricht dies, ein langes, hartes Ringen zu werden. So wurde beispielsweise von zahlreichen Vertretern der sexuellen Gleichberechtigung heftig darum gekämpft, Jungen und Mädchen in gemeinsamen Schulen zu erziehen. Nach Meinung der Autoren (u.a. aus langjähriger Erfahrung als Lehrerin) sollten die Kinder unbedingt in reinen Jungen- bzw. Mädchenschulen unterrichtet werden, und zwar aus zwei Gründen: Die geistige und die körperliche Entwicklung bei gleichaltrigen Jungen und Mädchen verlaufen mit unterschiedlicher Geschwindigkeit. Daher ist es grotesk, eine gemischte Klasse zu unterrichten, deren Schüler auf dem Papier zwar das gleiche Alter haben, eigentlich aber zwischen 10 und 18 Jahren alt sind. Zum zweiten – wobei es sich um eine gegenwärtige Kulturerscheinung handelt – neigen Mädchen schon in einem sehr frühen Alter dazu, sich Jungen unterzuordnen. So belegen einige Untersuchungen, daß Absolventinnen aus reinen Mädchenschulen (natürlich nur unter günstigen Bedingungen) in traditionell männlichen Domänen wie beispielsweise Naturwissenschaften besser waren als ihre Geschlechtsgenossinnen, die aus gemischten Schulen kamen, in denen die Jungen normalerweise in diesen Fächern brillieren.

Schon Professor Higgins ruft in dem Musical »My Fair Lady« verzweifelt aus: »Warum kann eine Frau nicht so sein wie ein Mann?« – worauf wir nur entgegnen können: »Doch, kann sie wohl, und ein Mann könnte auch sein wie eine Frau«. Diese Welt wäre sicherlich eine glücklichere, würden Männer und Frauen dazu erzogen, einen Mittelweg zwischen den geschlechtlichen Extremen einzuschlagen. Doch angesichts der gegenwärtigen Situation ist dieser wünschenswerte Zustand noch kaum wahrnehmbare Zukunftsmusik.

7
Das Spiel zwischen den Generationen

Warum wird die Rolle des hilflosen blonden Dummchens, das Marylin Monroe für uns alle unvergeßlich darzustellen wußte, von einigen Menschen so erfolgreich kopiert? Die Antwort finden wir in unseren Genen, aber auch in unserer Kultur, und sie hängt ebenso mit der Größe des Gehirns wie mit der Hilflosigkeit menschlicher Babys zusammen, die sich aus dem Wachstum dieses Organs ergibt.

Säuglinge sind körperlich völlig hilflos und können nur überleben, weil sie in uns Erwachsenen ein starkes Brutpflegeverhalten auslösen. Selbst der eingefleischteste Macho und Kinderfeind wird sich gelegentlich dabei ertappen, daß er plötzlich mit den Zehen eines Neugeborenen spielt oder ihn auf den Armen in den Schlaf singt – eine Reaktion auf tief verwurzelte biologische Instinkte. Aus ähnlichen genetischen Gründen kann eine Mutter sogar das Wimmern ihres Kindes auf einer überfüllten Säuglingsstation heraushören oder mitten in der Nacht beim ersten Schrei ihres Lieblings hochschrecken, obwohl sie zuvor für ihren tiefen Schlaf bekannt war. Diese Verhaltensmuster sind sehr wahrscheinlich eine direkte Antwort der Evolution auf die Hilflosigkeit des Menschen bei seiner Geburt und während der ersten Lebensjahre, also genau jener Zeitspanne, die das Gehirn zu seiner vollen Entwicklung benötigt. Wenn also Menschen einer Frühgesellschaft von ihren Neugeborenen abgestoßen worden wären, hätten sie aus ersichtlichen Gründen vermutlich kaum Kinder gehabt, da diese schon bald verhungert, erfroren oder aus anderen Gründen gestorben wären – und mit ihnen auch das Erbgut ihrer »Rabeneltern«. Und erst in der Gegenwart ist es häufiger möglich geworden, daß ein Baby schon fast unmittelbar nach der Geburt nur noch von seinen Adoptiveltern aufgezogen wird. Deshalb sind Eltern, die herzlicher auf ihre unbeholfenen Säuglinge reagieren, auch die besseren Mütter und Väter, und ihr Erbgut, das auch jene Brutpflege-Gene in sich birgt, wird stärker verbreitet – und auf diese Weise hätte die Evolution einen interessanten Rückkopplungsmechanismus geschaffen.

Ein gewinnendes Lächeln

Dieses Rückkopplungsverhalten wollen wir am Beispiel des Pfauenschwanzes erläutern. Dieser prachtvolle Körperschmuck wird von einem Pfauenhahn nur benutzt, um Hennen anzulokken und sich mit ihnen zu paaren. Verständlicherweise sind die Hennen für diese Reize des Pfaus sehr empfänglich – die genauen Gründe für dieses Verhalten erklären zu wollen, ist recht mühselig: Manche »Erklärungen« besagen, die »Augenmuster« und die grün-blau schillernden Farben der Federn hypnotisierten die Hennen und machten sie willig. Andere Theorien behaupten, der Hahn werde durch seinen gewaltigen Federbusch ziemlich behindert; deshalb müßten die Weibchen »annehmen«, der Hahn mit der größten Behinderung sei ja wohl ein wahrer Überlebenskünstler, der das Schicksal trotz seines Handikaps so lange gemeistert habe – und deswegen müßten sie sich unbedingt mit ihm paaren. Unabhängig vom Selektionsdruck, der nun tatsächlich bewirkt hat, daß Pfauenhennen auf langbeschweifte Hähne »fliegen«, wird sich jeder Hahn mit besonders großem und prachtvoll gefiedertem Schwanz vermehren können. Aus diesem Grund werden sich die Gene, die für die Gestaltung des Schwanzes verantwortlich sind, ebenfalls rasch innerhalb der Pfauenpopulation ausbreiten – und so kann ein eher unbedeutender Körperteil innerhalb mehrerer Generationen zu einem ausgeprägten Merkmal werden.

Aber zurück zu unseren Müttern und Kindern. Da »erfolgreiche« Eltern eine besonders intensive Kinderliebe gegenüber ihren hilflosen Würmchen an den Tag legen müssen, hat sich dieses

Verhalten im Genom aller Menschen verankert und ist auch universal verbreitet. Im Interesse des Kleinkindes ist es daher am besten, wenn es seine kindlichen Züge verstärkt – also noch hilfloser wirkt, da es hierdurch das Brutpflegeverhalten seiner Eltern zu intensiveren Leistungen anspornt. Von dem Augenblick an, in dem das Kind auf die Welt kommt, muß es einfach das Verhalten von Mutter und Vater durch psychologische Reize (d.h. durch solche Schlüsselreize wie das Kindchenschema) manipulieren. Da Säuglinge nicht die körperlichen Kräfte und Fähigkeiten besitzen, ihre Mütter auf den Boden zu werfen, wenn sie hungrig sind und trinken wollen, müssen sie zu psychologischen Maßnahmen greifen, um ans Ziel ihrer Wünsche zu gelangen.[1]

Selbstverständlich ist auch ein Neugeborenes nicht völlig hilflos, denn es kann immerhin saugen, schreien, sehen, hören und greifen – das Baby kann sich also weit besser helfen, als es den Anschein hat. Seine Kommunikation mit der Umwelt ist nicht nur einseitig, aber die Natur hat dem Kind eine sehr wirksame Gabe in die Wiege gelegt, mit der es die Pflege durch seine Eltern belohnen kann: sein Lächeln. Schon bei der Geburt kann das Baby schreien und die Erwachsenen dadurch auf seine Bedürfnisse aufmerksam machen, doch das strahlende Babylächeln, mit dem die Kleinen auch die Herzen wildfremder Menschen gewinnen, taucht erst in den ersten Lebenswochen auf. Dieses Lächeln veranlaßt uns, mit dem Säugling zu kommunizieren, d.h. mit ihm zu spielen, ihm etwas vorzusummen oder seinen Bauch zu kitzeln, und es entlohnt uns für die »Mühen«, indem es in uns ein Wohlgefühl hervorruft. Auch dieses Verhalten wird eindeutig durch einen (reizgesteuerten) Rückkopplungsmechanismus hervorgerufen, läuft also nach dem gleichen Prinzip ab wie im erwähnten Beispiel des balzenden Pfaus. Schließlich kann sich auch ein Pfauenhahn nicht willentlich einen größeren Schwanz wachsen lassen, damit ihm mehr Hennen hinterherfliegen. Das Wachstum seiner Schwanzfedern (und somit die Ausprägung des Schlüsselreizes) wie auch die instinktive positive Reaktion der Weibchen auf diesen Reiz sind im Genom der Vögel verankert – und so verhält es sich auch mit dem Säuglingslächeln (Schlüsselreiz) und der entsprechenden Reaktion der Eltern und anderer Erwachsener. Die entsprechenden Gene sind vermutlich vor Urzeiten entstanden, als die Säuglinge zu lächeln begannen (möglicherweise fing alles mit einer Grimasse an, weil das Kleine Blähungen hatte), worauf die Eltern ihre Brutpflege intensivierten. Auf diese Weise zogen sie mehr Kinder groß, und die Gene für dieses Verhalten wurden entsprechend weitergegeben. Mit anderen Worten, je häufiger ein Säugling lächelt, desto besser für ihn und auch seine Eltern. Aus diesem Grund besitzen heute alle Menschen Gene, die uns als Baby häufig lächeln lassen – ein Verhalten, das im Laufe unseres Lebens z.T. kulturbedingt immer seltener wird. Darüber hinaus reagieren wir (ebenfalls genetisch bedingt) positiv auf lächelnde Mitmenschen, insbesondere auf lächelnde Säuglinge.

Womit wir wieder bei Marilyn Monroe wären. Im großen und ganzen sind nämlich Frauen – ähnlich wie Säuglinge ihren Eltern – den Männern körperlich unterlegen. Obgleich das Klischee vom großen, starken Mann und vom schwachen Weib vielen emanzipierten Frauen vermutlich ein Dorn im Auge ist, kommt es doch den Tatsachen recht nahe. Deshalb setzen viele Frauen bewußt oder unbewußt statt nackter Gewalt psychologische Mittel ein, um von den Männern das Gewünschte zu erhalten – und welche Taktik wäre nicht besser geeignet als die hervorragende, schon bei Säuglingen erfolgreiche Methode, ein hilfloses Äußeres mit einem gewinnenden Lächeln zu verbinden? Für einen Soziobiologen ist daher der Erfolg eines (gar nicht so auf den Kopf gefallenen) blonden Dummchens, die das Herz eines rauhen Machos wie Butter schmelzen läßt, nicht im mindesten überraschend; symbolisiert dieser doch lediglich die Übernahme ursprünglich kindlicher Schlüsselreize in das Verhalten von Erwachsenen.

Mutter-Kind-Beziehungen

Falls noch irgendwelche Zweifel über die Notwendigkeit für das Neugeborene bestanden, diese instinktive mütterliche Liebe möglichst rasch zu wecken und zu vertiefen (oder anders formuliert, diese Mutterliebe per Schlüsselreiz auszulösen), so sollen diese durch die folgende medizinische Untersuchung aus den 80er Jahren ausgeräumt werden: Marshall Klaus und John Kennell, zwei Ärzte aus Cleveland, untersuchten den bis dahin ungeklärten Tatbestand, daß sehr viel mehr Kinder aus Frühgeburten – die noch einige Jahre zuvor aufgrund der damaligen medizinischen Versorgung bzw. Kenntnisse nicht hätten überleben können – als solche aus normalen Schwangerschaften aufgrund von Kindesmißhandlung oder -vernachlässigung ambulant oder stationär behandelt werden mußten. Offenbar hatte die lange Trennung von Mutter und Neugeborenem bewirkt, daß keine enge Mutter-Kind-Beziehung entstehen konnte; sie bildet sich sehr wahrscheinlich unmittelbar nach der Geburt aus, so daß es zum Zeitpunkt, als die Kinder aus der Intensivbetreuung entlassen wurden, bereits zu spät war.

Wir wollen uns auch an dieser Stelle die Einzelheiten schenken, warum der Bindungsprozeß direkt nach der Entbindung stattfindet – möglicherweise spielen bestimmte Hormone eine Rolle, die nur mehrere Tage oder in den ersten beiden Wochen nach der Geburt im mütterlichen Organismus vorkommen. Einer besonders interessanten Erkenntnis der Ärzte aus Cleveland zufolge[2] sind Neugeborene während der ersten 40 Minuten ihres Lebens außerordentlich aufmerksam. Mit weit aufgerissenen Augen verfolgen die Kinder jedes bewegliche Objekt, vor allem menschliche Gesichter. Wenn Mütter nach der Entbindung ihre Neugeborenen im Arm halten, konzentrieren sie sich automatisch immer auf die Augen des Kindes; oft wurde auch beobachtet, daß die Mutter das Kleine auffordert, quasi als Lebensbeweis seine Augen zu öffnen – obwohl das Kind in ihren Armen strampelte. Der Moment der Prägung zwischen Mutter und Kind ist demnach der erste Blickkontakt zwischen beiden unmittelbar nach der Geburt– sozusagen Liebe auf den ersten Blick.

Ausgehend von dieser Studie entwickelten Klaus und Kennell erstmalig für die Klinik, in der sie damals arbeiteten, ein neues Konzept, um eine Mutter-Kind-Beziehung aufzubauen; ein Verfahren, das mittlerweise auch in vielen anderen Krankenhäusern praktiziert wird. Das Problem, unterentwickelte »Frühchen« im Brutkasten zu überwachen und mit lebenserhaltenden Maßnahmen zu versorgen, besteht zwar nach wie vor, doch können – und sollen – die Mütter dieser Kinder die erste Zeit nach der Geburt mit ihnen verbringen. Außerdem sind sie angehalten, jeden Tag länger bei den Babys zu bleiben, als dies normalerweise in Krankenhäusern der Fall ist. Die ersten Kinder, mit denen nach dieser Methode verfahren wurde, gehen jetzt bald in die Schule, und ihnen scheint die enge Mutter-Kind-Beziehung offenbar gut bekommen zu sein. Während der vergangenen Jahre wurden die Kinder ständig beobachtet und ärztlich untersucht; dabei stellte sich heraus, daß Mütter, die diese Bindung quasi im ersten Moment eingegangen waren, sich intensiver um ihre Kinder kümmerten. Diese besaßen einen größeren Wortschatz, ein stärkeres Selbstvertrauen und einen meßbar höheren IQ als ihre Altersgenossen – womit Binets ursprüngliche Ideen über die Entstehung der Intelligenz zufällig bestätigt wurden. Außerdem gab es in dieser Gruppe praktisch keine Form der Kindesmißhandlung.

Sowohl in den Augen der Kinder als auch der Erwachsenen ist dies ein positiver Zustand, sozusagen eine von beiden Seiten getragene Harmonie. Doch die von ihrer Evolution her interessantesten Aspekte der Beziehung zwischen Eltern und Kindern stammen aus dem Konfliktbereich, d.h. wenn die Interessen der Kindern denen ihrer Eltern entgegengesetzt sind. Augenscheinlich ist zwar der Nutzen für das Kind identisch mit dem Nutzen der Eltern, doch darf man nicht vergessen, daß Eltern ja auch in weitere Kinder »investieren« können. Vom elterlichen Standpunkt aus sind alle Kinder als Träger der Erbinformation gleichwertig, wohingegen die individuelle Entwicklung eines Kindes, das ja nur zur Hälfte die Gene eines Elternteils und eine andere Genkonstellation als seine Geschwister besitzt, dafür sorgt, daß es sich primär um seine eigenen Belange kümmert. An diesem Punkt beginnt es interessant zu werden.

Der Generationenkonflikt

Dieser relativ neue und sehr interessante Aspekt der Humanbiologie (und auch der Verhaltensforschung), dessen volle Bedeutung noch genauer untersucht werden muß, wurde 1974 erstmalig von Trivers erwähnt, der damals eine Publikation über den Konflikt zwischen Eltern und Kindern herausgebracht hat. Seit dieser Zeit hat er seine Thesen weiterentwickelt. Der Kernpunkt ist der unterschiedliche genetische Verwandschaftsgrad zwischen den einzelnen Mitgliedern einer Familie. Ein solcher Familienverband kann durchaus auch aus Tieren bestehen, denn schließlich sind wir Menschen – vom Verhalten wie von der Genetik her – ja ebenfalls Tiere und unterliegen den gleichen Spielregeln der Evolution wie sie. Wie wir bereits wissen, gehört der Mensch zu der Minderheit von Tieren, bei der das Männchen bei der Aufzucht der Jungen beteiligt ist. Tasächlich ist diese Minderheit gar nicht so klein, deshalb wollen wir uns mit dem Brutpflegeverhalten der Vögel beschäftigen, das starke Parallelen zum menschlichen aufweist. Beide Elternteile teilen sich die Aufgabe. Wie bei allen Lebewesen hat ein Mensch oder Vogel nur dann seinen Evolutionszweck erfüllt, wenn er sein Erbgut an die nächste Generation weitergibt und dafür sorgt, daß seine Nachkommen sich auf alle Fälle fortpflanzen. Wenn wir mal von unsicheren Vaterschaftsverhältnissen absehen, investiert jeder Elternteil die Hälfte der eigenen Gene in jedes Kind; Eltern und Kinder besitzen eine 50prozentige ($p = 0{,}5$) Verwandtschaft, und auch Geschwister besitzen zu 50 Prozent die gleichen Gene. Ohne weiter die statistischen Sonderfälle zu berücksichtigen, kann man vereinfachend behaupten, daß jeder Elternteil mindestens zwei Kinder haben muß, damit sein »Gen-Set« vollständig weitergegeben wird. Andererseits ist jedes einzelne Kind nur an seinem persönlichen Überleben interessiert, und obgleich es das Wohlergehen seiner Geschwister erfreut, hält die Freude nur solange an, wie die eigenen Interessen nicht berührt sind. Auf einen einfachen Nenner gebracht, sind die Strategien von Eltern und Kindern prinzipiell einander entgegengerichtet: die Eltern wollen möglichst viele Nachkommen haben, während die bereits geborenen Kinder eher daran interessiert sind, daß man sich ausschließlich mit ihnen beschäftigt.

Irgendwann ist ein Kind auch in der Lage, sich auf eigenen Füßen oder mit eigenen Schwingen fortzubewegen und ein Leben ohne elterliche Hilfe zu führen. Aus diesem Grund sind die Eltern (insbesondere die Mutter) verstärkt daran interessiert, daß ein Kind so schnell wie möglich »flügge« wird, damit sie sich um die Aufzucht der nachfolgenden Geschwister kümmern können. Umgekehrt wollen die Kinder, daß ihre Mutter, am besten auch noch der Vater, sie so lange wie möglich mit Nahrung versorgen oder anderweitig unterstützen. Da die »Investition« der Mutter in weitere Geschwister aus genetischer Sicht auch dem Heranwachsenden zugute kommt, gelangt er irgendwann an den Punkt, an dem ihm die eigene genetische Strategie diktiert, den mütterlichen Rockzipfel loszulassen und selbständig zu leben, damit die Eltern in Ruhe den restlichen Nachwuchs aufziehen können. An dieser Stelle wollen wir erneut auf die erwähnte genetische Wahrscheinlichkeit eingehen: Aufgrund dieser Zahl ($p = 0,5$) sollten die Eltern ein Kind nur solange unterstützen, wie der Aufwand, den sie betreiben müssen, halb so groß ist wie der Nutzen, den das Kind davonträgt. Wenn der Erziehungsaufwand aber doppelt so hoch wird wie der Gewinn, den das Kind erzielt, dann sollte es einwilligen, daß die Eltern ein anderes Kind großziehen. Andererseits ist der Zeitpunkt für die Eltern, sich auf das nächste Kind zu konzentrieren, bereits gekommen, wenn der Nutzen, den sie aus einem weiteren Nachkommen ziehen, genauso hoch ist wie die Kosten für das erste Kind – und darin liegt der Kern des Problems.

Selbstverständlich stellen weder Menschen noch Brutvögel derartige statistische Berechnungen an, denn ihr Verhalten gründet sich ausschließlich auf den Instinkt – beruht also auf Verhaltensweisen, die im Erbgut der Tiere kodiert sind und durch bestimmte Umweltreize (genauer gesagt Schlüsselreize) ausgelöst werden. In analoger Weise hat die Evolution sowohl beim Menschen als auch bei Brutvögeln Gene favorisiert, die dafür sorgen, daß die junge Generation zu einem bestimmten »Termin« autark wird. Gleichzeitig wurde das instinktive Verhalten gefördert, das die Eltern veranlaßt, ihre Nachkommen genau zu diesem Zeitpunkt aus Heim oder Nest zu vertreiben. Im selben Entwicklungsprozeß wurden dann auch diejenigen Erbanlagen unterdrückt, die beide Verhaltensweisen (Flüggewerden, Vertreiben der Jungen) zu einem anderen als dem tatsächlichen Termin aufkommen lassen.

Diese Vereinfachung mag eventuell den verwirrenden Eindruck erwecken, daß die Gene als eine Art intelligentes Wesen diesen Prozeß lenken. Vielleicht sollten wir noch erwähnen, daß solche komplizierten Verhaltensmuster kaum von einzelnen Genen oder Gengruppen kodiert werden. Unabhängig davon selektiert die Evolution jedoch bestimmte Genotypen für Verhaltensweisen. Trotzdem gibt es beispielsweise keinen Genotyp, der Sechzehnjährige veranlaßt, das Elternhaus zu verlassen, und etwa mit einem anderen, der das gleiche Verhalten bei Achtzehnjährigen auslöst, quasi im genetischen Clinch liegt.

Auch Daly und Wilson[3] sehen die oben erwähnte Kosten-Nutzen-Kalkulation als eine Art Motor für die eigentliche Entwöhnung des Kindes an. Diesen Prozeß können wir auch weiter fassen, so daß er den gesamten langen Zeitraum von der Entwöhnung bis zum Ende der Pubertät umfaßt, wenn der junge Erwachsene beschließt, sich vollends vom Elternhaus »abzunabeln«. Trivers Theorie läßt sich aber vereinfachend so auffassen, daß ein Kind immer mehr verlangt, als seine Eltern zu geben bereit sind.

Dieses vereinfachte Schwarzweißbild trifft selbstverständlich nicht in dieser Form auf die Realität zu. Manche Biologen behaupten daher auch, Trivers habe völlig unrecht, und führen dazu folgende Argumentation an. Ein Genotyp, der sozusagen »verhätschelte Kinder« bewirkt, kann sich auf lange Sicht nicht halten, da diese Gene ihrem Träger genau dann schaden, wenn er selbst Kinder hat: Da seine Kinder die gleichen Erbanlagen besitzen, muß er sich überproportional stark um seinen Nachwuchs bemühen, und dies zehrt zu sehr an seinen Kräften. Man kann sich ausmalen, daß solche »Mutanten« (ganz gleich ob Menschen oder Vögel) Familienverbände bilden, die nur wenige Nachkommen großziehen, die jedoch in relativem Luxus aufwachsen, während auf der anderen Seite kinderreiche Familien sich mit weniger Mitteln begnügen müssen. Nach diesem Bild müssen all diejenigen Kinder, die ihre Eltern austricksen wollen, irgendwann aussterben, da die untragbar gewordenen Ansprüche des Sprößlings die Eltern irgendwann veranlassen werden, ihn einfach im Stich zu lassen, um ein anderes Kind großzuziehen. Auch hier haben wir es mit Schwarzweißmalerei zu tun, die Trivers Theorien diametral entgegensteht. Vermutlich liegt die eigentliche Wahrheit irgendwo dazwischen, und deshalb konzentriert sich die Forschung gerade auf diese Grauzone, um den genauen Ort des menschlichen Verhaltens herauszufinden. (Sehr überzeugend erscheinen den Autoren die Ansichten von Richard Dawkins in seinem Buch »The Selfish Gene«. Er meint nämlich, daß die Rivalitäten – speziell der Futterneid – unter Geschwistern wesentlich komplizierter ablaufen. So kann sich ein älteres Kind beispielsweise mit weniger Nahrung als sein jüngeres Geschwisterchen begnügen und sich dadurch ihm gegenüber fast wie ein fürsorglicher Elternteil verhalten. Falls der Nettogewinn für die Geschwister eines älteren Kindes, wenn sie gefüttert werden, mehr als doppelt so hoch ausfällt, als wenn es sich selbst den Happen einverleibt, dann ist es laut Dawkinscher Theorie wahrscheinlich, daß der Älteste seine Geschwister essen läßt, da eine fünfzigprozentige Wahrscheinlichkeit besteht, daß einige seiner Gene auch in ihren Genomen vertreten sind. Dieser Kompromiß erscheint zumindest plausibler als die beiden zuvor genannten Entweder-Oder-Lösungen.) Zumindest sind seitens der genetischen Steuerung Tendenzen erkennbar, daß innerhalb eines Familienverbandes bestimmte Selbstkontrollmechanismen aktiv sind, die vorhandenen Mittel sozial zu nutzen; darüber hinaus gibt es aber auch Ansätze, daß die Eltern die Situation nicht vollständig im Griff haben, wie das Beispiel vom jungen Kuckuck demonstrieren soll.

In einem normalen Gelege besteht zwischen allen Jungvögeln eine hohe Nahrungskonkurenz: Mit weitgeöffnetem Schnabel »sperren« sie lauthals, damit die Altvögel sie nur ja mit Würmern und Insekten füttern. Doch der Kuckuck geht noch einen Schritt weiter. Das Kuckuckweibchen legt sein Ei in das Gelege einer anderen Vogelart, das es zuvor sorgfältig ausgesucht hat. Wenn der junge Kuckuck schlüpft, hat er kein Interesse, daß seine ihm artfremden Adoptivgeschwister (obwohl sie aus dem »gleichen« Nest stammen) zu potentiellen Konkurrenten werden. Außerdem ist es ihm egal, ob seine Zieheltern überleben und ihr Erbgut weitergegeben wird oder nicht. Daher wirft er die übrigen Eier oder bereits geschlüpften Jungvögel einfach aus dem Nest und hält anschließend seine Zieheltern auf Trab, die dem schreienden und sperrenden Jungvogel permanent Futter in den Schnabel stopfen müssen. Die Altvögel können sich nämlich diesen Schlüsselreizen (inbesondere dem »sperrenden« Schnabel) einfach nicht entziehen. Das Beispiel soll uns klarmachen, daß unsere tatsächlichen Nachkommen einerseits von ihren Erbanlagen her in ihren Ansprüchen auf Versorgung durch die Eltern gar nicht so selbstsüchtig sind: andererseits soll es aber auch verdeutlichen, daß man sich als Elternteil manchmal gar nicht gegen angeborene Verhaltensweisen wehren und sich einfach aufmachen kann, um anderswo eine neue Brut aufzuziehen.

Alte Spießer und junge Rabauken

Im Zusammenhang mit dem Entwöhnungsprozeß hat Trivers interessante Beobachtungen des Generationenkonflikts bei Tierarten gemacht, die sowohl vom Verwandtschaftsgrad als auch von der geographischen Verbreitung her nichts miteinander zu tun haben: Zum einen geht es um verwilderte Tauben aus Massachusetts, zum anderen um ostafrikanische und indische Affen.[4] Taubeneltern versorgen gemeinsam ihre Jungen, die Nesthocker sind, mit Nahrung und regen sie zum Fressen an, indem sie ihnen über den Hals streichen. Wenn die Jungen beinahe flügge sind, betteln sie ihre Eltern rücksichtlos um Futter an, sobald diese zum Nest zurückkehren, und drängen sie regelrecht in eine Ecke. Oft hat Trivers sogar beobachtet, daß manche Stadttauben ihren fast flüggen Nachwuchs im Stich ließen und zu einem anderen nahe gelegenen Nistplatz flogen, um ihre Ruhe zu haben.

Ähnliches passiert bei den Schlankaffen (auch Languren genannt) oder bei Pavianen, bei denen manche Affenmutter mehrere Wochen benötigt, ihrem Kind abzugewöhnen, auf ihrem Rücken zu reiten oder um Milch zu betteln. Diese und andere Beispiele lassen in groben Zügen das Sippen-Verhalten (siehe auch Kapitel 5) erkennen, dessen charakteristischer Ablauf anhand ausführlicherer Untersuchungen exakt aufgezeigt wurde. Vielfach ringen die Jungen als direkte Folge des Generationenkonflikts ihren Eltern mehr Dienstleistungen ab, als diese im Idealfall gegeben hätten; diese erfüllten Wünsche liegen jedoch immer noch weit unter den eigentlichen Erwartungen der Kinder, wenn man ihnen vollends ihren Willen ließe. Wie man sieht, hat sich die alte Kompromißregel wieder einmal durchgesetzt.

Weiterhin wirft Trivers einen Blick auf das psychologische »Waffenarsenal« eines Kleinkindes, wobei jähzornige Wutanfälle einen besonderen Stellenwert genießen – Jähzorn ist übrigens ein psychologischer Trick, den offenbar auch Schimpansenkinder und andere junge Primaten gerne verwenden. Bei einem solchen Anfall brüllen die Kleinen (Schimpansen wie Menschen) vor Wut, werfen sich mit dem ganzen Körper auf die Erde, schlagen und trommeln mit Händen und Füßen, oft sogar mit dem Kopf, auf den Boden. Dieses Verhalten ruft natürlich sofort die besorgte Mutter herbei, da (mitunter zu recht) die Gefahr besteht, daß sich das Kleine verletzt. Da die Eltern vom Instinkt gezwungen werden, sich um ihren kleinen Schreihals zu kümmern, kann man den Tobsuchtsanfall des Kindes nicht nur als Auslöser für das elterliche Brutpflegeverhalten ansehen, sondern auch als reine Berechnung seitens des Kleinen. Oft kann man nämlich beobachten, wie ein Kleinkind bzw. ein kleiner Schimpanse vor oder inmitten eines Wutanfalls verstohlen nach Mutter oder Vater Ausschau hält, um sicherzugehen, daß man ihm auch ja Beachtung schenkt.

Derartige Wutanfälle beobachtet man besonders häufig in der Entwöhnungsphase des Kindes, welche sich durchaus über etliche Jahre hinziehen kann. Die Gründe für dieses Verhalten bei Menschen und Schimpansen sind denkbar einfach: Das Kind möchte immer noch von den Eltern umsorgt werden, während sich diese lieber um den restlichen Nachwuchs kümmern wollen.

Diese Erkenntnisse beginnen allmählich auch in der Psychologie und den Sozialwissenschaften Fuß zu fassen. Dort sieht man den Generationenkonflikt zwar als unvermeidlich an, betrachtet ihn jedoch nicht als Dogma im Freudschen Sinne. Vielmehr bilden auch bewußte und unbewußte Täuschungen einen wesentlichen, ebenfalls unumgänglichen Bestandteil dieses Konflikts, da die Kinder oft vorgeben, mehr von ihren Eltern zu verlangen, als ihnen diese bereitwillig zukommen lassen. Darüber hinaus ist offenbar jeder einzelne programmiert, sich genau wie seine eigenen Eltern zu verhalten, wenn sie oder er selbst Kinder haben – obgleich man sich als Jugendlicher geschworen hat, niemals so zu werden wie die »bekloppten Alten«. Im ewigen Kreislauf der Evolution werden daher junge Rabauken unweigerlich zu alten Spießern, da die optimalen Erfolgsstrategien für Jugendliche und Eltern jeweils unterschiedlich sind.

Elternprobleme

In unserer heutigen Gesellschaft erwachsen den Eltern die meisten Probleme, die im Rahmen des Generationenkonflikts anfallen, wenn die Kinder in die Pubertät kommen. In dieser Phase prallen die Interessen der Teenager (Wunsch nach Fürsorge) und Eltern (Bestreben, die eigenen Reserven in andere Zwecke zu investieren) besonders heftig aufeinander. In der heutigen Zeit sind die elterlichen Interessen nicht automatisch mit dem Wunsch nach weiteren Kindern identisch (obgleich dies eine Rolle spielen kann), vielmehr wollen sie sich endlich auch mal das ein oder andere private Vergnügen gönnen.

Entwicklungsgeschichtlich ist dies eine recht neue Erscheinung, da insbesondere die Rolle der Frau jahrhundertelang vorsah, bis zum Umfallen ein Kind nach dem anderen zu gebären. Dementsprechend ist ein gesundes, hohes Lebensalter ein ziemlich neuartiges Phänomen, und deshalb lassen sich auch noch keine Prognosen anstellen, wie die menschlichen Instinkte auf diese neuartigen Freiräume im Zenith unseres Lebens reagieren werden. In diesem Zusammenhang ist sicherlich sehr interessant, daß sich viele ältere Menschen, wenn sich ihnen die Gelegenheit bietet, plötzlich wieder wie junge Leute benehmen – sie gehen auf ausgedehnte Reisen, beschäftigen sich mit neuen Sportarten und Hobbys, leben wieder etwas abenteuerlicher und wählen manchmal sogar einen neuen Partner. Offenbar bewirken die gleichen Auslöser, die einen Jugendlichen veranlassen, aus dem sicheren Elternhaus auszubrechen und erwachsen zu werden, daß ein reifer Erwachsener bzw. ein reifes Ehepaar die elterliche Verantwortung abstreift, sobald die Kinder erst einmal auf eigenen Füßen stehen. Nach unserer persönlichen Auffassung ist diese Form des menschlichen Verhaltens nicht weiter verwunderlich, denn schließlich sind wir zu 99 Prozent von tierischen Instinkten beherrscht, während das restliche Prozent uns mit den Annehmlichkeiten des menschlichen Daseins versorgt. In diesem Fall ist es der medizinische Fortschritt, der es den Menschen über 40 ermöglicht, eine zweite Jugend mit allen Vorteilen und so gut wie keinen Nachteilen zu führen. (Schließlich sitzt zu Hause keine nörgelnde Mutter, die ein Mordstheater aufführt, wenn man mal nach Mitternacht heimkommt.) Auch für die Soziobiologie könnten sich in diesem Altersbereich neue Forschungsgebiete ergeben. Jedoch wollen wir jetzt die Rolle untersuchen, die der Teenager im Generationenkonflikt einnimmt.

Die Quintessenz des bisher Gesagten finden wir in folgendem Absatz wieder, der aus einem Zeitungsartikel der Kolumnistin Glenys Roberts stammt, welcher am 15. August 1985 in der Frauenspalte des Londoner »Standard« abgedruckt wurde. Frau Roberts beklagt sich dort über den Zustand einer Welt, in der »Teenager noch lange nach ihrer körperlichen Reife vom Elternhaus abhängig sind«; vermutlich ist sie sich dabei nicht bewußt, daß dieses Verhalten keine Erscheinung der Neuzeit ist, sondern schon seit Entstehung der Menschheit besteht und darüber hinaus auch bei anderen Tierarten vorkommt. Doch faßt sie ihre Ansicht, die sich mit der einer erziehungsmüden Mutter deckt, welche sehnsüchtig auf den Tag wartet, da ihr »Liebling« endlich flügge wird, treffend in folgendem Satz zusammen: »Wenn man jeden Morgen in ein dralles Gesicht blickt, dessen Eigentümerin man nicht einmal im Traum bitten könnte, ihre Müeslischüssel abzuspülen, dann fragt man sich, wer hier eigentlich ausgebeutet wird.« – Dies gibt haargenau das wieder, was Trivers unter Generationenkonflikt versteht!

In »Sociobiology and Behavior« erläutert David Barash an einigen Beispielen aus dem Leben der Menschenaffen, daß es dort ähnlich zugeht. Der Angelpunkt des Lebens besteht hier allerdings nicht aus dem Problem, ob man das Geld, das für die Kindererziehung benötigt wird, nicht besser in einen neuen Sportwagen oder eine exklusive Weltreise investiert hätte, sondern primär geht es Eltern wie Kindern um die Fortpflanzung. Trivers meint, daß auch bei den Affen unweigerlich der Zeitpunkt näherrückt, ab dem die Mutter wieder empfangen könnte, ihr Nachwuchs – genetisch gesehen – jedoch nicht an weiteren Geschwistern interessiert ist, da er die gesamte Mutterliebe lieber für sich allein beanspruchen möchte. Barash berichtet, daß »junge Schimpansen des öfteren kopulierende Alttiere belästigen«[5]; außerdem »reagierten junge Affen besonders heftig, wenn sich die Mutter nach ihrer Entwöhnung erstmalig wieder paart.«

Dieses Verhalten paßt ebenfalls in unser Bild, und das gilt auch für unzählige andere Beispiele aus Gesellschaft und Literatur – kurzum, aus vielen Bereichen des menschlichen Lebens. Besonders deutlich wird diese Problematik, wenn beispielsweise eine alleinerziehende Mutter ihr Kind an ihren neuen Partner gewöhnen möchte. Aufgrund seiner genetischen Prägung sollte ein solches Kind sogar noch weniger bereit sein, Stiefgeschwister zu bekommen, da diese ja nur ein Viertel seiner eigenen Gene tragen. Selbstverständlich spielen auch soziologische und psychologische Gründe eine Rolle, wenn ein Kind den neuen Liebhaber seiner Mutter ablehnt. An diesem Punkt haken viele Berater ein, die der Mutter helfen wollen; sie vermuten nämlich, die kindliche Abneigung beruhe ausschließlich darauf, daß es sich von der Mutter, die sehr viel Zeit mit ihrem neuen Partner verbringt, vernachlässigt fühlt. Nach Trivers Hypothese existiert aber außerdem noch eine Art »vorprogrammierte« Eifersucht, da die Mutter ja möglicherweise weitere Kinder bekommen wird, um die sie sich dann mehr kümmern muß und ihr älteres Kind zwangsläufig vernachlässigt.

Auch an dieser Stelle müssen wir betonen, daß dieses Verhalten nicht willkürlich ist, sondern genetisch fixiert. Der Vollständigkeit halber sollten wir allerdings erwähnen, daß Kinder, die derart aggressiv und ablehnend auf ihren potentiellen Stiefvater (und Stiefmutter) reagieren, vermutlich in ihren frühen Lebensjahren sehr viel Zuwendung erhalten haben, so daß sich bei ihnen der Phänotyp des »egoistischen Gens« stärker ausbilden konnte. Sehr oft wirft man den Soziobiologen zu Recht vor, zu wenig auf psychologische und soziale Aspekte einzugehen, doch sollten umgekehrt Soziologen und Psychologen auch mehr biologische

Grundlagen berücksichtigen, denn so kann man durch Logik und Vernunft (also typisch menschliche Wesenszüge) die instinktiv bedingten Konflikte (die alle anderen Tiere durch genetisch vorgegebenen Rituale lösen müssen) leichter aus der Welt schaffen.

Diese Erkenntnis wird ansatzweise bereits berücksichtigt. Daly und Wilson fanden in einer kanadischen Kriminalstatistik über Kindesmißhandlung durch Elternteile, daß ein großer Teil der Kinder von ihren Stiefvätern geschlagen worden waren. Aus soziobiologischer Sicht läßt sich dieses Verhalten leicht erklären, da der Stiefvater kein »genetisches« Interesse an diesen Kindern hat – genauso wenig, wie ein junger Kuckuck an den übrigen Eiern seiner Zieheltern. Somit handelt es sich um eine brutale Tatsache, daß die Ablehnung zwischen Stiefelternteil und Stiefkind genetisch determiniert ist und auf Gegenseitigkeit beruht. Dieses Faktum hat immer noch Gültigkeit, wenn auch in abgeschwächter Form: Ein Stiefkind kann heute nämlich durchaus von einer neuen Partnerschaft seines leiblichen Elternteils profitieren, da dieser nun nicht mehr als Alleinerzieher dasteht, sondern sogar Kapazitäten schafft und nicht nur das bereits geborene Kind, sondern auch Nachkommen aus der neuen Partnerschaft großziehen kann. Auch dies ist ein Vorteil der menschlichen Evolution, da wir uns im Gegensatz zu anderen Tieren über unsere Instinkte hinwegsetzen können.

Das geschilderte Beispiel soll die Kindesmißhandlung durch Stiefväter weder als natürlich noch als unvermeidlich, geschweige denn als wünschenswert darstellen. Vielmehr sollten die gewonnenen Erkenntnisse dazu beitragen, die entsprechenden Risiken zu minimieren – beispielsweise, indem ein Sozialarbeiter leichter potentielle Problemfälle und Konstellationen findet und beratend aktiv wird, bevor es zum Konflikt oder gar Delikt kommt.

Da es so viele Beispiele für derartige Verhaltensweisen gibt, könnten diese für sich genommen bereits ein ganzes Buch füllen. Wenn wir uns beispielsweise wieder dem Verhalten der Schimpansen zuwenden, kann man dort oft beobachten, daß ältere Weibchen, die zum ersten Mal gebären, die Allüren ihres Jungen länger als gewöhnlich tolerieren, es später entwöhnen und länger auf dem Rücken reiten lassen. Die Grundlagen für dieses Verhalten dürften nun klar sein: Dieses »späte« Kind stellt die vermutlich letzte Chance der Mutter dar, sich fortzupflanzen, so daß sie sich voll darauf konzentriert, diese »einmalige Investition« in den Nachwuchs zu sichern, anstatt das Junge möglichst rasch zu entwöhnen und bei der nächstbesten Gelegenheit neue Äffchen zu bekommen. Und trotz aller empfängnisverhütenden Maßnahmen und Mittel zeigen Frauen die gleiche Liebe gegenüber einem Kind, das sie in höherem Alter zur Welt bringen – weshalb Familien mit verwöhnten Nachzüglern durchaus keine Seltenheit sind. Betagte Eltern stehen auch seltener mit ihren Kindern auf Kriegsfuß – nicht nur, weil sie älter und erfahrener sind, sondern weil sie den »Nesthäkchen« eher ihren Willen lassen.

Kommt es dennoch zum Konflikt, dann läuft er in den bekannten Bahnen ab. Da in den Augen der Eltern alle Kinder den gleichen Rang einnehmen, wollen sie auch, daß ihre Nachkommen untereinander nicht eigennützig sind. Die Kinder verhalten sich ihren Geschwistern gegenüber jedoch egoistisch, weil sie ja nur zur Hälfte deren Erbgut besitzen. Dieser Verzweigungsgrad dehnt sich auch über die weitere Verwandschaft aus: so besitzen beispielsweise Cousinen und Vettern des Kindes mit einer Wahrscheinlichkeit von 1/8 Prozent ($p = 0{,}125$) die gleichen Gene, während die Eltern des Kindes mit ihren Nichten und Neffen zu 25 Prozent genetisch übereinstimmen.

Dieses Beispiel veranschaulicht auch auf nette Weise, wie die Biologie von der Kultur unterwandert wird. Denn viele Jahrhunderte lang waren die einzigen Spielgefährten, mit denen ein Kind in Berührung kam, tatsächlich seine Geschwister, Halbgeschwister, Vettern, Cousinen und andere Verwandtschaft. Instinktiv hatten die Eltern damals ihren Sprößlingen aufgetragen, auf die anderen Kleinen aufzupassen und brav gemeinsam zu spielen, da auf diese Weise gewährleistet war, daß Teile des elterlichen

Erbguts behütet waren – und sich irgendwann vermehren konnten. Heute sind zwar die Spielgefährten unserer Kinder nicht zwangsläufig deren Verwandte, doch ist dieser Instinkt, der unter anderen Voraussetzungen entstanden ist, immer erhalten geblieben – möglicherweise als Relikt eines reziproken Altruismus.

Alle Eltern wollen, daß sich ihre Kinder erfolgreich durch's Leben schlagen, da sie ja ihr ganzes genetisches Kapital in sie investiert haben und mit zunehmendem Alter ihre Chancen geringer werden, sich erneut fortzupflanzen. Auf der anderen Seite sehen die Teenager noch ihr ganzes Leben vor sich und wollen erst einmal viel Spaß haben, solange sie noch jung sind; schließlich haben sie noch ein Leben lang Zeit, sich zu etablieren und eine Familie zu gründen. Daher drängen und beschwören Eltern ihre Kinder unweigerlich immer wieder, zu studieren, keinen Alkohol zu trinken, keine Drogen zu nehmen, sich anderen Menschen gegenüber freundlich zu verhalten usw. – insgesamt also Verhaltensweisen, die dazu beitragen, daß die elterlichen Erbanlagen weitergegeben werden. Dem Leser sei an dieser Stelle überlassen, seine eigenen Schlüsse zu ziehen, warum sich die Menschen genau so verhalten wie die Mitglieder seiner Familie. Doch gibt es in diesem Zusammenhang noch einen wichtigen, vor allem für die Zukunft hoffnungsvollen Aspekt.

Manch einer mag darüber besorgt sein, daß die Soziobiologie und die Idee vom »egoistischen Gen« letzten Endes den theoretischen Hintergrund dafür liefern, warum Evolution als Überlebenskampf des einzelnen in einem Wettstreit aller gegen alle verstanden wird. Wie wir gesehen haben, leistet dies unweigerlich Konflikten Vorschub, und die Pessimisten befürchten nun, daß dies nicht nur die menschliche Aggression (inklusive denkbarer Kriege) erkläre, sondern daß Aggression außerdem unvermeidlich sei. Doch andererseits haben wir erfahren, daß egoistische Verhaltensweisen von Kindern (d.h. Aggression gegen andere Kinder) durch die Erziehung ihrer Eltern in ein altruistisches Benehmen umgewandelt wurde. Die Kultur kann also bewirken, daß sich »bösartige« Gene in gesellschaftlich positiver Form niederschlagen. Der Mensch braucht im Gegensatz zu anderen Lebewesen nicht den mitunter schmerzhaften oder tödlichen Weg zu nehmen, neue Evolutionsmodelle am eigenen Leibe zu erfahren, denn er berechnet aufgrund seines Verstandes nicht nur die Vorteile seines potentiellen Handelns im voraus, sondern weiß auch, daß er seine Ziele am besten zusammen mit anderen Menschen realisieren kann, ganz gleich, ob es sich um eine andere Einzelperson, eine Familie, eine größere Gruppe oder sogar eine Nation handelt. Unsere »egoistischen Gene« haben uns sicherlich an den Rand eines Atomkriegs gebracht, da unsere genetisch fixierten Verhaltensweisen aus einer Epoche stammen, in der eine Steinaxt noch die einzig gefährliche Waffe war. Doch besteht noch Hoffnung, daß menschliche Intelligenz und Vernunft über dieses nukleare Armageddon siegen werden, denn möglicherweise sind wir alle einem Riesenirrtum aufgesessen – mehr darüber im nächsten Kapitel.

8
Kriegsspiele

Die Soziobiologie beschäftigt sich mit dem Thema Aggression nur sehr ungern, da es in weiten Kreisen falsch verstanden wird. In den Augen vieler Menschen deckt sich das Bild von der »grausamen Natur« mit der Auffassung, Evolution bestünde nur aus der natürlichen Selektion und dem Überleben des Stärkeren. Aber wie wir bereits erläutert haben, sind die meisten Auseinandersetzungen in der Natur »Paarungskämpfe«, und nicht etwa Ausdruck reiner Aggression. Selbstverständlich gibt es einzelne von Natur aus aggressive Arten, und so kann der »Kampf ums Überleben« gelegentlich auch mal kriegerische Züge annehmen; doch eigentlich kommen derartige Methoden bei Großsäugern wie uns Menschen nur ausnahmsweise vor. Aggressives Verhalten scheint eher typisch für sehr kleine Tiere zu sein; nehmen wir beispielsweise manche Schlupfwespen, die ihre Eier in den Larven anderer Insekten ablegen, so daß die Wespenlarven innerhalb einer lebendigen Speisekammer groß werden, oder all die ganzen Parasiten (Sandflöhe, Bandwürmer, Spulwürmer usw.), die in unseren Körper eindringen und dort Krankheiten hervorrufen bzw. Krankheitserreger übertragen. Im Vergleich dazu kann man selbst die blutrünstigsten Raubtiere noch edel nennen, und dies scheint sich auch in den Attributen widerzuspiegeln, mit denen wir unsere Mitmenschen belegen.

Denn wer fühlt sich nicht geschmeichelt, wenn er als »wieselflink«, »bärenstark« oder gar als »mutig wie ein Löwe« bezeichnet wird? Die Raubtiere, die wissenschaftlich bezeichnenderweise Carnivoren (also Fleischfresser) genannt werden, genießen beim Menschen ein hohes Ansehen, obwohl sie nur schwache und meist kleinere Tiere erbeuten. Auf der anderen Seite werden

Parasiten, die sich heldenmütig auf ihre riesigen, ihnen körperlich haushoch überlegenen Opfer stürzen, als ekelhaft empfunden. Wenn man daher jemanden als »Blutsauger« bezeichnet, macht man sich keinen neuen Freund. Doch auf ihre Art sind Blutsauger, Läuse und Flöhe genauso mutig wie ein Löwe. Schimpfwörter und positive Attribute, die dem Tierreich entlehnt sind, sagen also mehr über den Menschen als über die Tiere aus, deren Namen wir (miß)brauchen. Auch scheint das aggressive Verhalten von Bären und Löwen in menschlichen Augen durchaus »normal« zu sein. Zu einem gewissen Teil ist natürlich auch der Mensch aggressiv. Kriege und Kampfsportarten sind fester Bestandteil der menschlichen Kultur, und folglich muß es auch irgendeine genetische Veranlagung geben, die für unser aggressives Verhalten verantwortlich ist. Doch zunächst interessiert uns, wie mutig Bären und Löwen tatsächlich sind.

Der feige Löwe

Der Ökologe Paul Colinvaux hat in seinem Buch »Why Big Fierce Animals are Rare«[1] beschrieben, wie grausam die Natur tatsächlich ist. Tiere kommen demnach nur in bestimmten Kategorien vor, die von der Körpergröße her deutlich auseinanderliegen. Ein Fuchs ist beispielsweise zehnmal so groß wie der Vogel, den er erbeutet, der Vogel wiederum ist zehnmal größer als der von ihm gefressene Laufkäfer, und dieser Käfer übertrifft die Milben, auf die er Jagd macht, ebenfalls körperlich um das Zehnfache. Diese Größenstaffelung ergibt sich aus dem Bedürfnis des Räubers, sowohl schnell genug zu sein, um seine Beute zu erwischen, als auch die Mindestgröße zu besitzen, um sein Opfer mehr oder weniger in einem Stück zu verschlingen.[2] In dieser Nahrungskette kommen proportional weniger große als kleine Tiere vor. Man könnte zunächst vermuten, daß das Verhältnis von Füchsen zu Singvögeln somit bei 10:1 liege, aber in Wirklichkeit gibt es weitaus weniger große Raubtiere. Möglicherweise liegt dies daran, daß sie sich sehr schnell bewegen müssen, um ihre Beute zu fangen; deshalb brauchen sie sehr viel Energie (sprich viele Kalorien!) und folglich auch ein großes Jagdrevier.

Die gesamte Energie, die den Lebewesen der Erde – abgesehen von Bakterien und einigen Tiefseebewohnern, die in der Nähe unterseeischer Vulkanschlote leben – zur Verfügung steht, stammt letzten Endes aus den Strahlen der Sonne. Die grünen Pflanzen wandeln das Sonnenlicht in energiereiche Verbindungen um, die den Tieren als Nahrung dienen. Viele Tiere fressen die Pflanzen, um sich die Energie zunutze zu machen, andere wiederum fressen die Pflanzenfresser. Doch in jedem Glied dieser Nahrungskette geht Energie verloren, da diese Umwandlungsprozesse niemals hundertprozentig ablaufen können – schließlich braucht jedes Lebewesen selbst Energie, um seinen eigenen Stoffwechsel zu decken. Wenn daher die Energie über Pflanzen und Pflanzenfresser endlich bei einem Fleischfresser angelangt ist, bleibt verständlicherweise nicht mehr viel übrig. Deshalb kann der Körper eines Raubtiers nur eine bestimmte maximale Größe erreichen, die es gerade noch erhalten kann. Dieses Maximum erreichen etwa Tiere von der Größe eines Tigers, Bären oder Haifischs. Pflanzenfresser können wiederum wesentlich größer werden, wie zum Beispiel der Elefant, da sie ihrer »Beute« nicht hinterherzujagen brauchen – Pflanzen müssen hilflos stillhalten, wenn sie gefressen werden. Außerdem greifen die Pflanzenfresser, indem sie die Pflanzen fressen, direkt an der Basis der Nahrungskette ein, also die erste Stufe unmittelbar nach der Sonnenenergie. Die Wale als größte Säugetiere (und als größte rezente Lebewesen überhaupt) haben sich sogar dazwischengedrängelt: So frißt z. B. der Bartenwal laut Colinvaux nicht etwa Beutetiere, die ein Zehntel seines Körpergewichts ausmachen, sondern ernährt sich von Unmengen von Krill (einer winzigen Krebsart, die planktonisch lebt) und Phytoplankton. Diese filtert er tonnenweise mit den Barten (einer Art Sieb aus Fischbein, das in seinem Maul sitzt) aus dem Seewasser heraus. Wäre der Krill in die Nahrungskette einbezogen worden, d.h. von einem kleinen Fisch gefressen, und der wiederum von einem großen, den seinerseits der Wal gefressen hätte, so wäre der Energieverlust enorm gewesen; diesen haben die Meeressäuger jedoch auf diese Weise geschickt vermieden.

Colinvaux wartet auch mit einer interessanten Erklärung auf, warum *Tyrannosaurus rex*, der in vielen Kinderbüchern als großer, wilder Fleischfresser dargestellt wird, so erfolgreich war. Die Attribute »groß« und »fleischfressend« läßt Colinvaux ja noch durchgehen, aber keinesfalls »wild«. Wie die jüngsten Untersuchungen an fossilen Skeletten dieses Dinosauriers gezeigt haben, war *Tyrannosaurus rex* zu Lebzeiten offenbar ein ziemlich langsamer Geselle und alles andere als flink. Vermutlich fiel er über die Kadaver von Pflanzenfressern her und machte vielleicht halbtoten oder kranken Sauriern den Garaus, aber sicherlich ließ er sich nicht auf wilde Kämpfe ein.

Diese Theorie läßt tief in die wahre Natur der meisten »wilden Raubtiere« blicken: Wenn Löwe, Tiger & Co. auf die Pirsch gehen, suchen sie sich meist kranke, schwache oder ganz junge Opfer aus der Herde heraus, und nur zufällig wird ein starkes, gesundes Tier erbeutet. Demnach sind Raubtiere lediglich hochspezialisierte Aasfresser. Dies soll am Beispiel eines Wolfsrudels erläutert werden: Wenn ein kapitaler Wapitihirsch oder Elchbulle von einem Rudel Wölfe attackiert wird, wird er möglicherweise zwar überwältigt werden, jedoch nicht ohne vorher ein paar Angreifer schwer verletzt zu haben. Da die verwundeten Wölfe nicht mit dem übrigen Rudel auf die Jagd gehen können, sterben sie schließlich. Selbst wenn ein Rudel gelegentlich einen ausgewachsenen Elch zur Strecke bringt, bewirkt die Evolution jedoch, daß sich nur solche Wölfe fortpflanzen können, die schwache und kranke Tiere erbeuten, während todesmutige Tiere schon vorher aus dem (genetischen) Rennen ausscheiden.

Von kleinen und großen Volksstämmen

Das aggressive Verhalten des Menschen ist ein Relikt unserer Entwicklungsgeschichte. Vor Beginn der Zivilisation war Aggression wie bei anderen Tierarten nötig, um durch minimalen Aufwand einen maximalen Gewinn zu erzielen – oder anders gesagt, angesichts einer drohenden Gefahr mit dem Mut der Verzweiflung alles oder nichts zu erstreiten. Wenn bestimmte Versorgungsengpässe auftreten, tritt aggressives Verhalten zutage, und da die Evolution den Menschen gelehrt hat, sich gegen seine (mutmaßliche) Verwandschaft altruistisch zu verhalten, richtet sich die Aggression meist gegen Fremde. Wenn sich daher eine Aktion für die eigene Sippschaft lohnt, wirkt sie sich vermutlich nachteilig auf die Aussichten derjenigen Menschen aus, mit denen man nicht verwandt ist.

Bis zur Entwicklung der modernen Waffentechnologie konnte man dem Menschen eigentlich nicht nachsagen, daß er aktiv in die Zukunft seiner Artgenossen eingegriffen hätte – selbst nicht im Vergleich zu den »feigen« Löwen. Auf diesen Punkt verweist Edward Wilson in seinem Buch *On Human Nature*[3]. Seiner Meinung nach irren jene Forscher gewaltig, die den Menschen als eines der blutrünstigsten Wesen der Erde darstellen. Denn wie viele andere Untersuchungen belegen, scheuen auch andere Tierarten (wie Löwen, Hyänen und einige Affen) nicht vor Gewaltakten wie Duellen bis zum Tod, Kindsmord und Kannibalismus zurück, ja übertreffen die Menschheit sogar an Grausamkeit. »Wenn Mantelpaviane jemals die Atombombe besäßen,« so Wilson, »läge die Welt innerhalb einer Woche in Schutt und Asche.«[4] (Im Vergleich zu diesen Hundsaffen stehen wir Menschen, die wir immerhin schon 40 Jahre lang über Atomwaffen verfügen, als wahre Engel und Unschuldslämmer da.) Wilson faßt die kulturell bedingte Evolution des aggressiven Verhaltens folgendermaßen zusammen: Da dem Menschen genetisch vorherbestimmt ist, von der Kultur geprägte Formen der Aggression zu erlernen (beispielsweise die Verteidigung einer Höhle, einer Burg oder einer Nation), kann er durch die herrschenden Umfeldbedingungen und die historische Entwicklung der Gruppe, welcher er angehört, so geprägt werden, daß er sich voreingenommen für die Werte seiner eigenen Gruppe entscheidet. Die

Menschen haben häufig in solchen Zwangssituationen gekämpft, in denen eine Auseinandersetzung die Erfolgsaussichten ihrer eigene Gene oder der ihrer Verwandten oder Gruppenmitglieder zunehmen ließ – und damit wären Schlachtrufe wie »Vive la Republique« oder »Für König und Vaterland« soziobiologisch erklärt.

Mittlerweile weiß man, daß die Auseinandersetzungen bei Gruppen und Verbänden, die technologisch noch nicht sehr weit entwickelt sind, kaum durch Kampfhandlungen – mit nur wenigen Verwundeten und kaum Toten – gekennzeichnet sind. Wenn sich ein einzelner in einer »Schlacht« hervortut, steigt sein Image, und er kann zu einer Ehefrau, zu Kindern und Wohlstand gelangen – was die Evolution anbelangt, hat sich ein solcher »Kämpfer« eindeutig bewährt. Der Selektionsdruck, der hinter diesem bescheidenen Anfall von Aggression steckt, dürfte somit klar sein. Ähnlich wie bei anderen Arten, beispielsweise Rothirschen, die potentielle Konkurrenten von ihrem Harem fernhalten wollen, sind Drohgebärden und Demutsverhalten wichtige Bestandteile dieses Rituals; durch sie können Sieger und Verlierer früh genug erkennen, wann der Konflikt entschieden ist, und so unnötiges Blutvergießen vermeiden. Ein gutes Beispiel für derartige »unblutige« Kampfhandlungen finden wir bei einigen Indianerstämmen Nordamerikas: Vor der Ankunft des Weißen Mannes war es nämlich während einer Stammesfehde üblich, den Gegner möglichst nicht zu töten, sondern im Schlachtgetümmel zu berühren – derjenige Krieger, der die meisten »Coups« vollzogen hatte, wurde allgemein hoch angesehen. Als später dann die Weißen in ihr Land eindrangen, stellte dieses ritterliche Verhalten für die Indianer ein gewaltiges Handikap dar.

Doch warum fielen die Europäer überhaupt in Amerika ein? Welcher Druck bringt die Aggression des Menschen soweit, daß er alle Grenzen und Tabus vergißt, die von der Evolution als Sicherheitsschalter eingebaut wurden? Hierauf könnte man antworten, daß sowohl das Bevölkerungswachstum als auch der technologische Fortschritt Schuld tragen. Denn schließlich ist die

Tötungshemmung wesentlich geringer, wenn man einen Menschen aus weiter Entfernung mit einem Gewehrschuß umbringt, als wenn man ihm dabei in die Augen sehen muß. Zu diesem Thema hat Paul Colinvaux eine umfassende, wenn auch teilweise recht widersprüchliche Theorie aufgestellt, mit der er die Geschichte der Zivilisation anscheinend ökologisch erklären will. Seine Gründe finden keine einhellige Zustimmung, bieten jedoch sicherlich den einen oder anderen lohnenswerten Denkanstoß.[5]

Colinvaux stützt seine Argumentation auf die These, Menschen könnten im Gegensatz zu anderen Lebewesen von vornherein planen, wieviele Kinder sie (ökonomisch gesehen) großziehen können. Allerdings entgeht ihm offenbar, daß wir den gleichen Fortpflanzungstrieb wie alle anderen Tiere besitzen und dadurch möglichst viele Nachkommen zeugen, denn jede Art, die sich nicht an diesen biologischen Imperativ gehalten hätte, wäre mit Sicherheit im Verlauf der Evolution ausgemerzt worden. Im Ökosystem Erde besetzt jede Art eine bestimmte Planstelle, die sogenannte ökologische Nische. So gibt es spezielle Nischen für Hasen und Rinder, aber auch Nischen für Fledermäuse und Elefanten, und jede bietet Lebensraum für eine begrenzte Zahl Bewohner. »Überschüssige Artgenossen« einer Nische müssen daher zwangsläufig sterben. Vor über 100 Millionen Jahren gab es vermutlich genau so viele und ähnlich beschaffene Nischen wie heute, doch waren sie größtenteils von Dinosauriern besetzt, d.h. von den jeweiligen »Saurierpendants« zu rezenten Hasen, Rindern, Fledermäusen und Elefanten. Erst als die Dinosaurier ausstarben, konnten im Zuge der Evolution neue Arten in die frei gewordenen Planstellen eindringen. Dies waren vor allem die Säugetiere, die zu Lebzeiten der riesigen Reptilien eher ein Schattendasein geführt hatten, sich nun aber explosionsartig ausbreiteten und an die neue Situation anpaßten. Da die Nischen im Prinzip unverändert blieben, übernahmen die nachrückenden Säugetiere sozusagen die Lebensweise ihrer Vorgänger, der Dinosaurier.

Der Mensch ist jedoch anders geartet, und sein vermutlich größter Vorteil gegenüber anderen Tieren ist seine Fähigkeit, verschiedene Nischen zu besetzen und sogar neue zu erfinden – Menschen als Generalisten, nicht als Spezialisten.

Colinvaux erläutert dies am Beispiel der verschiedenen Berufe. So sieht beispielsweise der Beruf eines Luftfahrtingenieurs nur wenige Planstellen vor, und das Angebot an Planstellen richtet sich nach den Kapazitäten der Luftfahrtindustrie. Wenn plötzlich mehr Menschen als Luftfahrtingenieure ausgebildet werden, bedeutet das nicht automatisch, daß alle eine adäquate Anstellung finden werden. Diejenigen, die keinen Job als Luftfahrtingenieur finden, müssen umgeschult werden und sich eine andere Tätigkeit suchen. Laut Colinvaux haben die Menschen ihre Kinderzahl immer an die jeweiligen ökonomischen Gegebenheiten angepaßt; sie brachten daher entweder die Säuglinge um oder führten Regeln und Normen ein, die eine sexuelle Betätigung beschränkten. Auf diese Weise sorgten unsere Vorfahren dafür, daß nur so viele Kinder geboren wurden, wie man hungrige Mäuler stopfen konnte, und somit blieb die Kinderzahl insgesamt klein. Eine andere Strategie wäre unwirtschaftlich gewesen, da sonst die Vorräte nicht für alle Familienmitglieder gereicht hätten. Als sich die ersten Fortschritte in der Landwirtschaft und frühen Industrie bemerkbar machten, hatte dies zwei Auswirkungen. Zum einen wurden die Menschen wohlhabender und konnten auch mehr Vorräte als frühere Generationen anlegen, und als zweite Konsequenz änderten sie ihre Fortpflanzungsstrategie – sie versuchten, mehr Kinder und Erben großzuziehen, damit diese die neuen Vorteile auskosten sollten. Zeitgleich zur Bevölkerungszahl schnellte daher auch die Erwartungshaltung der Menschen in die Höhe. Als dann angesichts der immer zahlreicher werdenden Menschen die ersten Versorgungsengpässe auftauchten, war es für unsere Vorfahren selbstverständlich, zu neuen Ufern aufzubrechen (wie etwa im Fall der Europäer, die nach Nordamerika segelten), um dort ihren einmal erworbenen Lebensstandard so lange wie möglich aufrechtzuerhalten.

Diese interessante neue Theorie läßt auch andere historische Ereignisse wie beispielsweise den Aufstieg und Fall des Imperium Romanum in einem neuen Licht erscheinen, könnte aber auch die Verhaltensweisen des Menschen in der Gegenwart erklären. Arme, meint Colinvaux, haben generell niedrigere materialistische Ansprüche als reiche, und um Menschen in Armut zu versorgen, braucht man weniger Ressourcen als dafür, sie in Überfluß leben zu lassen. Trotz sogenannter Familienplanung und landläufiger Meinung (und Glaubensüberzeugung) werden daher mittellose Eltern in der heutigen Gesellschaft »instinktiv« häufig eine große Kinderschar haben. Hinzu kommt, daß diese Fortpflanzungsstrategie genetisch gesehen einen Erfolg darstellt, weil sie ja viele Nachkommen hervorbringt, die dieses »Erfolgsrezept« wiederum weitervererben – obwohl die ganze Sippschaft am Hungertuch nagen muß. Reiche hingegen müssen wesentlich mehr in ihre Kinder investieren, um sicher gehen zu können, daß diese den etablierten Lebensstandard halten können. Infolge einer langjährigen Ausbildung dauert es deshalb sehr lange, bis das Kind auf eigenen Beinen steht, und die damit verbundenen Kosten die Zahl der Nachkommenschaft natürlich ein. Für wohlhabende Menschen besteht die »richtige« Fortpflanzungsstrategie im Sinne der Evolution darin, nur wenige Töchter und Söhne zu haben, diese jedoch intensiv auf ihr Leben vorzubereiten.

Mit steigenden Bevölkerungszahlen werden die Rohstoffe allmählich knapper, so daß die Gesellschaft immer mehr Regeln und Einschränkungen aufstellen muß, damit alle genug zum Leben haben. Sehr wahrscheinlich will Colinvaux absichtlich mit seiner Behauptung provozieren, daß die Sowjetunion mit einer geringen, doch gut ausgebildeten Bevölkerung und ihren riesigen Landmassen voller Rohstoffquellen »eigentlich« ein Hort der Freiheit sein müßte (was vielleicht in 50 bis 100 Jahren durchaus realistisch sein könnte), während sich die USA angesichts ihrer nahezu aufgebrauchten Bodenschätze nach und nach in einen bürokratisch reglementierten, totalitären Staat verwandeln könnte.[6] Doch im Grunde genommen besteht für keine der beiden Supermächte ein vernünftiger Grund, einen Atomkrieg vom Zaun zu brechen, da die Logik dieser militärischen Strategie sagt, daß keine Seite siegen wird. Schließlich ist die Logik ja eine der Gaben, die uns über den Menschenaffen stellt – eine weitreichende Folge des einprozentigen genetischen Unterschiedes; und obwohl unser Gehirn zwar komplizierte Gedankengänge bewältigen kann, funktioniert es im Grunde genommen genauso wie das der Schimpansen und Gorillas.

»Das Schlimmste, was uns passieren könnte,« meint Colinvaux weiter, »wäre, daß diejenigen mit den größten Freiräumen durch eine unbarmherzig, aber sanft rempelnde Menschenmenge ihrer Freiheit beraubt würden.« Doch sei dies nicht zwingend nötig, da »wir alle vernünftige Menschen sind und uns wesentlich von den Tieren unterscheiden. Wir pflanzen uns auf humane, kontrollierbare Weise fort. Auch können wir unsere Lebensweise umstellen, so daß unsere Frauen nützlichen Beschäftigungen nachgehen können, anstatt überzählige Kinder aufzuziehen. Da wir uns ausmalen können, was uns bevorsteht, brauchen wir uns weder um unsere Zukunft noch um unser Geschick Sorgen zu machen.«[7] Aber weshalb sind wir dann in eine so dumme Situation wie dieses atomare Wettrüsten geraten und werden von einem Krieg bedroht, den keiner gewinnen kann? Wie wir schon am Ende des vorigen Kapitels gesagt haben, war alles offenbar nur ein Riesenfehler, der einer mathematisch bedingten evolutionsstabilen Strategie entsprungen ist und durch die besonderen äußeren Umstände, die heute die gesamte Menschheit bedrohen, völlig außer Kontrolle geraten ist.

Das »Gefangenen-Dilemma«

Durch die Arbeiten von P. G. Bennett und M. R. Dando – einem zufälligen Kontakt, der sich während der Arbeit eines der beiden Autoren am Kriminalistischen Forschungsinstitut der University of Sussex ergab – sind wir auf die Spieltheorie, mit der man u.a. die Folgen des nuklearen Wettrüstens simulieren kann, aufmerksam gemacht worden. Dieser Zweig der Mathematik entwickelte sich im Kielwasser der modernen Rüstungsforschung und Politikwissenschaften; er wurde vor gut 20 Jahren in die Evolutionsforschung übernommen und dort seitdem parallel weiterverfolgt. In der Biologie verwendet man den Ansatz der evolutionsstabilen Strategien (ESS) strenggenommen nur, um die erwartungsgemäßen Verhaltensmuster einzelner Individuen zu verstehen – was letztendlich auch auf das Verhalten einzelner Nationen untereinander übertragen werden kann. Doch zunächst wollen wir uns mit einem speziellen Problem der Spieltheorie befassen, das uns in Sussex erstmalig begegnete – dem sogenannten »Gefangenen-Dilemma«, das auch für die hohe Ebene der heutigen internationalen Politik gilt.

Der wohl bedeutendste Aspekt der Spieltheorie besagt, daß selbst bei größtmöglichem Konsens, eine Wunschlösung zu finden (beispielsweise nukleare Abrüstung), verschiedene Einzelpersonen oder voneinander unabhängig handelnde Staaten Schwierigkeiten haben, diese ideale Lösung zu finden. Wie wir bereits durch das Planspiel »Falken-gegen-Tauben« erfahren haben, braucht die ESS nicht zwangsläufig mit einer Strategie identisch zu sein, die den meisten Beteiligten optimalen Nutzen bringt; ausschlaggebend ist allein, daß alle Beteiligten nur dann von einer potentiellen Ideallösung profitieren können, wenn sie sich zuvor darauf einigen, diese Strategie auch gemeinsam zu verfolgen und sich, wie vereinbart, auch daran zu halten. Das »Gefangenen-Dilemma« veranschaulicht genau diese Problematik.

In der Literatur wird das Prinzip anhand verschiedener Fälle erläutert, und wir haben uns für ein Beispiel entschieden, das aus einem Buch von Steven Brams stammt.[8] Hierbei geht es um zwei Verbrecher, die nach einer gemeinsam begangenen Straftat verhaftet und in zwei Einzelzellen gesperrt wurden, ohne zueinander Verbindung aufnehmen zu können. Der Staatsanwalt vermutet, daß ein Kapitalverbrechen vorliegt, hat allerdings keine Beweise, die das Gericht akzeptieren würde. Er benötigt also ein

Schuldgeständnis, und zu diesem Zweck schlägt er beiden Gefangenen unabhängig voneinander folgendes Geschäft vor: Wenn einer der beiden Verdächtigen das Delikt zugibt und als Kronzeuge den anderen belastet, so wird er freigesprochen, während der andere (der nicht gestanden hat) zur Höchststrafe von zehn Jahren verurteilt wird. Gestehen beide, dann erhalten sie ein abgeschwächtes Strafmaß, vielleicht drei Jahre Freiheitsentzug. Falls jedoch keiner geständig ist, wissen alle Parteien, daß der Staatswalt beiden Verbrechern nur ein kleineres Vergehen anlasten kann, so daß ihnen höchstens ein Jahr im Gefängnis droht.

Die exakten Zahlen für das Strafmaß sind nicht entscheidend, doch veranschaulichen sie die Zwickmühle, in der die beiden stecken. Wenn jeder Gefangene dem anderen blind vertrauen kann, daß dieser nicht gesteht, dann ist es für beide am besten, gemeinsam zu schweigen. Sobald aber einer zu argwöhnen beginnt, der andere könne ihn hereinlegen, dann stellt er sich auf jeden Fall mit einem Geständnis besser, obwohl bei einem Geständnis beider Männer die Strafe immer noch höher ausfallen wird, als wenn keiner gesteht. Daher bedeutet das Geständnis für den Verdächtigen eine sogenannte Mini-Max-Strategie, da sie das *maximal* mögliche Strafmaß eines Gefangenen *minimiert*, und somit auch die optimale Lösung des Dilemmas, obgleich sie ihm die tatsächliche Minimalstrafe (in diesem Beispiel ein Jahr Gefängnis) unmöglich macht.

Dieses einfache Beispiel enthält aber noch einen weiteren Weg aus der Klemme – beide Verbrecher könnten sich schon lange zuvor darauf geeinigt haben, unter gar keinen Umständen »auszupacken«. Doch welches Mittel besiegelt diesen Pakt? Das Statut, niemals zu gestehen, wird nur den Mitgliedern der Mafia nachgesagt; und in solchen Fällen kommt es erst gar nicht zu einem Dilemma, da jeder Gefangene weiß, daß ihm, falls er gesteht und freikommt, vor den Gefängnistoren eine noch viel grausamere Strafe erwartet. Leider gibt es keine übergeordnete Supermacht, die Amerikaner und Russen dazu zwingen könnte, einen Vertrag zur Atomwaffenabrüstung zu unterzeichnen. Denn wenn die eine Seite argwöhnt, daß die andere durch das Angebot der »Freiheit« (gemeint ist die unter allen Umständen günstigste Lösung für eine Seite) versucht wird, entsteht das Dilemma wieder in seiner alten Form. Wie schon andere vor ihnen, haben auch Bennett und Dando das nukleare Wettrüsten mit diesem Modell, wenn auch in leicht modifizierter Form, zu erklären versucht: Zwar wollen beide Seiten tatsächlich abrüsten, trauen sich aber aus Furcht vor der evtl. daraus resultierenden Aggression des Gegners nicht, den ersten Schritt zu machen. Möglicherweise kann, sogar wenn die »Mitspieler« überzeugte Pazifisten sind, die einzig plausible Strategie der maximalen Minimierung gebieten, sich bis an die Zähne zu bewaffnen und Gewehr bei Fuß auf den Aggressor zu warten – und zwar aus den genannten Gründen.

Verzwickter wird die ganze Situation noch durch die unterschiedliche Auffassung der Wünsche auf beiden Seiten. Dadurch wird aus der Spieltheorie die sogenannte »Super-Spieltheorie« (engl. *hypergame theory*), in der sich die Spielregeln dahingehend verändert haben, daß nun alle Beteiligten das Spiel unterschiedlich auffassen. Wahre Pazifisten würden sich in diesem Fall gegenseitig sofort verstehen und problemlos zu einem stabilen Weg aus dem Dilemma kommen, bei der beide Seiten abrüsteten. Sobald jedoch eine Seite der anderen böse Absichten unterstellt, werden sofort Ängste geweckt, man könne in eine Position der militärischen Unterlegenheit geraten, und der Rüstungswettlauf hält unvermindert an. Die »Super-Spieltheorie« bringt dieses Szenario in eine rein mathematische Form, die auf ihre Weise dem klassischen Beispiel vom »Gefangenen-Dilemma« sehr ähnlich ist.[9]

Die Ursachen für die Gefährdung des Weltfriedens liegen also offenbar weder in einer grundsätzlich aggressiven Haltung noch bei der Uneinsichtigkeit mancher politischer Führungskräfte, sondern beruhen auf einem Mißverständnis, das wir heute mathematisch-naturwissenschaftlich erklären können. Die Frage, welchen Preis wir zu zahlen bereit sind, um einen potentiellen Aggressor abzuschrecken, hat die Politik der Supermächte lange genug beherrscht; da aber keine von beiden zwangsläufig zu einer realen Gefahr werden muß, ähnelt die ganze Situation, wie Bennett und Dando es drastisch ausdrückten, »eher einer kollektiven Wahnvorstellung«.[10] Wenn beide Seiten die Situation begriffen haben, sind die Mißverständnisse bereits zur Hälfte ausgeräumt und die guten Absichten der Gegenpartei halbwegs anerkannt. Laut mathematischer Analyse sollte man zumindest auch auf die Eröffnungsschritte des Gegners eingehen, um sich gegebenenfalls davon zu überzeugen, inwieweit dadurch der Frieden näherrückt. Erprobte evolutionsstabile Strategien wie etwa das »Gefangenen-Dilemma« bekräftigen daher die logischen Schlüsse, die ein gesunder Verstand in Anbetracht des zukünftigen Geschicks aller Menschen normalerweise ziehen müßte.

Sicherheit durch die Tit-for-tat-Taktik

In seinem Werk »Social Evolution« bezeichnet Robert Trivers das »Gefangenen-Dilemma« aus der Spieltheorie als eine Form des reziproken (gegenseitigen) Altruismus. Da Altruismus letztendlich nur ein Spiegelbild der Aggression ist, erkennen wir ohne sonderliche Verwunderung dieselben mathematischen Regeln wieder, die uns schon dabei halfen, den Wirkmechanismus aggressiver Verhaltensweisen zu verstehen. In diesem Fall dreht sich das Dilemma darum, ob man einem anderen Individuum helfen soll oder nicht: »Wenn ich dem anderen helfe und er die Hilfe akzeptiert, er mir aber in einer ähnlichen Situation nicht hilft, so habe ich keinen Nutzen; helfen wir uns jedoch gegenseitig, dann stehen wir beide gut da.« Wie sieht die beste Strategie in einer derartigen Lage aus? Ist es günstiger, zusammenzuarbeiten, oder steht man sich besser, wenn man vortäuscht, Hilfe zu leisten, in Wirklichkeit aber nur Leistungen einheimst? Sollte man sich prinzipiell altruistisch verhalten oder sein Verhalten abhängig von den Reaktionen und Handlungsweisen seiner Mitmenschen verändern? Die Möglichkeiten, diesem Dilemma zu entkommen, wurden von Robert Axelrod und William Hamilton an Computermodellen untersucht. Hierzu wählten sie 14 verschiedene Strategiemodelle sowie einige Modelle mit Zufallsentscheidungen aus – im Prinzip also ähnliche Programme, wie sie ein Schachcomputer während eines Turniers verwendet – und ließen sie 200 Mal auf einem Computer laufen: Dabei stellte sich heraus, daß die beste Strategie gleichzeitig auch die einfachste war, nämlich die sogenannte *Tit-for-tat*-Taktik (auf Deutsch: »Wie Du mir, so ich Dir«). Diese enthält nur zwei Regeln: »1.: Arbeite beim ersten Zug mit Deinem Kontrahenten zusammen und 2.: Verhalte Dich bei späteren Zügen genauso wie zuvor Dein Kontrahent.« Diese Taktik der Zusammenarbeit, meint Travers, basiert auf wechselseitigem Nehmen und Geben.

Auch in einer zweiten Runde, bei der 62 Methoden insgesamt drei Millionen Mal auf dem Computer liefen, stellte sich die Überlegenheit dieser Taktik heraus – insbesondere in einem Umfeld, in dem verschiedene Strategien miteinander konkurrieren. *Tit-for-tat* gewinnt vor allem dann mit Leichtigkeit, wenn man die Taktik verbessert, indem man seinem Gegenüber einen gelegentlichen »bösen« Ausrutscher verzeiht, ja ihm sogar noch kooperativ die andere Wange hinhält, anstatt dessen »Aggression« sofort nachzumachen. In der Tierwelt bedeutet das, daß man sich mit Hilfe der *Tit-for-tat*-Taktik über evolutiv entstandene Antriebe hinwegsetzen kann. Es ist eine ESS, die, einmal entstanden, nicht durch Konkurrenzverhalten besiegt werden kann.

Die weitgreifenden Konsequenzen dieser Taktik bekommen wir nicht nur im Alltag, sondern auch in der großen Weltpolitik zu spüren. Der »reziproke Altruismus« ist zweifellos ein bedeutendes Produkt unserer Entwicklungsgeschichte, und er hat sich in zahlreichen Tugenden und positiven Verhaltensweisen (wie etwa Moral, Dankbarkeit, Freundschaft, Fairneß und Sportsgeist) niedergeschlagen, die man durchaus als Instrumente zum Wohl der Menschheit ansehen kann. Da wir alle im Prinzip die gleiche Evolution durchgemacht haben und aus dem gleichen

Gen-Pool stammen, könnten wir unser zwischenmenschliches Verhalten ruhig nach dem Prinzip der *Tit-for-tat*-Taktik gestalten – oder anders gesagt, nach dem folgenden Motto handeln: »Was Du nicht willst, daß man Dir tu, das füg' auch keinem andern zu.« Da die meisten Menschen fast immer so handeln, kommen sie größtenteils ohne größere Konflikte aus.

Und was bedeutet das für die Politik der Supermächte? Auch Politiker sind nur Menschen, deshalb gelten für sie im Prinzip die gleichen Regeln wie für den Rest der Bevölkerung – und das gilt auch dann noch, wenn wir jede Supermacht in einer Partie »Gefangenen-Dilemma« symbolisch durch einen Amerikaner bzw. Russen ersetzen. *Tit-for-tat* hieße im Fall des nuklearen Wettrüstens, als ersten Schritt seinem Gegenüber die Zusammenarbeit anzubieten, um gemeinsam abzurüsten, und nachfolgend seinem Beispiel in allen Details zu folgen. Heute fällt es uns leichter, die Gründe für dieses Durcheinander zu erkennen, das kurz nach dem Zweiten Weltkrieg begann. Obwohl beide Machtblöcke zuvor Seite an Seite gegen einen gemeinsamen Feind gekämpft haben, reichte das Gerücht von neuen Superwaffen aus, daß man in beiden Lagern dem anderen nicht mehr über den Weg traute. Die *Tit-for-tat*-Taktik hat in der Folgezeit allerdings nur bewirkt, daß die Rüstungsspirale nach oben geklettert ist. Wenn deshalb tatsächlich eine Macht ernsthafte Friedensabsichten hätte, ließe sich der Prozeß genauso rasch umkehren, und man könnte *peu à peu* abrüsten. In diesem Spiel können wir nichts verlieren, wenn wir das Abrüstungsangebot, das der bislang letzte russische Spieler Michail Gorbatschow[11] uns gemacht hat, ernst nehmen – so wie es vielleicht schon seinen Amtsvorgängern bei entsprechenden Offerten aus dem Weißen Haus ergangen wäre. Ob die Menschen genug Gemeinsinn besitzt, um mit Hilfe ihres einprozentigen Vorteils, also ihrer Intelligenz, ein Weg aus dem Dilemma finden wird? Hoffen wir, daß die Botschaft in die richtigen Kanäle gerät, denn eigentlich kann nur ein Tyrann am Erhalt des Status quo interessiert sein. Und obgleich wir diese Spannung sicherlich teilweise solchen Despoten zu verdanken haben, tröstet uns Gandhi: »Es gibt zwar Mörder und Tyrannen, doch am Ende stürzen sie immer.« Für die Menschheit ist der reziproke Altruismus eine evolutionsstabile Strategie, nicht aber die Tyrannei – und darauf baut unsere gesamte Hoffnung.

Anhang

Stammt der Affe vom Menschen ab?

1985 veröffentlichten Masami Hasegawa, Hirohisa Kishino und Taka-Aki Yano die jüngsten und wohl besonders sorgfältig berechneten Zeitangaben zur Aufspaltung der Linie Mensch-Affe, die über die Technik mit der molekularen Uhr ermittelt wurden. Demnach soll diese Aufspaltung erst vor 2,7 Millionen Jahren stattgefunden haben, und im Resümee der japanischen Forscher heißt es dann auch: »Obgleich die Technik mit der molekularen Uhr eine gewisse Ungenauigkeit birgt, könnte dieser Zeitpunkt die bisher weit verbreitete Hypothese in Frage stellen, der bipede[1] *Australopithecus afarensis*, welcher vor 3,7 Millionen Jahren bei Laetoli (Tansania) und Hadar (Äthiopien) gelebt hat, sei der Vorläufer des Menschen gewesen und erst nach der Aufspaltung in Menschen und Menschenaffen entstanden.«[2] Laut Hasegawa und seinen Kollegen sind sich menschliche DNS und Schimpansen-DNS möglicherweise deswegen so ähnlich, weil eine Vermischung des Genoms (Hybridisierung) zwischen dem Vorläufer der Schimpansen und demjenigen der Menschen stattgefunden hatte, nachdem letzterer den aufrechten Gang entwickelt hatte.

Jedoch ist auch eine andere Lösung denkbar, nämlich daß *Australopithecus afarensis* (also unsere bekannte »Lucy«) vielleicht schon vor der Trennung in Menschen und Menschenaffen gelebt hat. In diesem Fall wäre der aufrechte Gang ein typisches Merkmal gewesen, das bei Schimpansen verloren ging, und nach dieser Theorie hätten sich Schimpansen (und auch Gorillas) in ihrer heutigen Form aus den eindeutigen Vorläufern des Menschen entwickeln können. Mit anderen Worten, der Affe stammte demnach vom Menschen – oder einer Vorstufe des Menschen – ab. Die Autoren haben sich natürlich sehr gefreut, als das japanische Team 1985 diese Hypothese veröffentlichte; denn in ihrer Arbeit würdigten sie ausführlich, daß diese Vermutung erstmalig gemeinsam von Jeremy Cherfas und John Gribbin geäußert wurde.

Diese Idee entstand zu einem Zeitpunkt, als Don Johanson den *Australopithecus afarensis* entdeckt hatte, wie man in »Lucy« nachlesen kann, das er zusammen mit Maitland Edey geschrieben hat. Johanson berichtete, wie er sich den Kopf darüber zermartert hatte, Lucy als erste bekannte Vertreterin der Gattung *Homo* oder als Mitglied der Gattung *Australopithecus*, also dem nächstverwandten fossilen Cousin von *Homo*, einstufen zu sollen. Schließlich entwickelte er einen Stammbaum, an dessen Anfang er Lucy plaziert (vor 3,5 Millionen Jahren) und der sich anschließend gabelt: ein Zweig führt zu *Homo habilis* (vor 3,5 Millionen Jahren) und anschließend über *Homo erectus* zum heutigen Menschen, während der andere die Australopithecinen mit den Vertretern *Australopithecus africanus* und *Australopithecus robustus* enthält. Beide Arten lebten in der gleichen Epoche, waren aber auch Zeitgenossen der Vorfahren von *Homo*. Laut bisheriger offizieller Meinung von Paläontologen und Zoologen hat keiner der beiden Australopithecinen Nachfahren, die heute noch existieren, obgleich beide Arten erst vor knapp einer Million Jahren in Afrika gelebt haben. Aber stimmt diese offizielle Meinung überhaupt? Deshalb wollen wir dem mittlerweile neugierig gewordenen Leser unsere Hypothese nicht vorenthalten und ihm die einzelnen Punkte ähnlich ausführlich schildern, wie sie am 3. September 1981 im *New Scientist* erschienen; dieser von Jeremy Cherfas und John Gribbin verfaßte Artikel diente später als Grundlage für ihr gemeinsames Buch »The Monkey Puzzle«[3].

Das beste existierende Indiz – tatsächlich handelt es sich auch um den einzigen direkten Hinweis – läßt uns vermuten, daß Mensch, Schimpanse und Gorilla bis vor 4,5 Millionen Jahren einen gemeinsamen Vorfahren (CA) hatten. Dies ist allerdings mit dem Entwicklungsverlauf, wie er sich aus den paläontologischen Befunden ergibt, absolut unvereinbar. Denn nach den gefundenen Fossilien zu urteilen,beginnt die Geschichte der Hominiden, so wird jedenfalls erzählt, mit einem Wesen namens *Ramapithecus*. Dieser Hominide war der erste Vertreter der menschlichen Linie, die sich deutlich von derjenigen unterscheidet, die zu den Menschenaffen führt – und außerdem hatte *Ramapithecus* seinen Blütezeit 14 bis 8 Millionen Jahre vor unserer Zeitrechnung. Anschließend klafft ein tiefschwarzer Abgrund von acht bis vier Millionen Jahren, da alle Hominidenfossilien, die aus dieser Zeit bekannt sind, problemlos in eine Museumsschublade passen. Als nächstes haben wir Johansons berühmte Lucy, die vor etwa 3,5 Millionen Jahren immerhin aufrecht, aber mit einem primitiven affenähnlichen Schädel durch Afrika zog. Aus diesem Szenario folgerte man, daß sich Menschen und Menschenaffen irgendwann vor dem ersten *Ramapithecus* (d.h. vor mindestens 14 Millionen Jahren) getrennt haben. Zugegebenermaßen ist es selbst in Paläontologenkreisen um *Ramapithecus* etwas stiller geworden. Dies hatte allerdings keinen Einfluß auf die offizielle Lehrmeinung, die Geburtsstunde der Menschheit habe frühestens vor zehn Millionen Jahren stattgefunden, und auch trotz der Zweifel einer Handvoll Paläontologen glauben die meisten Menschen noch immer, die Ursprünge des Menschen lägen in weiter Vergangenheit.

Nun gibt es allerdings keine Fossilien, die eindeutig nur die Vorfahren von Schimpansen bzw. Gorillas, jedoch nicht des Menschen sind. Zwar gibt es einige aussichtsreiche Kandidaten, vor allem den *Dryopithecus* und seine Sippschaft, die als sogenannte »Waldmenschenaffen« vor 20 Millionen Jahren lebten, aber auch von ihm könnte man nicht ausschließlich behaupten, er sei der einzige Urahn der heutigen Menschenaffen, nicht aber des Menschen. Wenn also daher die Rede auf den Ursprung der menschlichen Linie kommt, muß die traditionelle Geschichtsschreibung schon in die Trickkiste greifen. Jedoch liefern diese Zaubertricks keine Erklärung für die biochemischen und immunologischen Befunde, wonach sich Proteine und Gene (genauer gesagt, die DNS) von Mensch und Menschenaffen in hohem

Maße ähneln. Diese Ähnlichkeit könnte tatsächlich nicht so groß sein, wenn die beiden Linien bereits zu jenem frühen Zeitpunkt, den die Paläontologen berechnet haben, auseinandergegangen wären. Weiterhin haben wir es noch mit einem anatomischen Problem zu tun, denn auch vom Körperbau her sehen sich Mensch und Menschenaffen verblüffend ähnlich.

Stellen Sie sich beispielsweise folgende Situationen vor: Ein Schimpanse oder Orang Utan hangelt sich durch das Geäst des Urwalds, und ein Sportler turnt am Stufenbarren, an den Ringen oder auf dem Schwebebalken. Oder eine kreischende Schimpansin, die drohend einen Ast schwingt, um Eindringlinge zu vertreiben, und daneben schleudert eine Leichtathletin ihren Wurfspeer. Oder denken Sie bloß einmal an das morgendliche Aufwachen, wenn Sie sich gähnend recken und den Brustkorb kratzen. Diese und viele andere Tätigkeiten demonstrieren, wie unser Torso im Verlauf der natürlichen Selektion so »umgebaut« wurde, daß sich sein Besitzer unter einem Zweig durchschwingen und zur Seite strecken konnte – ein Vorgang, den man als Schwinghangeln oder brachiatorische Fortbewegung bezeichnet. In dieser Form des Oberkörpers unterscheiden sich Menschenaffen von den übrigen Affen, und dieser Torso läßt sie gleichzeitig auch so »menschlich« erscheinen.

Wir können uns nur zu gut den Selektionsdruck vorstellen, der die anatomischen Anpassungen des Schwinghangelns formte: Ein derart gebautes Tier kann seinen Körperschwerpunkt völlig sicher unter einen federnden Ast verlagern und gleichzeitig zur Seite nach einer reifen Frucht greifen, die ja erfahrungsgemäß am äußersten Ende eines Astes besonders dicht sitzen. Warum nun Menschen und Menschenaffen die gleichen anatomischen Besonderheiten aufweisen, läßt sich nicht ganz so leicht erklären. Wenn zwei Tierarten dasselbe Merkmal haben, gibt es normalerweise nur zwei denkbare Gründe: Zum einen besitzen sie einen gemeinsamen Vorfahren, wie beispielswiese Elefanten und Klippschliefer[4], die sich auf den ersten Blick überhaupt nicht ähnlich sehen, jedoch sehr ungewöhnliche, in ihrer Gestalt übereinstimmende

Füße besitzen. Alternativ gibt es auch eine zweite Erklärung: Mehrere verschiedene Arten entwickeln unabhängig voneinander, jedoch unter ähnlichem Evolutionsdruck, die gleichen Merkmale aus[5]. Dies ist beispielsweise beim Thunfisch (einem Knochenfisch), beim Hai (einem Knorpelfisch) und beim Delphin (einem Meeressäuger) der Fall, die alle einen ähnlich gebauten Körper besitzen, obgleich sie zu verschiedenen Tiergruppen gehören und auf unterschiedliche Weise entstanden sind.

Die anatomische Ähnlichkeit zwischen Mensch und Menschenaffe mag sich also ergeben haben, weil beide einen gemeinsamen Vorfahren besitzen oder aber eine konvergente Evolution durchgemacht haben (d.h. sich parallel entwickelt haben). Den Paläontologen stellt sich nun das Problem, daß sie keine Entscheidung fällen können, weil es an fossilen Beweisen mangelt. Die versteinerten Überreste der affenartigen Dryopithecinen, die der mutmaßlichen Trennung zwischen Menschen und Affen zeitlich vorausgehen, weisen alle keine Merkmale einer brachiatorischen Fortbewegungsweise auf. Dennoch können alle heutigen Menschenaffen schwinghangeln. Der Mensch, der sich ja von den Affen gelöst haben soll, bevor diese zum Schwinghangeln übergingen, besitzt ebenfalls die morphologischen Voraussetzungen für diese Fortbewegung. Trotzdem soll er nach Meinung der Paläontologen keinen Schwinghangler als Urahnen haben, sondern seinen Torso, der dem der übrigen Menschenaffen ähnelt, im Laufe von 15 Millionen Jahren durch konvergente Entwicklung erworben haben.

Das alles läßt sich nur sehr schwer verdauen; und obendrein können wir aufgrund unserer spärlichen Kenntnisse über *Ramapithecus* auch noch davon ausgehen, daß dieser seine Nahrung am Boden suchte, mit anderen Worten also mit beiden Beinen auf dem Boden stand und daher wohl überhaupt nicht auf Bäumen lebte. Wenn daher *Ramapithecus* als mutmaßlicher erster Hominide kein Baumbewohner war, stellt sich nun die Frage, zu welchem Zeitpunkt sich die Hominiden auf das Schwinghangeln spezialisierten.

Auch hier können die Moleküle eine Antwort liefern: Falls sich der Mensch und die afrikanischen Menschenaffen erst vor 4,5 Millionen Jahren getrennt haben, so besaßen sie einen gemeinsamen Vorfahren, der schwinghangeln konnte. Leider können die molekularbiologischen Methoden keine Komplettlösung bereitstellen, wie der Übergang vom hangelnden Menschenaffen zur aufrecht gehenden Lucy, geschweige denn zum Schimpansen erfolgte, aber das versuchen wir hier zu erklären.

Die bestentwickelten Schwinghangler, also die Gibbons und Orang Utans, leben ausschließlich in den Wäldern Asiens, und bekanntlich haben sie sich vor acht bzw. zehn Millionen Jahren von der Linie abgetrennt, aus der Mensch, Schimpanse und Gorilla hervorgingen. Logischerweise können wir daher annehmen, daß die ersten Schwinghangler vor zehn Millionen Jahren auftraten, und zwar in Asien. Mit ziemlicher Sicherheit waren sie Nachfahren des *Dryopithecus*, stammten jedoch keinesfalls von *Ramapithecus* ab, dessen Entwicklung höchstwahrscheinlich in eine Sackgasse führte. In der Mitte des Miozäns herrschte ein warmes Klima, und Europa, Afrika, der Nahe Osten und Asien waren größtenteils von einer üppigen Waldvegetation bedeckt, so daß sich unserem kleinen Schwinghangler ausreichend Lebensraum bot. Tatsächlich scheinen die Dryopithecinen dieses Angebot genutzt zu haben; sie paßten sich den verschiedenen ökologischen Nischen an und bildeten mehrere neue Gruppen. Diese Form der Aufteilung und Spezialisierung in mehrere Arten aus einer Ausgangsart wird als »adaptive Radiation« bezeichnet. Einige Dryopithecinen begannen, auf dem Waldboden zu leben; hierzu zählen die Ramapithecinen, also nicht nur *Ramapithecus* selbst, sondern auch die nahverwandten Arten *Sivapithecus* und *Gigantopithecus*. Andere Formen spezialisierten sich auf eine Lebensweise in den Baumwipfeln, und dies waren die Schwinghangler, mit denen wir uns näher befassen wollen. Möglicherweise gab es auch noch andere Entwicklungszweige der Dryopithecinen, die sich auf alternative Lebensformen spezialisierten, welche aber erst noch von den Biologen entdeckt werden müssen.

Gigantopithecus schaffte es immerhin, bis vor etwa 500 000 Jahren zu überleben, während *Ramapithecus* und *Sivapithecus* bereits vor acht Millionen Jahren ausstarben. Somit blieben von allen Kandidaten, die an der adaptiven Radiation der Dryopithecinen teilgenommen hatten, nur die Schwinghangler übrig.

Die Gibbons spalteten sich vor etwa zehn Millionen Jahren vom Hauptstamm dieser Entwicklungslinie ab und vollendeten die brachiatorische Fortbewegung bis zur Perfektion. Lange Arme, kurzer Rumpf und kurze Beine sowie eine beachtliche Behendigkeit sind Eigenschaften, die den Gibbon – nahezu ohne sichtbare Pausen, um sich festzuhalten – durch das Blätterdach des Dschungels fliegen lassen. Die Orang Utans entstanden nur kurze Zeit später (vor gut acht Millionen Jahren) und gingen bei ihrer Entwicklung etwas anders vor als die Gibbons: Ihre Hinterbeine wurden genauso beweglich wie die Gibbonarme. Während man bei Gibbons von Sprintern reden könnte, wären die Orang Utans eher als Akrobaten zu bezeichnen – richtige vierarmige Lebewesen, die wie eine Spinne frei unter den Zweigen hängen und mit allen Extremitätem bequem nach saftigen Früchten angeln können.

Die nächste größere Teilung dieser Entwicklungslinie passierte vor knapp 4,5 Millionen Jahren, vielleicht auch etwas später. Da wir das Ergebnis dieser Aufspaltung in Afrika gefunden haben, können wir auch davon ausgehen, daß der Prozeß ebenfalls auf dem Dunklen Kontinent stattfand. Irgendwann in der Zeitspanne, die vor acht Millionen Jahren mit der Abspaltung der Orang Utans begann und vor 4,5 Millionen Jahren mit der Trennung in Mensch und Menschaffen endete, ist der Schwinghangler von Asien nach Afrika gewandert. Damals, gegen Ende des Miozäns, war das Klima rauher geworden, und die Wälder wichen zurück. Sehr wahrscheinlich stellte der schrumpfende Lebensraum einen Evolutionsdruck dar, der Tiere begünstigte, die sich andere ökologische Nischen zunutze machen konnten. Aber infolge der Klimaverschlechterung gab es mit ziemlicher Wahrscheinlichkeit keine durchgängigen Waldgebiete, die von

Asien bis Afrika reichten – und das stellt uns vor ein neues Problem: Wie kann ein Baumbewohner, der sich normalerweise mit seinen Armen von Ast zu Ast schwingt, ein 8000 Kilometer breites baumloses Gebiet durchqueren?

Die einzige plausible Antwort lautet, daß er zu Fuß gegangen sein muß; sicherlich nicht völlig aufrecht auf zwei Beinen (obwohl man diese Möglichkeit nicht von vorneherein ausschließen sollte), sondern wohl auf allen Vieren. Die brachiatorische Fortbewegung bringt einem Affen aber nicht nur die süßesten Früchte ein, sondern liefert ihm auch die optimalen körperbaulichen Voraussetzungen für den aufrechten Gang. Da der Torso hauptsächlich senkrecht durchhängt, werden bei diesem Tier auch auf lange Sicht anatomische Veränderungen begünstigt, die ihm das aufrechte Gehen erleichtern. (Die Evolution machte demnach aus erfolgreichen Schwinghanglern auch fähige »Fußgänger«.) Selbstverständlich kann man bei modernen Schimpansen, Gorillas oder Orang Utans nicht gerade von aufrechtem bipeden Gang sprechen. Sie können zwar ziemlich unbeholfen auf zwei Beinen laufen, aber dies ermüdet sie relativ schnell. Für gewöhnlich laufen sie daher auf den Hinterfüßen, wobei sie einen Teil ihres Körpergewichts auch auf die Rückseiten der letzten Fingerglieder verlagern. Diese Fortbewegungsweise wird deshalb als Knöchelgang (oder mit dem englischen Ausdruck *knuckle walking*) bezeichnet. Ein Pavian setzt beispielsweise beim Gehen auf allen Vieren mit seinen Handflächen vollständig auf dem Boden auf. Wenn jedoch ein Schimpanse oder Gorilla das Gleiche versuchen würde, müßte er, da seine Vorderextremitäten an das Schwinghangeln adaptiert sind, seine Unterarme an den Handgelenken durchdrücken. Als einzige Alternative kann er nur noch seine Finger einrollen und sein Gewicht auf die Knöchel verlagern. Da man per Knöchelgang recht zügig vorankommt, können wir uns durchaus vorstellen, daß Tiere wie Schimpansen in der Lage sind, lange Überlandstrecken auf diese Weise zurückzulegen.

Selbstverständlich machten sich die Affen nicht in einzelnen Gruppen auf, um von Asien nach Afrika zu gelangen. Ähnlich wie ihre menschlichen Nachfahren, die sich schließlich von Afrika aus über den ganzen Globus ausbreiteten, zogen sie mit einem Tempo von knapp 30 Kilometern pro Generation mehrere Tausend Jahre lang von einem Kontinent zum anderen. Diese Reisegeschwindigkeit ergibt sich auch bei anderen Tieren infolge der natürlichen räumlichen Abstände, die zwischen zwei Tiergruppen entstehen, wenn sie neue Lebensräume erkunden. Möglicherweise sind auch vor ihnen schon andere Vertreter der Dryopithecinen (u.a. auch *Ramapithecus*) nach Afrika gelangt, aber wenn sie wirklich schon vor 14 Millionen Jahren an die Ernährungsweise von Bodenbewohnern adaptiert waren, so beherrschten sie sicherlich bereits perfekt die Fortbewegung auf allen Vieren und konnten die Strecke spielerisch bewältigen.

Nachdem sie in Afrika angekommen waren, fanden die Knöchelgänger plötzlich wieder isolierte Waldgebiete vor, die stellenweise an Flußläufen recht üppig wuchsen. Nun blieb es ihnen anheim gestellt, wieder auf die Bäume zu klettern, da es keine andere Primatenkonkurrenz mit brachiatorischen Fähigkeiten gab. Da aber die Wälder weiterhin schrumpften, wäre es sicherlich – vor allem bei einer plötzlichen Bevölkerungsexplosion – zu erheblichen Nahrungsengpässen gekommen, wenn unsere Pioniere ihren Knöchelgang aufgegeben hätten und auf die Bäume zurückgekehrt wären. Aus unbekannten Gründen blieb der aufrechte Gang ein Evolutionsvorteil. Somit hätten wir vor 3,75 Millionen Jahren Don Johansons unanfechtbaren Beweis eines aufrecht gehenden Menschenaffen, nämlich des *Australopithecus afarensis*, auch unter dem Namen Lucy bekannt. Sicherlich waren sie und ihre Sippschaft erfolgreiche Bewohner der Ebenen, die wahrscheinlich in der Nähe von Wasserstellen kampierten und gemeinsam loszogen, um Nahrung zu sammeln.

Demnach hätte die Linie der Schwinghangler tatsächlich einen aufrecht gehenden Vertreter hervorgebracht. Aber was geschah mit den beiden übrigen »Zweigen«? Nach der langen Dürreperiode, mit der vor vier Millionen Jahren das Pliozän zu Ende ging, wurde das Klima wieder milder und regnerischer, die

Wälder konnten sich wieder aus ihren Insellagen ausbreiten, es gab wieder mehr Früchte, und so weiter und so fort. Einige von Lucys Kindern schien dies nicht weiter zu interessieren, da sie sich für das Leben im Grasland entschieden hatten und dies ihnen auch ganz gut gefiel. Zugegebenermaßen war es kein Zuckerschlecken, aber dank der raschen Entwicklung ihres Großhirns ließen sie sich immer mehr neue Dinge einfallen, die ihnen ihr Dasein erleichterten. Aber was wäre wohl aus jenen Vorläufern der Menschheit geworden, wenn sie den ständigen Verlockungen ausgesetzt gewesen wären, für immer im Schatten der Tropenbäume zu liegen und genußvoll Mangos und Bananen zu mampfen? Derart paradiesische Zustände sind beileibe keine Idealbedingungen, um ein Superhirn zu entwickeln, und bei einem solch großen Angebot an Leckereien hätten sich die Affen nie bemüßigt gefühlt, zusammenzuarbeiten und gemeinsam auf Futtersuche zu gehen. Und wenn ich mit niemandem meine Nahrung zu teilen brauche oder mich auf meinen Nachbarn verlassen muß, wozu brauche ich dann eine komplexe Gesellschaft? Sicherlich können Sie sich schon denken, worauf unserer Argumentation zielt: Schimpansen und Gorillas haben sich aus zwei »Aussteiger-Linien« entwickelt, die den Streß eines Lebens auf der Ebene hinter sich ließen und sich einem bequemen Aufenthalt in den Baumwipfeln zuwandten; und dieser Prozeß fand statt, nachdem sich die Vorläufer der Menschen bereits auf dem Pfad in die Zivilisation befanden.

Dem Volksmund nach stammt der Mensch vom Schimpansen ab, aber das stimmt nicht, denn beide entspringen einem gemeinsamen Vorfahren; wenn man den Volksmund nämlich etwas genauer befragen würde, gäbe dieser zu, er glaube eher daran, beide (Mensch und Schimpanse) stammten von einem gemeinsamen Vorfahren ab, der jedoch große Ähnlichkeit mit einem Menschenaffen, speziell einem Schimpansen, aufwies. Wenn wir unsere Gedanken mit ähnlichem Tenor formulierten, müßten wir behaupten, der Schimpanse stamme vom Menschen ab bzw. der gemeinsame Ahn habe mehr menschliche Züge als die eines

Schimpansen gehabt. Mochten die erforderlichen Veränderungen im Erbgut, die den Körper eines Schwinghanglers schließlich in die Anatomie eines aufrecht gehenden Menschenaffen verwandelten, auch noch so gering sein, auf alle Fälle ließen sie sich relativ leicht wieder rückgängig machen.

Fossil läßt sich dieser Standpunkt nicht widerlegen, sondern allenfalls durch die heutige Anatomie von Schimpansen und Menschen. Demnach müssen wir eingestehen, daß das Becken des Schimpansen eher dem eines Primaten mit Knöchelgang als demjenigen eines vormals aufrecht gehenden Zweibeiners entspricht, der sich wieder einer Fortbewegung per Schwinghangeln und Knöchelgang zugewandt hat. Zu unserer Verteidigung würden wir darauf pochen, daß dieser Umkehrprozeß absolut perfekt verlief – mit anderen Worten, die genetischen Veränderungen, die aus Affen die ersten Menschen machten, verwandelten genauso sauber Hominiden zurück in die ersten Schimpansen und Gorillas.

Vielleicht erscheint Ihnen unser bescheidener Vorschlag als ziemlich gewagter Höhenflug, quasi als wilde Hirngespinste zweier »Schreibtisch-Anthropologen«, die keinerlei praktische Erfahrungen als Paläoanthropologen besitzen. Sicherlich würden wir für unsere Hypothese nicht unser Leben aufs Spiel setzen wollen, doch eines ist klar: Wir haben einige schlüssige Beweise, daß die bisherige Geschichte über die Menschen und die Menschenaffen auf tönernen Füßen steht. Und vielleicht gelingt es, unseren Argumenten etwas mehr Achtung zu verleihen, indem wir den weltbekannten Paläoanthropologen Don Johanson mit eigenen Worten über Lucy berichten lassen, seinem 3,75 Millionen Jahre alten Fund aus dem Gebiet von Hadar in Äthiopien.

In seinem Buch »Lucy« erzählt Johanson über ein Schlüsselerlebnis, wie er dazu kam, die Fossilien von Hadar (u.a. auch die Reste Lucys) in das gängige Bild einzufügen. Ihm war aufgefallen, daß sich das Gebiß der Gattung *Homo* im Verlauf von zwei bis drei Millionen Jahren kaum verändert hatte. Zuvor hatten Johanson wie auch andere Forscher vermutet, daß große Zähne ein primitiveres (also älteres) Merkmal als kleinere Zähne darstellen; demnach hätte man Fossilien mit kleineren Zähnen zeitlich jünger einordnen müssen, da sie die Evolutionsantwort auf eine andere Kost darstellten. »Mir war nun plötzlich bewußt geworden«, meinte Johanson, »daß es sich bei diesem vermeintlich späten menschlichen Merkmal in Wirklichkeit um ein primitives (also älteres) handelte. Primitiv ist vielleicht nicht das ideale Wort; alt wäre hier besser, denn primitiv bedeutet oft, daß eine Sache negativ ist oder weniger gut entwickelt, während sie tatsächlich vielleicht sogar außerordentlich gut entwickelt war.« Nachdem ihm klargeworden war, daß sich die Zähne bei den typischen Fossilien der Gattung *Homo* aus jener Zeit kaum verändert hatten (wohl weil sie optimal für den Nahrungsaufschluß unserer Vorfahren geeignet waren und somit auch kein Anlaß zur Veränderung bestand), fiel Johanson auf, daß lediglich bei den fossilen Zähnen der Australopithecinen (also nah verwandter Hominiden) ein morphologischer Wandel eingetreten war. »Sie hatten eine eigene Richtung eingeschlagen,« erklärt er, »um einer neuen Lebensweise gerecht zu werden, die sich geringfügig von derjenigen der ersten Hominiden unterschied. Dieser Lebensstil stellte eine Spezialisierung dar und führte schließlich dazu, daß die Zähne länger und kräftiger wurden.«

Nach diesem Szenario stellen Lucy und Co. den gemeinsamen Vorfahren der beiden Gattungen *Homo* und *Australopithecus* (also dem letzten unserer direkten Ahnen, der nicht zu *Homo* gezählt wird). Somit fand die »Geburt« des ältesten menschlichen Vorfahren irgendwann nach Lucy – also vor knapp 3,5 Millionen Jahren – statt. Allerdings folgert Johanson nicht, daß diese Auftrennung (in *Homo* und *Australopithecus*), deren von ihm ermittelter Zeitpunkt fast exakt mit den Datierungsergebnissen durch die molekulare Uhr übereinstimmt, mit der Aufspaltung in Mensch und Affe in direktem Zusammenhang steht. Seine Gründe kennen wir nicht, aber möglicherweise finden wir sie in der gängigen Meinung wieder, daß die Trennung zwischen Mensch und Affe vor 20 Millionen Jahren erfolgte.

Wir wollen die vorliegenden Indizien einmal genauer betrachten: Aufgrund der bisher ausgegrabenen Fossilien wissen wir, daß die Australopithecinen, die von einem Lucy sehr ähnlich sehenden Vorfahren abstammen, bis vor knapp einer Million Jahre gelebt haben. Diese Vettern des Menschen gehörten zwar nicht derselben Gattung an, bewohnten jedoch den gleichen Erdteil wie die Frühmenschen. Sie gingen aufrecht, und es gab zwei verschiedene Arten: Zum einen *Australopithecus robustus* (mit einer Größe von 1,25 bis 1,5 Metern und nicht gerade sehr athletisch gebaut), zum anderen den kleineren *Australopithecus africanus* (kleiner als 1,25 Meter und von schmalem Körperbau). Gelegentlich findet man auch die Unterteilung der beiden in robuste und grazile Australopithecinen. »Knapp eine Million Jahre lang«, so Johanson, »lebten sie offenbar Seite an Seite mit *Homo*, ... aber vor knapp einer Million Jahre gab es keine Australopithecinen mehr – sie waren ausgestorben.«

Tatsächlich gibt es keine weiteren Fossilien von *Australopithecus* in späteren Epochen. Doch ist deshalb Johansons Annahme gerechtfertigt, die Australopithecinen seien ausgestorben? Denn in der fossilen Zeittafel sind Lücken von ein paar Millionen Jahren keine Seltenheit. Aus genau diesem Grunde hofft Johanson auch innigst, bei erneuten Grabungen in Äthiopien dieses »Schwarze Loch« der Paläontologie zu schließen – oder, wie er sich einmal ausdrückte, »diesen Schleier der Unwissenheit, der über einem Zeitraum von zwei bis drei Millionen Jahren liegt, zu lüften«. Wir könnten natürlich auch ketzerisch behaupten, daß dieser »Schleier der Unwissenheit« möglicherweise gar nicht den Untergang des *Australopithecus*, sondern nur seine weitere Evolution verhüllt. In welches Wesen hat er sich wohl entwickelt? Die einleuchtendste Vermutung ergibt sich wiederum aus der Morphologie seines Gebisses. Alan Walker von der Johns Hopkins University in Baltimore untersuchte mit Hilfe des Raster-Elektronenmikroskops winzige Kratzer, Rillen und Löcher an den Zähnen verschiedener lebender Tiere und bringt diese »Freßspuren« mit der jeweiligen Kost eines Tiers in Zusammenhang. Anschließend suchte er fossile Gebisse nach vergleichbaren Spuren ab und folgerte aus seinen Ergebnissen, was die Besitzer dieser Zähne wohl zu Lebzeiten gefressen hatten. Johanson beschreibt Walkers Arbeit und die verblüffenden logischen Konsequenzen wie folgt: »Aufgrund der Art und Weise, wie der Zahnschmelz bei *Australopithecus robustus* und bei rezenten Schimpansen abgeschliffen ist, kam Walker zu der Überzeugung, Australopithecinen hätten sich – ähnlich wie moderne Schimpansen – primär von Obst ernährt. Diese Neuigkeit hat uns ziemlich überrascht, da alle unsere bisherigen Erkenntnisse über Australopithecinen (nämlich daß sie aufrecht gehende Bodenbewohner von Grassteppen waren), davon ausgingen, sie seien omnivor (d.h. Allesfresser) gewesen ... falls sie sich jedoch hauptsächlich von Früchten ernährt haben, wie Walkers Untersuchungen ihrer Zähne vermuten lassen, dann ist unser Bild über *Australopithecus* und die von ihm eingeschlagene Evolution völlig falsch.«

Vielleicht helfen unsere rein theoretischen Spekulationen Johanson aus dieser geistigen Klemme. Wenn wir daher Walkers Ergebnisse unbesehen glauben, paßt die Spaltung einer australopithecoiden Vorstufe in zwei oder mehr neue Hominidenzweige haargenau in unsere Hypothese, daß nämlich ein Zweig der menschlichen Familie den mühseligen Weg der Menschwerdung gegen ein bequemes Leben in den Bäumen eingetauscht hat.

Allerdings hatte auch dieses Linsengericht seinen Preis, und so bezahlten die Australopithecinen mit dem Verlust ihrer Humanisation (oder Menschwerdung). Sie wurden wieder »affiger« – ein Begriff, der die renommierten Paläontologen vor den Kopf stoßen dürfte, jedoch allgemein erklären sollte, was wir damit ausdrükken wollen. Und ist ihre zunehmende »Affigkeit« möglicherweise so gut gelungen, daß ihre heutigen Nachfahren durch die rezenten Schimpansen und Gorillas vertreten werden? Diese Kongruenz der Lebensweise mit den Befunden durch die Technik der molekularen Uhr ist so beeindruckend, daß man diese Hypothese ernsthaft überdenken sollte – obgleich das Problem der Beckenanatomie und auch andere ungeklärte Fragen immer noch offen bleiben. Offenbar – und das wurde auch von Johanson angedeutet – bestehen noch erheblich größere Probleme bezüglich der traditionellen Einordnung von *Australopithecus*.

Dieses Rätsel sollte alle Anhänger von Sherlock Holmes begeistern: Auf der einen Seite haben wir zwei verwandte Arten, einen kleineren und einen größeren Australopithecinen, die sich vor knapp 3,5 Millionen Jahren vom Vorläufer der Hominidenlinie abspalteten und von Früchten ernährten; die Existenz beider Arten ist fossil bis vor etwa einer Million Jahren belegt. Andererseits gibt es im heutigen Afrika zwei behaarte Affen, die dem Menschen verwandtschaftlich sehr nahe stehen, vor weniger als 4,5 Millionen Jahren entwicklungsgeschichtlich eigene Wege gegangen sind und sich ebenfalls von Früchten ernähren. Darüberhinaus wird jeder Paläontologe bestätigen, daß man bis heute keine Fossilien eines Vorläufers der heutigen Schimpansen und Gorillas gefunden hat. Kurz und gut, wir haben also zwei lebende Arten, deren Vorfahren unbekannt sind, sowie zwei fossile Arten ohne bekannte Nachkommen; alle vier sind nahe Verwandte des Menschen und fressen die gleiche Kost. Vielleicht könnten wir hier doch einmal – wie schon Johanson mit sichtbarer Genugtuung über die fossilen Zähne sagte – den griechischen Mathematiker Euklid zu Wort kommen lassen (auch wenn sich das Zitat ursprünglich nur auf geometrische Probleme bezieht): »Wenn zwei Gegenstände einem dritten gleichen, dann sind sie einander gleich« – oder um es mit einem Zitat von Sherlock Holmes auszudrücken: »Sobald man eine These von allen unmöglichen Faktoren befreit hat, dann bleibt, so unwahrscheinlich sie auch sein mag, nur die Wahrheit übrig.«

Gibt es möglicherweise noch andere Fossilien, die unsere Behauptungen stützen könnten? In seinem Buch »The Making of Mankind« erwähnt Richard Leakey die Arbeit des Anthropologen Ralph Holloway von der Columbia University in New York. Dieser hatte aufgrund von Untersuchungen am Schädelinneren fossiler Hominiden Schlußfolgerungen darüber angestellt, wie das Gehirn der menschlichen Vorfahren wohl beschaffen war. Holloway meinte, daß die prinzipielle Form des menschlichen Gehirns erst vor zwei Millionen Jahren bei Hominiden klar erkennbar sei. Daher waren nach Leakeys Worten »die Paläontologen ziemlich überrascht, daß sich das Gehirn eines Australopithecinen größenmäßig nicht sonderlich von dem eines Schimpansen oder Gorillas unterschied.« Unserer Auffassung nach stellt diese Bemerkung jedoch keine sonderliche Überraschung dar.

Wieder einmal haben wir ein klassisches Beispiel für »Ockhams Rasiermesser«[6], wonach man die einfachste, plausibelste Erklärung jeder anderen komplizierten den Vorzug geben sollte. Daher bleibt uns nur der einfache logische Schluß (bis zum eindeutigen gegenteiligen Beweis): Die beiden frühen Hominiden, die sich gegen Ende des Pliozäns von der menschlichen Entwicklung abspalteten und bis vor knapp einer Million Jahre fossil nachgewiesen sind, sind demnach die Vorfahren der rezenten Schimpansen und Gorillas. *Pourquoi pas*?

Allerdings wollen wir hier nicht dogmatisch behaupten, die beiden Menschenaffen seien automatisch aus jenen zwei Australopithecinen hervorgegangen, sondern lediglich eine denkbare Hypothese vorschlagen, die man auch unter Experten ernsthaft erwägen und nicht voreilig verwerfen sollte. Allein schon Johansons persönliche Erfahrungen mit Lucy und den Zähnen der Australopithecinen machen deutlich, daß man bis zur endgültigen Klärung einer These seine Meinung unvoreingenommen nach allen Seiten offen halten sollte.

Als abschließenden paläontologischen Treppenwitz wollen wir Ihnen allerdings nicht vorenthalten, daß Johanson – im Gegensatz zu uns Theoretikern – schon vom Baum der Erkenntnis gekostet, den Apfel allerdings wohl nicht verdaut hat. Nachdem nämlich sein Kollege Tim White in mühsamer Kleinstarbeit aus unzähligen Knochensplittern mehrerer Einzeltiere einen Schädel von *Australopithecus afarensis* (also einem von Lucys Geschwistern) zusammengepuzzelt hatte, entfuhr Johanson die spontane Bemerkung: »Der sieht ja aus wie der Schädel eines Gorillamädchens!«

Anmerkungen

1 Ein ungewöhnlicher afrikanischer Affe

1 Susman (Hrsg.), *The Pygmy Chimpanzee*, Seite XII.

2 R. Yerkes, *Almost Human*, Century, New York, 1925.

3 Erst vor kurzem zitiert von Adrienne Zihlman in Susman (Hrsg.), *The Pygmy Chimpanzee*, Seite 179.

4 In vielen deutschsprachigen Werken hat sich mittlerweile auch die englische Abkürzung DNA (= *D*esoxyribo*n*ucleic *A*cid) eingebürgert (Anmerkung des Übersetzers).

5 Das eigentliche Entschlüsseln geschieht mit Hilfe bestimmter »Lesemoleküle«, die immer jeweils drei Basen (sog. Tripletts, beispielsweise AGA, AAT, CCG) auf einmal dekodieren, und erst durch diese Tripletts ergibt sich der eigentliche Code. Eine ähnliche Methode, allerdings mit alternierenden kurzen und langen Signalen, wird beim Morsealphabet verwendet, wo beispielsweise »kurz-kurz-kurz« für den Buchstaben »S« steht (Anmerkung des Übersetzers).

6 Allerdings wird ein Chromosom durch die innere Verdrillung und Spiralisierung der DNS zu sogenannten »Supercoils« so enorm kompakt, daß alle 46 Chromosomen, in einer Reihe hintereinander gelegt, gerade mal 0,2 Millimeter lang wären. Aufgrund der unterschiedlichen Größe der Chromosomen – beim Menschen sind die größten 25 mal so groß wie die kleinsten – ist das eben genannte »Durchschnittschromosom« natürlich rein hyopthetisch.

7 Dieser Vorgang, der in mehreren Phasen abläuft, wird auch als Mitose bezeichnet. Eine andere Form der genetischen Teilung ist die sogenannte Reduktionsteilung oder Meiose. Sie ergibt sich aus der Tatsache, daß das Erbgut (Genom) des Menschen diploid ist: seine 46 Chromosomen sind zu 23 Chromosomenpaaren angeordnet. Damit also bei einer Verschmelzung von zwei elterlichen Keimzellen (Gameten) keine Erbgutverdopplung stattfindet, müssen die DNS-Doppelstränge hierfür halbiert werden, die Gameten besitzen also kurzfristig den einfachen Chromosomensatz und werden dann als haploid bezeichnet (Anmerkung des Übersetzers).

8 Diese m-RNS (= *m*essenger-*R*ibo*n*ukleinsäure) ist ähnlich wie normale DNS gebaut, besitzt jedoch im Rückgrat einen anderen Zucker (Ribose) und anstelle von Thymin die Base Uracil (Anmerkung des Übersetzers).

9 Dieses Beispiel wurde nur gewählt, da es anschaulich genug ist, um unseren Standpunkt klar zu machen. Genausogut wären auch die Beispiele Haarfarbe, Glatzköpfigkeit oder Kraushaarigkeit gegangen. Im Gegensatz zu diesen Beispielen ist die Verfärbung der Augenfarbe sehr kompliziert, weil fast immer mehrere Gene, die oft auf unterschiedlichen Chromosomen sitzen, daran beteiligt sind (Anmerkung des Übersetzers).

10 R. Lewin. Science, 226 (1984), Seite 1179.

11 A. Zihlman, V. Sarich, J.E. Cronin und D.L. Cramer: *Pygmy chimpanzees as a possible prototype for the common ancestor of humans, chimpanzees and the gorillas.* Nature 275 (1978), Seite 774.

12 Ciochon und Corruccini (Hrsg.), *New Interpretations*, Seite 691.

13 Susman (Hrsg.), *The Pygmy Chimpanzee*. Im vorliegenden Buch stammen die Beschreibungen von Charakteristika und Verhalten des Zwergschimpansen hauptsächlich aus diesem Proceedings-Band.

14 Susman (Hrsg.), *The Pygmy Chimpanzee*, Seite 411.

15 Lewin, *Human Evolution*, Seite 21.

16 Susmam (Hrsg.), *The pygmy Chimpanzee*, Seite 417.

2 *Der menschliche Marathon – Wesentliches über Homo sapiens*

1 Das Fohlen einer Eselstute und eines Pferdehengstes wird als Maulesel bezeichnet, kann aber genau wie das Maultier keinen Nachwuchs bekommen (Anmerkung des Übersetzers).

2 Daher wird die Formulierung »*survival of the fittest*« heute meist mit »Überleben des am besten Angepaßten« übersetzt (Anmerkung des Übersetzers).

3 Dieser Prozeß wird in der Biologie als Ontogenese bezeichnet, d.h. die Entwicklung von der befruchteten Eizelle (Zygote) bis zum ausgewachsenen, fortpflanzungsfähigen Individuum.

4 Genauer gesagt, liegt der Durchmesser einer menschlichen Eizelle zwischen 60 und 150 Mikrometer – das sind 0,06 bis 0,15 Millimeter. Für eine Zelle ist das schon recht groß, denn durchschnittliche Gewebezellen haben bereits einen Durchmesser von 20 Mikrometer. Im Gegensatz zu anderen Wirbeltieren sind die »Eier« von Menschen und anderen Säugern allerdings recht winzig: Frosch- und Fischeier sind bereits 1 bis 2 Millimeter groß, und bei Vögeln und Reptilien beträgt die Eigröße viele Zentimeter (Anmerkung des Übersetzers).

5 Gelegentlich werden diese »Haimerkmale« während der Embryonalentwicklung nicht zurückgebildet und bleiben nach der Geburt als Halsfisteln erhalten. Solche genetischen »Rückfälle« werden als Atavismen bezeichnet (Anmerkung des Übersetzers).

6 Der Entwicklungsbiologe Ernst Haeckel hat dieses Phänomen in einem Biogenetischen Grundgesetz formuliert: »Die Ontogenese ist eine Rekapitu-

lation der Phylogenie«. Anders ausgedrückt, wiederholt demnach ein menschlicher Keim während seiner Entwicklung die gesamte Stammesgeschichte der Wirbeltiere (Anmerkung des Übersetzers).

7 Siehe beispielsweise in Brophy und Willis: *Human Development and Behaviour*, Seite 39.

8 Der Ausdruck Neotenie wird im Original etwas großzügiger erweitert; normalerweise versteht man in der Biologie darunter eine beginnende Geschlechtsreife im Larvenstadium (beispielsweise bei einigen Amphibien), während die Mediziner den unvollkommenen Entwicklungszustand eines Organs meinen (Anmerkung des Übersetzers).

9 Beim Axolotl wird die Bildung bestimmter Hormone blockiert, welche die Metamorphose steuern (Anmerkung des Übersetzers).

10 Siehe auch Fußnote 9.

11 Holloway schildert seine Ergebnisse in einem Beitrag zu einem Sonderband von Scientific American mit dem Titel »Biological Anthropology«, der 1975 bei W.H. Freeman, New York, veröffentlicht wurde. Die anschließenden Zitate stammen aus diesem Beitrag. Richard Leakey hat Holloways Arbeit in seinen Büchern »The Making of Mankind« und »Origins« (Deutsche Titel: siehe Literaturverzeichnis) verarbeitet.

12 Verfaßt von John Gribbin und Jeremy Cherfas; siehe Literaturverzeichnis.

13 Siehe Gribbin, »Future Weather«.

14 Im »New Scientist«, Band 7, Seite 642.

15 Dieses merkwürdig erscheinende Prinzip findet man oft bei rein marin lebenden Tieren, zum Beispiel bei Möwen, die am Schnabel eine Salzdrüse besitzen (Anmerkung des Übersetzers).

16 Gemeint ist die englische Ausgabe, die 1988 bei Blackwell, Oxford, erschien (Anmerkung des Übersetzers).

17 Max Verhagen (1988), *Medical Hypotheses*, Band 16, Seite 17; Massaud Mukthar und John Patrick (1988), *Journal of Physiology*, Band 370, Seite 13.

18 Der britische Schriftsteller und Journalist Rudyard Kipling (1865-1936) ist im nichtenglischen Ausland vor allem durch seine Erzählungen »Dschungelbuch« und den Roman »Kim« bekannt, die beide im Indien der britischen Kolonialzeit spielen. Seine Gedichte und Kurzgeschichten, die »Genau-so-Geschichten« (erschienen bei Haffmanns, Zürich 1990), sind hierzulande weniger bekannt (Anmerkung des Übersetzers).

3 Sprache und Musik

1 Siehe hierzu Brophy und Wills, *Human development*, Seite 39. (Genaues Zitat: siehe Literaturverzeichnis).

2 Diese Oberflächenvergrößerung des Gehirns durch Furchungen, Windungen und Lappen kann man als zunehmende Tendenz bei den Wirbeltier-

gruppen beobachten: bei primitiven Gruppen (Fischen, Amphibien) finden wir sie kaum, bei Säugetieren, insbesondere beim Menschen, ist sie besonders stark ausgeprägt (Anmerkung des Übersetzers).

3 Das Wernicke-Zentrum ist der Sitz des Sprachverständnisses (Anmerkung des Übersetzers).

4 Das unserer Meinung nach beste Werk ist *Left Brain, Right Brain*, das Sally Springer und George Deutsch verfaßt haben (Titel der deutschen Übersetzung: siehe Literaturverzeichnis).

5 Die ganze Geschichte wird ausführlich im Anhang des Buches erklärt.

6 Toth, N. (1985): *Archaeological evidence of preferential right-handedness in the Lower and Middle Pleistocene and its possible implications*. Journal of Human Evolution, 14, 607-614.

7 Genaue Angaben: siehe Literaturverzeichnis.

8 Auch wenn das romantische Bild von der Nachtigall und ihrem »Minnegesang« durch diese Fußnote vollends zerstört wird, sollten die Tatsachen doch genannt werden: Wie bei allen Singvögel ist auch der Gesang der Nachtigall primär Ausdruck ihres Territorialverhaltens gegenüber anderen Männchen, ausgelöst durch hormonelle Veränderungen (Anmerkung des Übersetzers).

9 Zitiert nach Steve Turner in *New Society* vom 26. Juli 1984, Seite 17.

4 Das Hohelied der Soziobiologie

1 E.O. Wilson im »New Scientist« vom 13. Mai 1976, Seite 344.

2 J. Krebs, *Sociobiology ten years on*. »New Scientist« vom 3. Oktober 1985, Seite 40.

3 Wir benutzen den Terminus Gen hier etwas salopp, unsere wissenschaftlich exakteren Freunde würden Allel sagen; wir hoffen, Sie werden uns vergeben und unsere Aussagen bleiben verständlich. Vielleicht sollten wir hier ein weiteres Problem klären. Menschen und Schimpansen stimmen in 99 % ihrer DNS überein, d.h. im Hinblick auf die zugrundeliegenden arttypischen Gene. Sprechen wir dagegen bei Zwillingen (einer dieser Arten) von (nur) 50 % Übereinstimmung, beziehen wir dies auf gleiche Allele. Diese DNS-Ähnlichkeit ist auf den gleichen direkten Vorfahren, d.h. auf die elterlichen Gene zurückzuführen. Tatsächlich werden weite DNS-Bereiche von beiden Eltern übereinstimmen. Die Grundinformationen für die Anlage von zwei Beinen, Augen usw. ist bei allen Menschen (und Schimpansen) gleich. Feinere Unterschiede wie blaue oder braune Augen stellen nur einen Bruchteil der weitgehend übereinstimmenden Erbinformation dar. Obwohl die Erbinformation von zwei verschiedenen Eltern stammt, ist sie also in weitem Bereich identisch. Sie schreibt vor, daß man zwei Beine und Arme sowie zwei Augen hat und wie man Hämoglobin herstellt. Die Überlegung zur

50%-Verwandtschaft bezieht sich auf diejenigen Gene, von denen es überhaupt verschiedene Versionen (Allele) gibt und die das Verhalten beeinflussen.

4 Ein gutes Beispiel für diese (falsche) Argumentation ist das Buch »Not in Our Genes« von Steven Rose, Leon Kamin und R.C. Lewontin.

5 Aus *Nature* vom 19. Juli 1984, Seite 255.

6 Steve Ovett und Steve Cram sind zwei britische Langstreckenläufer (Anmerkung des Übersetzers).

5 *Die netten Mitmenschen*

1 Wynne-Edwards, V.C.: *Animal Dispersion in Relation to Social Behavior*. Oliver & Boyd, Edinburgh 1962.

2 Trivers, Robert: *Social Evolution*, Seite 81.

3 Deutscher Titel: siehe Literaturverzeichnis (Anmerkung des Übersetzers).

4 Vermutlich eine Art britisches oder amerikanisches Bundesverdienstkreuz – generell wohl eine Medaille, die für außergewöhnlichen Mut und besondere Tapferkeit verliehen wird (Anmerkung des Übersetzers).

5 Trivers, Robert: *Social Evolution*, Seite 47.

6 Wird u.a. bei Barash diskutiert; siehe Barash, David: *Soziobiologie und Verhalten*, Seite 89.

7 Wilson, *Sociobiology*, Seite 58.

8 R.D. Alexander: *Darwinism and Human Affairs*. University of Washington Press, Seattle 1979. Zitiert aus Barash, David: *Soziobiologie und Verhalten*, Seite 157.

6 *Das Spiel der Geschlechter*

1 Trivers, Robert: *Social Evolution*, Seite 315.

2 Diese besondere Form der ungeschlechtlichen Vermehrung bei höheren Blütenpflanzen, die von den Botanikern als Apomixis bezeichnet wird, bietet den betroffenen Pflanzen zwar den Vorteil, innerhalb kürzester Zeit eine hohe Individuenzahl zu bilden, hat aber auch einen gewaltigen Haken: Da die Pflanzen ihr Erbgut nicht austauschen können, findet keine genetische Rekombination mehr statt – d.h. die Pflanzen verarmen genetisch und enden irgendwann in einer Evolutionssackgasse. Dieses Schicksal der genetischen Verarmung droht potentiell allen Arten mit ausschließlich vegetativer Vermehrung (Anmerkung des Übersetzers).

3 Cherfas, Jeremy und Gribbin, John: *The Redundant Male*. Siehe Literaturverzeichnis.

4 Bei Tieren bezeichnet man die hier beschriebene Form der ungeschlechtli-

chen Vermehrung, bei der immer nur Weibchen entstehen, Parthenogenese oder Jungfernzeugung, ein nicht seltener Prozeß bei einigen Blattläusen und Wasserflöhen; jedoch werden gelegentlich auch Männchen gebildet, um geschlechtliche Vermehrung und somit auch die Rekombination der Gene zu gewährleisten (Anmerkung des Übersetzers).

5 Strenggenommen spricht man nur dann von einem Klon, wenn es sich um eine Gruppe von Individuen mit völlig identischem Genom handelt; im heutigen Sprachgebrauch wird der Begriff Klon aber auch synonym für ein Individuum verwendet, das die exakte genetische Kopie eines anderen Lebewesens ist. Da die Autoren gläubige Darwinisten sind, folgen sie diesem weiterentwickelten Sprachgebrauch.

6 Barash, David: *Soziobiologie und Verhalten*, Seite 214.

7 Daly, Martin, und Wilson, Margo: *Sex, Evolution and Behavior*, Seite 73.

8 Wissenschaftliche Details erfährt der interessierte Leser in folgendem Artikel: Clutton-Brock, T.H. *Fortpflanzung beim Rothirsch. Kosten-Nutzen-Prinzip.* Spektrum der Wissenschaft, Heidelberg, April 1984, Seite 114-121 (Anmerkung des Übersetzers).

9 Daly, Martin und Wilson, Margo: *Sex, Evolution and Behavior*, Seite 75.

10 Wilson, *On Human Nature*, Seite 132. Das folgende Zitat stammt auch aus dieser Quelle.

7 Das Spiel zwischen den Generationen

1 Bei der Lektüre dieses Buches könnte fälschlicherweise der Eindruck entstehen, das sogenannte Kindchenschema komme auschließlich beim Menschen vor; man findet dieses Merkmal sowie das entsprechende angeborene Verhalten der Adulten jedoch bei den meisten Säugern und Vögeln, die Brutpflege betreiben (Anmerkung des Übersetzers).

2 Aus Crane, John (Hrsg.): *Annual Editions: Biology.* Dushkin, Connecticut, 1984, Seite 72.

3 Daly, Martin und Wilson, Margo: *Sex, Evolution and Behavior*, Seite 157.

4 Siehe hierzu Trivers, Robert: *Social Evolution, Kapitel 12.*

5 Trivers, Robert: *Social Evolution*, Seite 332.

8 Kriegsspiele

1 Das Buch ist nicht übersetzt; der Titel würde im deutschen lauten »Warum große aggressive Tiere nur selten vorkommen« (Anmerkung des Übersetzers).

2 Selbstverständlich müssen wir hier stark vereinfachen; wenn Sie an den

Details interessiert sind, lesen Sie am besten Colinvauxs Buch, in dem auch die – vereinzelten – Ausnahmen aufgezählt sind.

3 Dieses Werk ist unter dem deutschen Titel »Biologie als Schicksal« erschienen; siehe Literaturverzeichnis.

4 Wilson, *On Human Nature*, Seite 104.

5 Colinvaux, *The Fates of Nations*.

6 Angesichts der dramatischen politischen Entwicklungen, die sich seit der Zeit, als dieses Buch in England entstand, in Osteuropa und der ehemaligen Sowjetunion – und teilweise auch in der westlichen Welt – ereignet haben bzw. noch abspielen, ist diese Theorie und auch die nachfolgenden Überlegungen zum nuklearen Schlagabtausch der Supermächte eher zu einem akademischen Problem geworden. (Anmerkung des Übersetzers).

7 Colinvaux, *The Fates of Nations*, Seite 223.

8 Brams, Steven, *Game Theory and Politics*. Macmillan, New York 1975. (Ein deutschsprachiges Buch zum Thema »Spieltheorie« ist u.a. das Werk von Manfred Holler und Gerhard Illing, *Einführung in die Spieltheorie*, Springer, Heidelberg 1991; Anmerkung des Übersetzers.)

9 Einzelheiten zu diesem Thema finden Sie in B. Newmand und M. R. Dando (Hrsg.), *Nuclear Deterrence: Implications and Policy Options for the 1980's*, Castle House, London 1982.

10 Die aktuellen weltpolitischen Verhältnisse (April 1993) sehen etwas anders aus, da das »Kräftegleichgewicht«, so es denn je bestanden hat, durch die Umwälzungen im ehemaligen Ostblock völlig durcheinander geraten ist – möglicherweise kommen daher im Rahmen der allgemeinen Entwicklung eher wieder »althergebrachte« Formen der Aggression in Mode (Anmerkung des Übersetzers; siehe auch Fußnote 6).

11 An dieser Stelle soll nochmals erwähnt werden, daß das englische Original 1987/88 erschien, und heutige Fakten wie der Zusammenbruch des Ostblocks, die deutsche Wiedervereinigung, die GUS und Boris Jelzin reine Zukunftsmusik waren (Anmerkung des Übersetzers).

Anhang: *Stammt der Affe vom Menschen ab?*

1 Unter bipeden Tieren versteht man solche, die (meist aufrecht) auf zwei Beinen gehen (Anmerkung des Übersetzers).

2 Masami Hasegawa, Hiroshisa Kishino und Taka-Aki Yano, Journal of Molecular Evolution, 22 (1985), Seite 160.

3 Der Artikel wurde in der Ausgabe des *New Scientist* (Band 91, Seite 592) vom 3.9.81 veröffentlicht. »The Monkey Puzzle«, das ebenfalls aus der Feder des Autorenteams Cherfas-Gribbin stammt, erschien 1982 beim Londoner Verlag Bodley Head.

4 Klippschliefer oder auch Klippdachse genannt sind etwa kaninchengroße Huftiere (Ordnung *Hyracoidea*), die in Afrika leben.

5 In der Biologie bezeichnet man dieses Phänomen als Konvergenz – im Gegensatz zur Homologie, wie etwa bei den morphologischen Gemeinsamkeiten zwischen Elefanten und Klippschliefern (Anmerkung des Übersetzers).

6 »Ockhams Rasiermesser«, das von dem Engländer Wilhelm von Ockham (1285-1349) verfaßte wurde, zieht einen sauberen Trennstrich zwischen Theologie und Philosophie (daher Rasiermesser!) und wird gerne zitiert, um das Prinzip zu verdeutlichen, eher auf Menschenverstand und einfache Logik als auf komplizierte und unwahrscheinliche Hypothesen zu bauen (Anmerkung des Übersetzers).

Literaturverzeichnis

Die im vorliegenden Buch zitierten Textquellen, aber auch andere Werke, die wir für thematisch relevant hielten, sind in diesem Literaturverzeichnis aufgelistet. Für die deutsche Ausgabe wurden auch einige deutschsprachige Werke aufgenommen (bzw. die Titel der Übersetzungen angegeben), welche die hier angesprochene Thematik ergänzen; die neu aufgeführten Titel sind mit einem (*) gekennzeichnet.

Barash, David: *Soziobiologie und Verhalten*. Parey 1980.

Brophy, Jere und Willis,Sherry: *Human Development and Behaviour*. St Martin's Press, New York 1981. Ein eher spezielles Lehrbuch über die menschliche Entwicklung, das u.a. Themen wie die Kontroverse zwischen genetischem Determinismus und Milieuprägung oder die Entwicklung der Gesellschaft enthält (auf englisch).

Caplan, Arthur (Hrsg.): *The Sociobiology Debate*. Harper & Row, New York 1978. Gesammelte Vorträge über soziobiologische Streitfragen aus den 70er Jahren. Die Thematik wirkt vielleicht etwas überholt, jedoch dient das Buch auch heute noch als eine Art historischer Leitfaden, welche Autoren die überzeugenderen wissenschaftlichen Argumente aufweisen (auf englisch).

Cherfas, Jeremy und Gribbin, John: *The Redundant Male*. Grafton, London 1984. Ein detaillierter Bericht über die menschliche Sexualität, insbesondere darüber, warum Männer ihre Evolutionsbestimmung erfüllt haben und nun eigentlich überflüssig sind (auf englisch).

Ciochon, Russell und Corruccini, Robert (Hrsg.): *New Interpretations of Ape and Human Ancestry*. Plenum, New York 1983. Ein dicker wissenschaftlicher Wälzer (888 Seiten), der einige interessante Kapitel über die molekulare Uhr und den Zwergschimpansen enthält (auf englisch).

Colinvaux, Paul: *The Fates of Nations*. Pelican, London 1983. Ähnlich wie *Why Big Fierce Animals are Rare* ein Buch über tierische und menschliche Verhaltensweisen (auf englisch).

Colinvaux, Paul: *Why Big Fierce Animals are Rare*. Pelican, London 1980. Ein exzellentes Buch über das Verhalten bei Tieren (auf englisch).

* Czihak, G., Langer, H. und Ziegler, H. (Hrsg.): *Biologie. Ein Lehrbuch.* 5. Auflage, Springer Verlag, Heidelberg 1992. Ein sehr umfangreiches Lehrbuch der Biologie, das schon seit über 15 Jahren unzählige Schüler und Studenten begleitet hat. Auch die Themen Evolution, Verhalten und Humanisation werden hier behandelt.

Daly, Martin und Wilson, Margo: *Sex, Evolution and Behavior.* Duxbury Press, Duxbury (Massachusetts) 1978. Das – unserer Meinung nach – beste Sachbuch über das Thema Sexualität (auf englisch).

Darwin, Charles: *The Origin of Species by Means of Natural Selection* sowie *The Descent of Man.* Random House Modern Library, London. Hierbei handelt es sich um einen Nachdruck der 6. Auflage von *Origin* aus dem Jahre 1872 sowie der Erstausgabe von *Descent of Man* aus dem Jahre 1871, die in einem Band von gut 1000 Seiten zusammengefaßt sind. *The Origin of Species* ist unter dem deutschen Titel *Über die Enstehung der Arten durch natürliche Zuchtwahl* (Darmstadt, 1988) erschienen, während man *The Descent of Man* unter dem deutschen Titel *Die Abstammung des Menschen* (Stuttgart, 1966) erhält.

Dawkins, Richard: *Der blinde Uhrmacher – Ein neues Plädoyer für den Darwinismus.* dtv, München 1990. Eines der besten Bücher über Evolution, die es heute gibt, das sicherlich auch Darwin gefallen hätte.

Dawkins, Richard: *Das egoistische Gen*; Springer, Berlin 1978. Dawkins greift in diesem Buch ein Thema aus seinem Werk *The Selfish Gene* auf.

Fischer, Kurt und Lazerson, Arlyne: *Human Development.* W.H.Freeman, New York 1984. Ein – auch für den interessierten Laien – verständliches Lehrbuch über die menschliche Entwicklung (auf englisch).

* Gould, James L. und Grant Gould, Carol: *Partnerwahl im Tierreich. Sexualität als Evolutionsfaktor.* Spektrum der Wissenschaften, Heidelberg 1990. Sehr ausführliche und wissenschaftlich fundierte Erklärung des Phänomens Sexualität.

Gould, Stephen Jay: *Der falsch vermessene Mensch.* Suhrkamp, Franksfurt/M., 1988. Unserer Meinung nach das beste Buch zum Thema »IQ«, obwohl Gould im letzten Kapitel seine eigenen Vorurteile gegenüber der Soziobiologie preisgibt, was seinem Gesamtwerk über menschliche Intelligenz jedoch insgesamt nicht sehr schadet.

* Gribbin, John und Gribbin, Mary: *Kinder der Eiszeit – Beeinflußt das Klima die Evolution des Menschen?* Birkhäuser, Basel 1991. Die »Fortsetzung« des vorliegenden Buches, in dem die steuernden Klimafaktoren (insbesondere die Eiszeiten) in der Vergangenheit geschildert werden, die zur Entstehung des heutigen Menschen beitrugen.

Gribbin, John und Cherfas, Jeremy: *The Monkey Puzzle.* Pantheon, New York 1982. Die Geschichte der Hominiden-Entwicklung, unter besonderer Berücksichtigung der modernen molekurbiologischen Untersuchungsmethoden (auf englisch).

Gribbin, John: *Future Weather*. Pelican, London 1982. Trotz seines trügerischen Titels beschäftigt sich dieses Buch eher mit den klimatischen Widrigkeiten der Vergangenheit, wie etwa Klimaverschiebungen während der Eiszeiten, die möglicherweise zur Entstehung des heutigen Menschen beitrugen (auf englisch).

Gribbin, John: *In Search of the Double Helix*, McGraw-Hill, New York 1985. Alles über Evolution, Darwin, DNS und moderne Genetik – insgesamt sehr populärwissenschaftlich geschrieben (auf englisch).

* Harris, Marvin: *Menschen: Wie wir wurden, was wir sind*. Klett-Cotta, Stuttgart 1991. Umfassende biologische und psychologische Erklärungen über die Entstehung der Menschheit.

* Hermann, Joachim und Ullrich, Herbert (Hrsg.): *Menschwerdung: Millionen Jahre Menschheitsentwicklung – natur- und geisteswissenschaftliche Ergebnisse*. Akademie-Verlag, Berlin 1991. Umfassende Grundlagen über die Anfänge der Menschheit, sehr wissenschaftlich.

Hilgard, Ernest, Atkinson, Rita und Atkinson, Richard: *Introduction to Psychology*. 7. Auflage, Harcourt Brace Jovanovich, New York 1979. Unter englischsprachigen Psychologiestudenten gilt der »Hilgard & Atkinson « als das klassische Lehrbuch schlechthin (auf englisch).

Johanson, Donald und Edey, Maitland: *Lucy – Die Anfänge der Menschheit*. 4. Auflage, Piper, München 1992. Ein packend geschriebener Bericht über die Entdeckung eines Fossils namens Lucy, einem weiblichen *Australopithecus afarensis*, der vor 3,5 Mio. Jahren in Äthiopien lebte – und dessen Skelett starke Ähnlichkeiten mit dem heutigen Zwergschimpansen aufweist. Johansons Ansichten über die Evolution sollte man allerdings *cum grano salis* genießen!

* Kipp, Friedrich A.: *Die Evolution des Menschen im Hinblick auf seine lange Jugendzeit*. 2., ergänzte Auflage, Verlag Freies Geistesleben, Stuttgart 1991. Eine mehr »menschlich« ausgerichtete Auffassung über die Humanisation, nicht unbedingt eine Lektüre für »eingefleischte« Darwinisten. Kipp erwähnt aber auch die Möglichkeit, daß die Affen sekundär von Vorläufern des Menschen abstammen könnten, und belegt dies an einigen morphologischen und Verhaltensmerkmalen.

* Kull, Ulrich: *Evolution des Menschen: biologische, soziale und kulturelle Evolution*. Metzler, Stuttgart 1989. (Studienreihe Biologie). Grundlagen der menschlichen Evolution für Studenten und Oberschüler.

Leakey, Richard und Lewin, Roger: *Wie der Mensch zum Menschen wurde*. Hoffmann und Campe, Hamburg 1978. Eine schon etwas überholte Version der menschlichen Entwicklungsgeschichte, interessant ist dennoch das Kapitel über menschliche Aggression und Sexualität.

Leakey, Richard: *The Making of Mankind*, Michael Joseph, London 1981. Das Buch zur Fernsehserie, in denen der Fossiliensammler Leakey seine (mittlerweile überholten) Ansichten über die Anfänge der Menschheit vorträgt (auf englisch).

Lewin, Roger: *Spuren der Menschwerdung – die Evolution des Homo sapiens*. Spektrum Akademischer Verlag, Heidelberg 1992. Sehr anschaulich geschriebene Einführung in die Themen Evolution und Humanisation, mit zahlreichen guten Illustrationen. Wissenschaftlich auf dem neusten Stand.

* Maynard Smith, John: *Biologie, Probleme – Themen – Fragen*. Birkhäuser, Basel. 2. verbesserte Auflage, 1992.

Maynard Smith, John: *Evolution and the Theory of Games*. Cambridge University Press, Cambridge 1982. Mathematische Grundlagen der Evolution – sehr trocken (auf englisch).

Maynard Smith, John: *The Evolution of Sex*. Cambridge University Press, Cambridge 1978. Fachlich-nüchterner Bericht über die Entwicklung der menschlichen Sexualität (auf englisch).

Morgan, Elaine: *The Aquatic Age*. Souvenir, London 1984. Ein interessanter Ansatz zur Menschheitsentstehung: Der Mensch wurde so, wie er ist, weil er sich aus einem »tauchenden Affen« entwickelte (auf englisch).

* Müller, Horst M.: *Evolution, Kognition und Sprache*. Paul Parey, Hamburg 1987. Ein eher für Linguisten, Psychologen und Soziologen gedachtes wissenschaftliches Werk, in dem u.a. auf die Theorien von Piaget und Chomsky eingegangen wird.

* Mueller, Ulrich (Hrsg.): *Evolution und Spieltheorie*. Oldenbourg Verlag, München 1990. Wissenschaftliche Erklärungen u.a. für die evolutionsstabile Strategie (ESS) und das Planspiel »Falken-gegen-Tauben« sowie andere interessante Beiträge John Maynard Smiths, die für die Soziobiologie relevant sind.

* Ridley, Mark: *Evolution, Probleme – Themen – Fragen*. Birkhäuser, Basel. 2. verbesserte Auflage, 1992.

Springer, Sally und Deutsch, Georg: *Linkes Gehirn / Rechtes Gehirn – Funktionelle Asymmetrien*. 3. Auflage, Spektrum Akademischer Verlag, Heidelberg 1990. Eine Einführung in die Hemisphärenforschung, jedoch sehr verständlich geschrieben.

Susman, Randall: *The Pygmy Chimpanzee*. Plenum, New York 1984. Alle Fakten über den Zwergschimpansen oder Bonobo (*Pan paniscus*) in einem kompakten Buch: Hier geht es echt ans Eingemachte – also keine Lektüre für zart Besaitete (auf englisch).

Trivers, Robert: *Social Evolution*. Benjamin/Cummings, Menlo Park 1985. Im Gegensatz zu Barashs Lehrbuch setzt Robert Trivers soziobiologische Themenschwerpunkte nach eigenem Gutdünken. Unseres Wissens das wohl beste Kompendium über die Soziobiologie und von hoher Aktualität (auf englisch).

Wilson, Edward O.: *Biologie als Schicksal*. Ullstein München 1980. Auch diese Übersetzung von »On human nature« ist eine Einführung in die Humansoziobiologie.

Wilson, Edward O.: *Sociobiology*. Gekürzte Ausgabe, Harvard University Press, Cambridge (Massachusetts) 1980. Selbst die Kurzfassung von Wilsons

Hauptwerk umfaßt noch 366 Seiten im Großformat, und nur im letzten Kapitel geht er speziell auf die menschliche Soziobiologie ein. Für den wirklich Interessierten dürfte der Umfang des Buches jedoch kein Hindernis darstellen (auf englisch).

* Wuketits, Franz M.: *Gene, Kultur und Moral. Soziobiologie – Pro und Kontra.* Wissenschaftliche Buchgesellschaft, Darmstadt 1990. Eine anspruchsvolle Einführung in die Soziobiologie für Interessierte mit naturwissenschaftlichen Vorkenntnissen.

Index

P

R

S

Y

Z

Zu dieser Ausgabe

insel taschenbuch 1761
John und Mary Gribbin
Wie wenig uns vom Affen trennt

Der Text folgt der Ausgabe: John und Mary Gribbin, *Ein Prozent Vorteil. Wie wenig uns vom Affen trennt,* Birkhäuser Verlag, Basel 1993. Die amerikanische Originalausgabe erschien 1988 unter dem Titel *The one per cent advantage – The sociobiology of being human*, Basil Blackwell Ltd, Oxford. Die deutsche Übersetzung besorgte Gerald Bosch. Umschlagfoto: Ken Biggs/Tony Stone Images.

Sachbücher im insel taschenbuch

Friedrich Cramer Chaos und Ordnung
Die komplexe Struktur des Lebendigen
Mit zahlreichen Abbildungen
insel taschenbuch 1496

Natur ist keineswegs nur Ordnung, die Vorstellung des durch und durch geregelten Kosmos ist erschüttert. Alles Lebendige bewegt sich auf dem schmalen Grat zwischen Chaos und Ordnung. Diese Polarität gehört heute zu den wichtigsten Fragen der Wissenschaft. Cramers Buch beschreibt das neue Paradigma in der Anwendung auf zahlreiche Disziplinen.

Fred Alan Wolf Körper, Geist und neue Physik
Eine Synthese der neuesten Erkenntnisse von Medizin und moderner Naturwissenschaft
insel taschenbuch 1497

Die klassische Physik eines Galilei und Newton hat auch die Mechanik des menschlichen Körpers verständlich gemacht. Doch erst die Quantenphysik versetzt uns in die Lage, den letzten Geheimnissen des Lebens ein Stück näherzukommen. Der amerikanische Physiker F.A. Wolf vermittelt neue Einsichten in den Zusammenhang von Geist und Materie, Seele und Körper.

Richard M. Bucke Kosmisches Bewußtsein
Zur Evolution des menschlichen Geistes
insel taschenbuch 1498

R.M. Bucke hat mit diesem Buch auf dem Gebiet der Bewußtseinsforschung und Tiefenpsychologie innovativ gewirkt. Auf nüchtern-sachliche Weise beschreibt Bucke Möglichkeit und Wirklichkeit einer Bewußtseinsveränderung und untersucht zahlreiche historische Fälle.

Der Geist im Atom
Eine Diskussion der Geheimnisse der Quantenphysik
Herausgegeben von P.C. Davies und J.R. Brown
insel taschenbuch 1499

Anlaß dieses Buches waren die Experimente von Alain Aspect in Frankreich, die neues Licht auf die Debatte zwischen Niels Bohr und Albert Einstein warfen. Julian Brown und Paul Davies interviewten führende Physiker, die einen besonderen Anteil an der Entwicklung der Quantentheorie haben. Eine klare und knappe Einführung erläutert die Grundlagen der Quantentheorie, ihre Rätsel und Paradoxa sowie ihre unterschiedlichen philosophischen Deutungen.

Anthony Zee Magische Symmetrie
Die Ästhetik in der modernen Physik
insel taschenbuch 1501

Die theoretische Physik der Gegenwart richtet ihren Blick in immer stärkerem Maße auf den Entwurf eines einfachen und umfassenden Konstruktionsplans unserer Welt. Bei der Suche nach diesen elementaren Strukturen hat die moderne Physik erkannt: Die Natur gehorcht prinzipiell denselben Gesetzen wie die Ästhetik; besonders Formen der Symmetrie finden sich in den Bausteinen der Natur ebenso wie in der Kunst.

James Lovelock Das Gaia-Prinzip
Die Biographie unseres Planeten
insel taschenbuch 1542

Inzwischen ist die Gaia-Theorie auch in Deutschland anerkannt. Dazu hat das weltweit Aufsehen erregende Buch von James Lovelock erheblich beigetragen. Denn er ist der Begründer dieses neuen Paradigmas der Geologie und Biologie, der Erdbetrachtung insgesamt. Auf dem Spiel steht heute die Gesundheit der Erde. Das Gaia-Prinzip eröffnet neue Perspektiven und neue Chancen für uns alle.

Ian Stewart Spielt Gott Roulette?
Uhrwerk oder Chaos
insel taschenbuch 1543

Chaos »ist inzwischen eines der meistdiskutierten Phänomene der gegenwärtigen Mathematik«. Stewart zeigt, daß dieser neuen Mathematik ein großer Teil der Natur entspricht, daß die Welt der Dynamik sich noch immer unseren Berechnungen entzieht. Spielt Gott also Roulette mit unserer Welt – oder spielt er ein tiefsinnigeres Spiel, dessen Regeln wir nur noch nicht verstanden haben?

Ervin Laszlo Wissenschaft und Wirklichkeit
insel taschenbuch 1570

Ein großer Versuch, das wissenschaftliche Verständnis der grundlegenden Bereiche unserer Wirklichkeit – Materie, Geist und Leben – neu darzustellen. Laszlo zeigt, daß solches Verständnis immensen Problemen gegenübersteht: Rätseln, die im Gewebe der wissenschaftlichen Weltsicht bleibende ›schwarze Löcher‹ bilden. Diese Herausforderung treibt führende Wissenschaftler zu einer anderen Wirklichkeitsauffassung, zu einer neuen Sicht, die sich vom gegenwärtigen Konzept ebenso grundlegend unterscheiden könnte wie die mechanistische Physik von der Physik des 20. Jahrhunderts.

John Gribbin/Martin Rees Ein Universum nach Maß
Bedingungen unserer Existenz
insel taschenbuch 1579

Eine aktuelle Einführung in die Grundfragen der Kosmologie, zur Entstehung des Universums ebenso wie zur Theorie der ›schwarzen Materie‹, zu den physikalischen Gesetzen des Kosmos und zur Entwicklung des Lebens. Fesselnd geschrieben und für jedermann verständlich, macht dieses Buch dem Leser deutlich, was in der Astrophysik zur Erkenntnis geworden ist: »Unser« Universum ist ein Universum nach Maß für die Menschheit, und es ist das einzig denkbare, in dem wir existieren können.

Mircea Eliade Kosmos und Geschichte
Der Mythos der ewigen Wiederkehr
insel taschenbuch 1580

Der »historische (moderne) Mensch« sieht sich als Schöpfer der Geschichte, während der »Mensch der archaischen Kulturen« die Geschichte abgewehrt hat, indem er alles Historische in ein System von Mythen und Archetypen einordnete. Alles Geschehen im Leben des Individuums wie der Gemeinschaft hat auf diese Weise selbst teil an einem Urbild, ja wird selbst Teil einer überzeitlichen Gegenwart. Dadurch erhält es seinen Wert: Das »Chaos« wird zum »Kosmos«, »Geschichte« zur »Wirklichkeit« beispielhafter Vorbilder. *Kosmos und Geschichte* gehört zu Mircea Eliades bahnbrechenden Arbeiten.

John Gribbin Unsere Sonne
Ein rätselhafter Stern
insel taschenbuch 1662

John Gribbin berichtet in einem leicht verständlichen und lebendigen Stil, der ihn zu einem der erfolgreichsten Wissenschaftsautoren unserer Zeit werden ließ, über die Geschichte der Sonnenforschung und macht den Leser mit den gegenwärtigen Problemen der Forschung bekannt – mit einer Materie, die auch im Zeitalter von Computer und Raumsonden mehr Rätsel als Lösungen aufzuweisen scheint.

Gribbin, John / Mary Gribbin Kinder der Eiszeit
Beeinflußt das Klima die Evolution des Menschen?
insel taschenbuch 1676

Eine aufregende Geschichte des Erdklimas, vom Präkambrium bis zum Holozän: die geologischen, biologischen und chemischen Bedingungen und Konsequenzen für unseren Planeten und seine Bewohner.

Robert Wesson Chaos, Zufall und Auslese in der Natur
insel taschenbuch 1684

»So materialreich, prägnant und übersichtlich wie in Wessons Buch *Chaos, Zufall und Auslese in der Natur* ist die Notwendigkeit neuer Ansätze für das Verständnis evolutionärer Dynamik auf allen Ebenen der Entwicklung bisher kaum demonstriert worden.«
(Frankfurter Allgemeine Zeitung)
»... ein fundiertes, verständlich und mitreißend geschriebenes Plädoyer gegen die Denkfaulheit und für die Offenheit gegenüber Komplexität.«
(Süddeutsche Zeitung)

Kristen Rohlfs Einführung in die Astronomie
insel taschenbuch 1701

Die Astronomie liefert Ergebnisse, die die Grenze zur Science-fiction gelegentlich zu sprengen scheinen. Wer kann sich schon ernsthaft vorstellen, daß das Universum durch einen Urknall entstanden sein soll oder daß schwarze Löcher durch das All rasen, die alles, auch das Licht, ohne Überreste schlucken?
Der Physiker Kristen Rohlfs stellt die Wissenschaft der Astronomie in all ihren Teilbereichen auch für den naturwissenschaftlich nicht ausgebildeten Leser verständlich dar: Einführung, geschichtlicher Abriß und Nachschlagewerk für alle, die sich in die faszinierende Wissenschaft Astronomie einlesen wollen.

Robert Shapiro Der Bauplan des Menschen
Die Genforschung enträtselt den Code des Lebens
insel taschenbuch 1709

Nach dem Apollo-Projekt ist dies die größte wissenschaftliche Herausforderung, der sich die westlichen Industrienationen stellen. Das menschliche Genom, das komplette Erbgut des Homo sapiens, wird erforscht. Krebs und Dutzende anderer schwerer Krankheiten sollen dann heilbar werden oder gar nicht erst entstehen können - Gottes Bauplan für den Menschen soll endgültig enträtselt werden. Zum ersten Mal berichtet ein Insider über das größte Gen-Forschungsprojekt der Welt, in dem soviel Versuchung und Verheißung steckt.

Daniel J. Kevles und Leroy Hood (Hg.) Der Supercode
Die genetische Karte des Menschen
insel taschenbuch 1721

Schon für Ende der neunziger Jahre kündigen Genforscher Erbgut-Tests für Embryos an, die nicht nur künftige Talente vorhersagen werden, sondern auch die Risiken für Erbkrankheiten, die Anfälligkeit für Krebsleiden, Herzinfarkt und vieles andere. Alte Träume von der Manipulation des Menschen werden wach. Aber ist dieses Wissen wünschenswert? Kann es nicht lebenslange Angst auslösen? Und wird es nicht mißbraucht werden können? Führende Wissenschaftler schildern die Methoden und Anwendungsgebiete der Gentechnik, die Verheißungen ebenso wie die Gefahren dieses gigantischen Forschungsprojekts der Jahrtausendwende.